中央アジアの教育と
グローバリズム

Globalization and Education Reform in Central Asia

嶺井明子
川野辺敏　編著

東信堂

はじめに
―― なぜ中央アジアか ――

　グローバル化が進展し、グローバリズムが席巻し、「国民国家」のゆらぎ・終焉が指摘される中で、新たに「国民国家」の建設に取り組んだ国々がある。1991年のソビエト社会主義共和国連邦(以下、ソ連)解体を契機として独立した15の国家である。本書は、これらのうち中央アジアに誕生した、ウズベキスタン、カザフスタン、キルギス、タジキスタン、この4か国をとりあげ、国づくり、人づくりに葛藤する姿を、教育改革を通して語ろうとするものである。ソ連時代の社会主義教育は平等で無償の教育を原則としその実現に努めたが、独立以降、中央アジア4カ国の教育の理念や制度は、それぞれどのように変化したのか、どのような現状にあり、どのような課題に直面しているのか。社会主義時代との連続面、非連続面を浮き彫りにしつつ、その変容に影響を与えた要因を国内要因と国外要因の双方に目配りすることにより、各国の教育のありようを総合的に明らかにすることをめざした。

　中央アジア諸国は、ソ連解体以降現在も「独立国家共同体」を構成する等さまざまな枠組みでロシアとの関係は続いている。ロシア語は、各国の言語政策に差異が見られるものの「公用語」「民族間交流語」などとして使用されている。しかし同時に、ロシア連邦以外のさまざまな要因が中央アジア諸国の変容に影響を与えている。世界銀行などいわゆる国際援助コミュニティから「民主化」や市場化にむけた援助・協力が提供されている。石油など豊富な地下資源への期待から外国企業の進出が盛んな国もある。チュルク系言語を話すチュルク族であり、ムスリムという共通性からトルコ共和国とのパイプも浸透している(タジキスタンはイラン系)。ただし各国一様に9.11以降はイスラム原理主義にたいする警戒を強めている。もちろん、独立国家として国際

連合やユネスコなどに加盟しており国際条約などの国際基準への対応も必要である。まさに政治的、経済的、文化的にトランスナショナルな関係が交錯する中で、中央アジア諸国は政治的・経済的には「脱・社会主義」、「民主化」、「市場化」を推進し、宗教・文化的には多民族・多文化共生を課題としつつ、新国家の建設と国民形成、人材の育成を進めている。

独立以降、今日にいたる20年の間に、各国間で国民総所得に大きな差異が生じており、カザフスタンとタジキスタンでは国民総所得に約10倍の開きが生じている。こうした差異は教育の条件整備に大きな影響を与えており、中央アジア諸国として一括りに語ることはできず、各国別に丁寧に語る必要がある。

本書の構成は、こうしたねらいに対応して、序、第一部〜第三部、コラム、資料から組み立てられている。序では独立国家樹立以前を扱い、中央アジア地域の自然・民族・歴史の概観、ソ連時代に共通であった教育制度の概説を行った。第一部〜第三部は独立以降を対象とした。第一部は各国別の章構成とし、各国の独立以降の教育改革の軌跡を追った。現地調査もふまえ、改革の現状、その特質と課題などを整理した。

第二部はテーマ別の10章構成となっている。国民統合やその原点である言語問題、ソ連時代の遺産の継承・発展にかかわる問題などが抽出されており、特定のテーマに焦点をあてて論じられている。具体的には、農村部の子どもの教育環境の問題、教育と民族的特性の関係、授業分析からみた学びの特徴、憲法教育と国民統合の課題、言語をめぐる諸問題（多言語主義、母語教育保障のパラドックス、リテラシーと多言語併用）、大学教育、職業教育などが取り上げられている。

第三部は教育戦略のグローバリズムの解明にあてている。グローバル時代の今日、実態として一国の教育政策を大きく規定するのは国内要因とともに、グローバリズムであり、国際機関の取り組みや援助機関の援助基準である。受容に際しては縛りが強い場合（半強制的）、あるいは自発的に受容する場合もあるが、いずれにしてもグローバル社会の網の目のようなネットワークの中でそれらの基準に大きく影響されることになる。具体的には、世界銀行な

ど国際援助コミュニティの教育改造戦略、中央アジアの教育協力ネットワークをとりあげ分析している。

さらに本書の随所にコラムを配置し、巻末には、各国の概況、教育統計を参考資料として付した。

本書の執筆陣は、社会主義ソ連の教育の思想や理念、政策や制度の研究に長年取り組んできた研究者が中心をなしている。ソ連解体以降はロシア連邦を中心に調査・研究を進めてきていたが、解体から20年が経過し、旧ソ連を構成していた諸国のその後の教育体制の軌跡や変容を検証したいと考えた。その一環として中央アジア諸国の教育戦略の調査研究に取り組んだ。文献調査のみならず独立以降の教育改革の状況を現地調査し、教育関係者からヒアリングを行った(2008～2010年度)。本書はその総括である。また執筆陣には、本共同研究の準備過程や現地調査の過程で協力・協働いただいた現地の研究者や実践者にも加わっていただいた。この点も本書の特色である。

本書では「中央アジア」としてカザフスタンを含めたが、実はソ連時代は「中央アジアとカザフスタン」と呼称されており、カザフスタンは中央アジアには含まれていなかった。トルクメニスタンを入れた4か国が中央アジアであった。ソ連解体以降のロシア連邦時代になって、カザフスタンを含めた5共和国を「中央アジア」と呼んでいる。トルクメニスタンについては調査研究の企画時点で実施困難と判断したため対象から除外している。ちなみにユネスコによる「中央アジア」の定義はもっと広範囲である。

国名の表記についてもコメントしておきたい。キルギス共和国の国名は、独立以降「クルグズ共和国」という表記がなされる。本書ではどちらを採用するか検討したが、同国の在日大使館が「キルギス共和国」という表記を自ら用いている事、日本の外務省が「キルギス共和国」という表記を用いている事、また「クルグズ共和国」という表記の認知度が低い事を考慮し、「キルギス」あるいは「キルギス共和国」と表記する事で統一した。

本書は中央アジアの新生諸国の教育に焦点をあてた総合的な教育研究書である。中央アジアの国々自体、まだまだ変動や改革の渦中といった状況もみ

られ、動向を見定めがたい不安は拭いきれないが、本書を契機に、これらの国々により親近感をもち、教育および教育研究に関わりを深める機会にして頂ければ幸いである。

嶺井　明子

目次／中央アジアの教育とグローバリズム

はじめに──なぜ中央アジアか ………………………………嶺井　明子　i

序　独立前の中央アジア ……………………………………川野辺　敏　3

第Ⅰ部　中央アジア各国の教育改革の軌跡

第1章　ウズベキスタン共和国 ……………………嶺井　明子　10
　　　　──「漸進的」改革モデル

第2章　カザフスタン共和国 ………………………岩﨑　正吾　26
　　　　──躍進する中央アジアの雄

第3章　キルギス共和国 ……………………………関　啓子　39
　　　　──模索が続く国づくりと人づくり

第4章　タジキスタン共和国 ………………………遠藤　忠　53
　　　　──内戦をのりこえて

　　★コラム：ソモニ王と通貨単位（遠藤）（67）

第Ⅱ部　教育をめぐる諸問題

教育環境

第1章　農村の子どもの教育保障 … アフメトワ グリザダ　70
　　　　──帰還カザフ人・障がい児を中心に
　　　　：カザフスタン

　　★コラム：学校と親をつなぐ携帯電話（菅野）（81）

第2章　教育にみられる民族的特性 … マフカモワ サイーダ　82
　　　　──ウズベキスタン

　　★コラム：イスラムのケリン（花嫁）（石村）（94）
　　★コラム：中央アジアの女たち：ジェンダー視角から（関）（96）

教育内容・方法

第3章　数学の授業過程からみた学びの特徴 …大谷　実　98
　　　　──カザフスタンの授業分析を通して

第4章　「憲法教育」と国民統合の課題 ……木之下　健一　108
　　　　──ウズベキスタン

　★コラム：教科書は高い？　安い？（木之下）　(119)

言語問題

第5章　「ロシア語化」「カザフ語化」政策 対 多言語主義
　　　　──カザフスタン …………… スレイメノワ エレオノラ　120

第6章　少数民族の母語教育保障のパラドックス
　　　　──カザフスタン …………… タスタンベコワ クアニシ　136

第7章　リテラシーと多言語併用をめぐる中央アジア
　　　　のクロスロード …………………………… 森岡　修一　147
　　　　──ヴィゴツキー L.S. とルリヤ A.R. の「文化的＝歴史的理論」

　★コラム：日本語教育の20年（菅野）　(159)

大学・職業教育

第8章　グローバル化時代の高等教育の発展
　　　　──キルギス …………………… イサーエフ クセイン
　　　　　　　　　　　　　　　　　　ショクシェワ グリナーラ　161

第9章　高等教育における公正性確保と質保証
　　　　──不正行為対策に焦点を絞って：キルギス ……松永　裕二　172

　★コラム：大学受験特訓塾（菅野）　(183)

第10章　高校生の9割が学ぶ職業カレッジ
　　　　──ウズベキスタン ……………………… 水谷　邦子　185

　★コラム：ベシュバルマクとプロフ（水谷）　(196)

| 第Ⅲ部　教育戦略とグローバル・ガバナンス |

第1章　世界の「多極化」と中央アジアの教育協力
……………………………………… 澤野　由紀子　200

　★コラム：「CIS加盟国人道的協力国際基金」による教育協力（澤野）（212）
　★コラム：「アーガ・ハン開発ネットワーク」と中央アジア大学（澤野）（213）

第2章　教育戦略のグローバリズム ………… 福田　誠治　214

おわりに ……………………………………… 嶺井　明子　225

| 附・参考資料 |

1．中央アジア諸国の概況 ………………………………… 232
2．中央アジア諸国の教育統計 …………………………… 236

執筆者・翻訳者一覧　日本語版 ………………………… 242
　　　　　　　　　　英語版 …………………………… 243

中央アジアの諸国地図

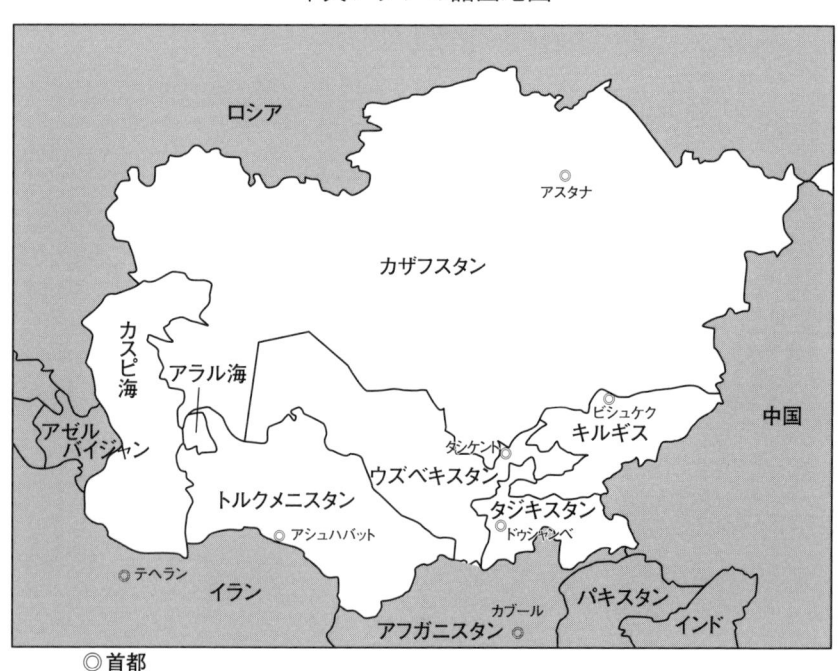

◎ 首都

中央アジアの教育とグローバリズム

序　独立前の中央アジア

川野辺　敏

第1節　中央アジアの自然・民族・歴史

■ 自然と人々

　中央アジア諸国の「地図」を開いてみる。西はカスピ海から東は中国チベット地区、北はロシアの西シベリア、南はイラン・アフガニスタンといった国々に囲まれ、東西に帯のように広がった地域が目に入る。それらに囲まれたようにカザフスタン・ウズベキスタン・キルギス・タジキスタン、さらにはトルクメニスタンの5カ国がお互いに接しあって存在している。それぞれの国の規模には大きな差があり、わが国の7.3倍ともいえるカザフスタン、同じく1.2倍のウズベキスタンがあり、それに反して日本の半分ないし40％程度のキルギス・タジキスタンがある。人口もさまざまで、2780万人のウズベキスタンを最高に、1580万人のカザフスタンに比べ、560万人あるいは710万人ほどのキルギス・タジキスタン（いずれも2010年国連人口基金統計）といった状況である。

　これらの国々には、歴史的あるいは地勢的な状況のもとで、多様な民族が居住している。例えば、カザフスタンにはカザフ人63.1％のほかロシア人23.7％、さらには、ウズベク人、ウクライナ人、ウイグル人、タタール人、ドイツ人、韓国・朝鮮人の人々が居住している（2009年国勢調査）。ウズベキスタンの場合も同様で、ウズベク人80％のほか、ロシア人、タジク人、カザフ人などが混住しており（1989年国勢調査）、キルギス・タジキスタンも同様に基幹民族のほか、両国ともロシア人、ウズベク人など多数の民族が居住している。このように、中央アジアのどの国も多民族が自国語あるいは日常活用する言語を使って、ともかく「共生し、生活している」のである。

地勢もまたさまざまである。草原地帯・山岳地帯・砂漠地帯・オアシスなどのイメージはあるが、国により状況は異なる。カザフスタンの場合、北部はモンゴルから南ロシアに連なるは広大な草原（ステップ）があり、中部から南部には砂漠地帯が広がっている。東西3000キロ、南北1600キロといわれるが、大半はステップ・砂漠地帯である。それらの条件の中でも、中央アジアの二大河川の一つであるシル河流域では古くからオアシス都市や農地が存在し、現在でも綿花・牧草・水稲・穀物・果樹などが育てられている。さらには地下資源に恵まれ、石油・天然ガスの埋蔵量に恵まれた資源大国である。ウズベキスタンも国の西・中央部では草原、砂漠地帯（キジル・クム砂漠）が多くを占め、東部も天山山脈の支脈があるが、川の恵みを受けてオアシス都市が点在する。この東部地方では豊かな農業が営まれており、現在も緑豊かな地として、産業や生活に潤いを持たせている。また、この国も金や天然ガスなどの地下資源に恵まれている。キルギスは南西部には天山山脈やパミール高原などの山岳地帯がそびえる。領土の9割が1500メートルを越える高地であり、平地は北部のチュイ平野、北東部のウスク湖岸及び南西部のフェルガナ盆地に若干の平野があり、それらの地で農業を営むといった状況である。旧ソ連時代に水力発電・鉱業機械生産などの産業が導入されたが、他の国々と比べ石油・天然ガスなどの地下資源に乏しく、全体的に見て産業基盤は脆弱である。最後にタジキスタンであるが、この国も国土の90％はパミール高原及びアライ山系の山々であり、居住や農耕に適しているのは首都ドウシャンベ周辺及びフェルガナ盆地の一部、さらには南西部のカーファルニハーン川・バフシュ川流域のオアシス地帯に集中している。耕作可能地は5％強であるが、労働人口の67％は農業に従事していると報告されている（2007年統計）。これら厳しい環境の中で遊牧民・定住農耕民が古くから生活し、歴史の波に流されながら、民族や部族相互の対立あるいはロシア帝国に従属され、生きてきたのである。

　気候は寒暖の差が激しく、年間を通じて乾燥度は高い。荒野や砂漠地帯では夏は40度を越え、冬はマイナス15度以下になるといわれる。1日の寒暖の差も20度近いのである。しかし、山岳地帯の雪解け水が人々の生活を潤し、

北部の草原地帯では春ともなれば一面の緑に包まれ、放牧が行われ、農耕も盛んに営まれている。アムダリア・シルダリアが住民達に恵みを運んでいるのである。歴史的にも、南部のオアシス地域では、早くから農耕・狩猟文化が発達したといわれており、例えばアム川下流のデルタ地帯では紀元前4千～3千年紀に狩猟・漁労の文化が栄え、前2千年紀には農耕・牧畜を主とした文化が発達していたといわれている。

■ 簡単な歴史

このような自然環境の中で、民族・国家の歴史をたどるのはここでの課題ではないが、彼らの祖先がどのように生きてきて、現在に至っているか、その背景を、ごく大まかに捉えておくことにしたい。紀元後の流れを見ると、まず、隋・唐時代にモンゴル高原からアルタイ山脈・天山山脈にかけて勢力を振るったのは「突厥」であった。「突厥」はサザーン朝ペルシャと連携し、パミール以西のオアシス地域も支配したが、700年代中葉に同じチュルク系の「回教」(ウイグル) に滅ぼされた。ウイグルは8世紀から9世紀前半にかけて、新疆から中央アジア地域を支配下においたが、カラハン朝(イスラム化した王朝)の台頭により中央アジア南部のオアシス地帯(「マー・ワラー・アンナフル」と呼ばれる、現在のウズベキスタン・カザフスタン・タジキスタン南部キルギスの一部地域)などに集結し、イスラム文化とチュルク系文化の混在する地域を形成したといわれる。

13世紀初頭から14世紀にかけては「モンゴル帝国」の時代であり、チンギス・ハンとその係累によりユーラシア大陸のかなりの部分が領有され、人類史上最大の版図を持った権力機構が作り上げられた。その後、中央アジアではチンギス・ハンの後裔であるティムール(モンゴルの遊牧民出身)が中央ユーラシアから西アジアに亘る地域を統一し「ティムール朝」(サマルカンドを首都1370年～1507年)を構築、中央アジア・アフガニスタン・イラン・イラク等を支配下に置いた。

16世紀から1917年のロシア革命までの、およそ300年余の間はロシア帝国の影響を強く受けた時代である。ロシアは16世紀から中央アジアの諸君

主(ハン)との通商を拡大し、ロシアの毛皮・金属・木製品と中央アジアの絹・綿・織物あるいは宝石などとの取引が行われた。18世紀にはピョートル1世が特に中央アジアへの関心を抱き、カザフ・ハン国のロシア皇帝への臣従を求めるなど、ハンに対する支配的な傾向が強まった。19世紀に入るとイギリスとの勢力争いの中で、中央アジアへの関心を一層強め、タシケントを占領(1864年)し、トルスキスタン総督府を設置している。この地域でのハンを領有したわけではないが、軍事力や戦争の可能性を示しながらロシアの力を誇示し、一定の安定をもたらしていたといえる。

1917年のロシア革命後の中央アジアは現地諸民族の独立運動やロシア人労働者のソビエト化運動など複雑な動きの中で、1924年、「民族・共和国境界画定」により「民族」と「国家的単位」を対応させる民族的領域国家政策により、中央アジア5カ国は「ソ連邦構成社会主義共和国」となり、1991年12月のソ連の解体に至るまで、ソ連邦の一共和国としての役割を担うことになる。

第2節　ソ連時代の教育概況

中央アジア諸国は、ソ連邦の共和国の一つとして70年弱に亘り、政治・経済・社会の全分野の生活・活動が展開されてきたわけであるが、教育の分野はどのような状況であったかについて触れておきたい。ちなみに、ソビエト政権前の状況を見ると、これらの共和国等の教育状況はヨーロッパ諸国の中で最低水準であり、9歳～50歳の人口の約80％は非識字者であり、読み書きできる者は「ウズベクで3.6％、カザフで8.1％、キルギスで3.1％、タジクで2.3％」であった(川野辺他訳「教育制度の現状と課題」プログレス出版1985年P44)

このような状況の中でソビエト政権は諸民族の学校建設に大きな足跡を残した。ソ連邦成立当初から民族学校の基本原則が作成され、母語による教育、民族の歴史・文学の学習、日常生活に必要な知識技術の授与などを基本とした教育が開始された。30年代に入ると全ての共和国・地方・州で普通・義務初等教育が行われ、40年代にかけて7年制の中等教育が目指され、

60年代には殆ど完成したといわれている。その後、1965～82年ブレジネフ体制下では「中等普通教育10年制」(1977年)、さらには1983～85年チェルネンコ短期政権下では11年制初等・中等教育の改革が目指された。1986年～91年ゴルバチョフ体制のもとで、社会主義教育の本質的改革が行われ、「ペレストロイカ」の理念のもとに西欧的な改革(民主化・人道化・情報開示)に着手しようとしたが、ソ連の解体により、混乱の中で独立国としての教育体制を模索することになる。なお、各共和国の教育制度はチェルネンコ改革及びそれ以前の法令等によって、体制を整えていたといえる。

■ 教育の基本原理

「国民教育基本法」(1985年)では、「教育は全人民的事業である」と位置付けられ、国(行政機関)ばかりでなく、企業や労働組合、地域団体などの社会団体も国民教育の発展に協力する責務を負うことが明記されている。社会主義理念、教育機会の平等と無償性(小学校から大学まで授業料は無償、奨学金の支給、小中学校の教科書は無償貸与、)、教育の世俗性(教育と宗教権力の分離)などが記されていた。

■ 教育制度

基本的に、共通教育期間は初等教育4年(6歳児入学)と前期中等教育5年の9年制であり、その後は、後期中等普通教育2年コース、中等専門学校4年コース、職業技術学校2～3年コースの三つの進学の道が開かれていた(80年代初頭には55％が後期中等普通教育・30％強が職業技術学校・10％強が中等専門学校へ進級していた)。いずれのコースに進学しても11年間の中等普通教育を修得させるという構想であり、それを義務化する方針であった。1980年代には各共和国でも、この政策を受けて制度を確立しようとしていたといえよう。なお、共和国や地域の事情により、小学校3年制(7歳入学)を導入していた実態も存在していた。高等教育機関は5年制が基本であり、医学等は6年、教員養成の一部は3～4年制などが存在していた。就学前教育として保育所(0～3歳)、保育幼稚園(0～6歳)が設けられており、都市部を中心に

普及していた。就学前教育分野では、親の収入に応じて低額であるが保育料が徴収されていた。

■ 教育内容

　ソ連邦教育省により決定されているが、その構造は全連邦共通の「標準教科課程」があり、さらに多民族国家であることにより（ソ連領土内には経済・社会・文化の分野で同等の権利を持つ100以上の諸民族及び種族が居住している）、ロシア語以外の言語で教育する民族学校が多数存在しており、そこでは自国あるいは民族の言語及び文化等を含めた「教科課程」を定めることが出来ることになっていた。民族学校では全ソ連共通のカリキュラム（ロシア語・文学、数学、情報処理とコンピュータの基礎、歴史、ソビエト国家と法の基礎、家庭生活の倫理と心理、身近な自然と社会、地理、生物、物理、化学、製図、外国語、美術、音楽、体育、労働及び職業訓練を週20〜31時間）を行うこと、及び「社会的有用労働・生産労働」を週1〜3時間、「自由選択授業」を週2時間、「労働実習」（第5〜9学年のみ）を年間10〜16日行うこと、が決められていた（1985年中等普通教育学校標準教科課程）。各共和国ではこの教科課程を基本として、母語教育あるいは民族的な特色ある内容を取り入れたカリキュラムを作成していたのである。

　なお、教育関係の中央行政機関としては、初等中等教育を所管する教育省、および高等中等専門教育省、文化省が存在していた。

<参考資料>
『中央ユーラシアを知る事典』平凡社、2005年
外務省ホームページ（2011年11月アクセス）
国連人口基金、世界銀行、各国統計局ホームページ（2011年11月アクセス）
堀江則雄『ユーラシア胎動』岩波書店、2010年
清水陽子『シルクロードを行く』東洋書店、2008年
N・クージン監修川野辺敏他訳『教育制度の現状と課題』プログレス出版、1985年
川野辺敏監修『資料：ロシアの教育——課題と展望』新読書社、1996年

第Ⅰ部

中央アジア各国の教育改革の軌跡

第1章　ウズベキスタン共和国——「漸進的」改革モデル

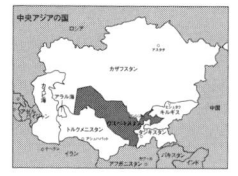

嶺井　明子

第1節　長期安定政権と漸進主義による改革

■ シルクロード要衝の地：中央アジアの要

　ウズベキスタン共和国は、ソ連邦を構成する15の共和国の一つであった「ウズベキスタン社会主義連邦構成共和国」が独立して誕生した国家である。1991年8月31日、中央アジアで最初に独立宣言を議会で採択し、9月1日を独立記念日とした。国内に一つの共和国を含み(カラカルパクスタン共和国)、12の州、一つの特別市(首都：タシケント市)から構成されている。面積は日本の約1.2倍、人口は中央アジア最大、約2800万人(2009年初)であり、多民族国家(ウズベク人は8割)である。地下資源が豊富であり綿花栽培が盛んである。ソ連時代には中央アジアにおける中心的な役割を果たしてきた要の国である。

　歴史をさかのぼればシルクロード要衝の地にあたり、ブハラ(20世紀初頭まで中央アジアのみならず、イスラム世界全体の文化的中心地として繁栄)、ヒワ、チムール帝国(1369-1500)の首都であったサマルカンドなどユネスコ・世界文化遺産が点在しており、日本からの観光客も多い。宗教的にはイスラムが浸透しているウズベキスタン、「社会主義」を経て、果たしてどのような国づくり、人づくりをめざし、教育改革に取り組んでいるのか。

■ 大統領の長期安定政権

　ウズベキスタンは大統領を国家元首とする「主権民主共和国」である。1991年12月に初代の大統領に就任したカリモフ大統領(1938年生)は、独立20周年を迎えた現在も大統領である。2007年の直接選挙で88％の得票率で選出

タシケントの中心部、チムール広場に立つ騎馬姿のチムール像

され、任期は 2014 年までである。市場経済と開かれた国内政策に基づく「民主的法治国家」と「市民社会の構築」を掲げている。憲法は三権分立を明記しているが(第 11 条)、制度上、執行府の優位が確立している。執行権は大統領に属し、閣僚会議(議長は大統領)が行使する(第 89、98 条)。中央と地方の関係では、各州およびタシケント市の首長は、住民が選出するのではなく大統領が任命・解任する(地方の人民代議員会議が承認、第 93 条)[1]。

■ 漸進主義による市場経済への移行

独立後、社会主義時代の国家計画経済体制から市場経済化プロセスにおいては、カリモフ政権は「斬新主義」(市場経済への段階的移行)の改革手法をとり、民営化を急がなかった。その結果、CIS 諸国の中では独立後の経済の落ち込みは比較的穏やかであり、独立当初の経済はマイナス成長であったものの、1996 年にはプラスに転じた。

しかし、07年から10年にかけて9.5％、9.0％、8.1％、8.5％と経済成長が続いているにもかかわらず貧困削減が進んでいない。タシケントに国全体の物質的、資金的その他あらゆる可能性が一極集中しており、他の地域や農村部との格差が大きくなっている。ロシアやカザフスタンへの出稼ぎ労働者も増加している。世界銀行、アジア開発銀行、UNDP等の支援を得て、漸進主義の下で市場経済化を通じた貧困削減、生活水準向上を目指している。1994年にWTO加盟申請しており、いわゆる国際ルールに基づく貿易制度の確立も重要な課題と指摘されている。

■ 全方位外交から2転、3転

独立後の90年代はロシア依存軽減を図り、全方位外交を展開した。CIS（独立国家共同体：バルト三国を除く旧ソ連を構成した12の国家が参加）に91年12月に参加し、2001年6月には旧ソ連諸国と中国との国境画定交渉から誕生した上海協力機構（SCO）に参加した。その後2001年9.11米国同時多発テロをきっかけに、イスラム過激派に対する警戒、テロ対策から国内空軍基地に米軍駐留を認めるなど米国との関係を強めた。しかし、2005年5月のアンディジャン事件（アンディジャンで政府に抗議する暴動が起き、軍隊が武力鎮圧した事件）以降は、カリモフ政権の対応に批判的な欧米各国と距離を置き、ロシアとの関係が改善し新たな段階にはいっている。2転3点しながら独自の歩む道を模索している。

第2節　教育政策の基本原則と生涯学習制度の構築

■ 教育政策と教育制度の基本

現在の教育政策は憲法(1992年)、改正教育法(1997年)、及び「人材養成国家プログラム」(1997年)を基本として推進されている。憲法(第41条)及び教育法(第4条)は、他国の市民や無国籍者も含めたすべての者の教育への権利の保障を明記している。教育政策の基本原則は、教育のヒューマニズム的で民主的性格、連続性と継承性、初等中等教育の義務制、教育制度の科学性と

世俗性(非宗教性)、教養と才能の奨励、国家と社会による教育管理の統合などである(教育法第3条)。ソ連時代と異なるのは、脱・社会主義のイデオロギーである。宗教との関係については、世俗性を掲げている点は同様であるが、歴史的にイスラムが浸透している地域であり、宗教を否定する無神論教育を行うものではない。

　大規模な教育制度の改革は「人材養成国家プログラム」に基づき始動した。①「民主的法治国家」及び「開かれた市民社会」建設、②資源中心から競争力のある加工商品の輸出への経済の再編、③個人の利益と教育の最優先性の承認、④国民的自覚・パトリオティズムの形成、⑤世界共同体への参加、これらを可能にする一貫した生涯学習制度の構築が目指された。

　生涯学習制度は、就学前教育、普通初等中等教育(第1－4学年、第5－9学年)、中等専門職業教育(「アカデミック・リセ」および「職業カレッジ」)、高等教育(バカラブル課程、マギストル課程)、高等後教育、資格向上・再教育、成人教育、校外教育、から構成されている(図1－1－1参照)。この制度改革の特徴は、12年制義務教育の導入であり、その実施方法として普通教育から職業教育への円滑な移行を保障する9年制普通教育と3年制中等専門職業教育を制度化した点にある。アカデミック・リセはすべて高等教育機関の付属として設置され、高大連携、教育の連続性を制度的に図っている(実態としては付属の大学に進学するとは限らない)。職業カレッジも同種の職業・専門系列の高等教育機関に付設されているものもある。

　ちなみに憲法及び教育法は各人の教育への権利の保障を明記しているが、同プログラムでは個人は「教育サービス」の消費者、生産者と表現され、教育への市場原理の導入、競争的環境の整備、教育の質の客観的評価制度の確立などが課題とされている。総じて新自由主義的、新保守主義的改革手法が盛り込まれている。

■ 就学前教育機関の減少――集団保育から家庭保育へシフト？
　ウズベキスタンを代表する教育大学において、「出産後、3年間は休暇が取れるようになっている。子どもは3歳まで母親の養育が必要であると考え

14　第1章　ウズベキスタン共和国——「漸進的」改革モデル

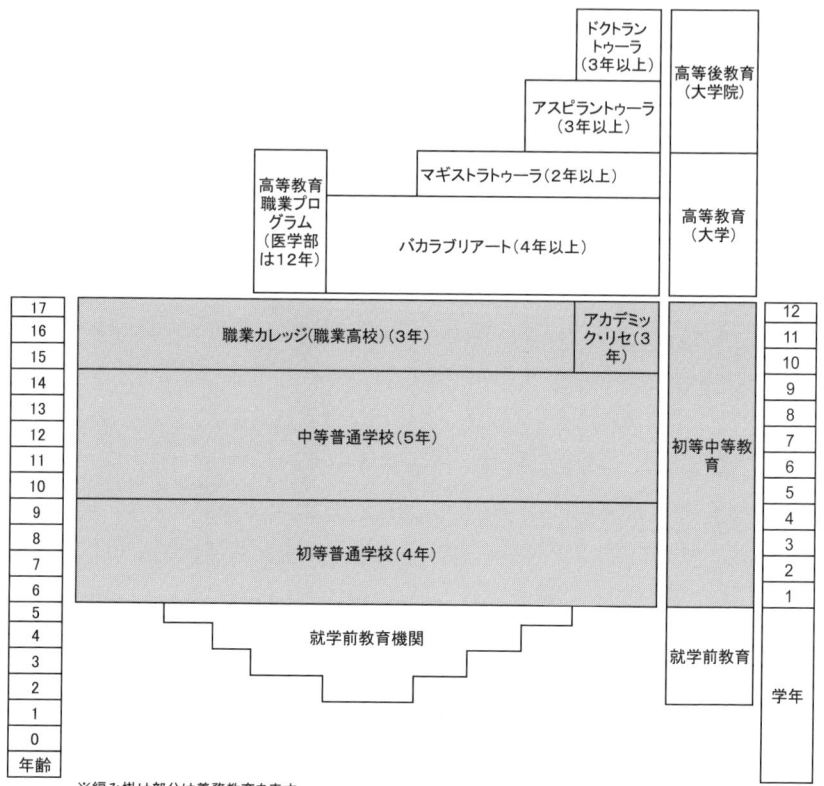

※編み掛け部分は義務教育を表す。
※就学年齢は、6歳～7歳である(教育法第12条)。従って、7歳就学の場合は各学年の年齢が1歳ずつ繰り上がることになる。義務教育は12年である。

図1－1－1　ウズベキスタン共和国の学校制度図

られるためである」と語ってくれたのは意外であった。女性教員の労働条件が良いという文脈での説明であった。ウズベキスタンでは就学前教育機関は2歳から6—7歳の幼児を対象としており、2歳に達するまでは有給の育児休暇を取得し家庭で保育するのが一般的であるという(2009年10月、ニザミ記念教育大学で調査)。

　確かに、独立以降は施設数、在園児数ともに大きく減少している。1990年には施設数は約9700園、約135万人が在園(該当年齢の37%相当)していたが、2007年には施設数は6400園、在園児は約57万(該当年齢の19%相当)に

落ち込んでいる(巻末、教育統計238, 239頁参照)。タシケント市に限定すれば50〜60％は就学前施設に通っているが、地方では母親に就労する場がなく、家庭で保育されるケースが多い。保育料が高い事も敬遠される一因という。資本主義への移行、市場化への移行に際して、企業が職員のために保有していた就学前施設を手放し、結局、閉鎖されていった施設も多い。

　ソ連時代には母親の社会進出・就労保障と集団保育の理念のもと、長時間保育が基本的制度であった。現在も9〜12時間保育が一般的であるが、1日4〜5時間の保育や就学準備を行うグループが就学前施設に付設され制度化されている。就学前施設の総数が減少している中で、6歳児の就学準備教育を行う特別クラスがある「幼稚園-学校」は増加している。就学前施設に期待する役割が変化しているようである。公立学校の選択制が導入されているところから、都市部では人気の高い語学や数学など特定教科を深く学習する学校に入学するためには、就学準備教育は不可欠となっている。私立の施設は自治体の財政負担軽減と教育の質向上を目的として1999年から制度化されている

　独立以降の変化についてある園長は、「経営的側面が重要になってきた。国からの補助はあるが園長にはビジネスの才覚、収益をあげることが求められるようになった」と語っていた(サマルカンド市第2番幼稚園-学校)。ちなみに公立であっても、園の施設・設備の充実などに寄付を行うと、優先的に入園できる制度(定員の20％以内)が設けられている(「ウズベキスタン共和国就前施設規程」第18項、2007年)。ソ連時代にはなかったシステムである。

■ 12年制義務無償教育制度の導入──アカデミック・リセと職業カレッジ

　「人材養成国家プログラム」の改革ポイントの一つは、日本の高校段階に相当する学校を改革し、4－5－3の12年制義務教育を実施することであった。新しいタイプの3年制機関として「アカデミック・リセ」と「職業カレッジ」(日本の職業高校に相当)を制度化し、第9学年修了後に、全員がいずれかの学校に進学することを義務付けた。ソ連時代の11年制義務教育を1年延長することになる。

アカデミック・リセは基本的に大学進学コースであり、進学しない場合は就職することも可能である。職業カレッジは以前の職業技術学校と中等専門学校を再編成して制度化した学校であり、就職に必要な職業資格が取得できる学校である。大学進学の道も開かれている。アカデミック・リセに進学するのは1割、職業カレッジへの進学が9割と大枠で想定されている。生徒の進路適性を見極めるプロセスや職業指導(キャリア教育)がきわめて重視され、系統的に取り組まれているが、実態としてはなかなか難しく、構想通りにはなっていないようである[2]。

■ 国家教育スタンダードと教科課程

教育内容は国家教育スタンダードが定めており、教科書はコンクールにより各教科1種類ずつ作成されている。第1-9学年(共通教育期間)の教科課程(ウズベク語教授学校用)は表1-1の通りであり、必修科目と学校裁量時間(週2時間)から構成されている。

「ウズベキスタン国民」のアイデンティティ形成を担う道徳関係の教科は「精神」領域にまとめられており、一貫したプログラムが組まれている。ソ連の解体によって、いわば受身的に独立国家となった側面があり、社会主義イデオロギーに代わる新たな国民統合の核となる理念を共有できるよう教育することが熱く期待されている。「民族独立の理念と精神の基礎」は中核的教科である。ここでいう「民族」とは近代的な「国民」概念のできるずっと以前からウズベキスタン領域内に住んでいる人々をさしており、ウズベクを中心としつつタジク、カザフ、キルギス等の諸民族も含む概念と説明される[3]。しかし、実際にはウズベク「民族」とウズベキスタン「国民」の区別が曖昧に使われている場合がままみられる。系統的な職業指導は「労働」の時間に実施される。「労働実習」は農村部の綿花栽培地域では綿花摘み取りにあてられることが多い。

■ 多民族共生と多言語教育

言語の教育に多くの時間が充てられ配慮されている点は、多民族国家ソ連時代からの「母語教育保障」理念の継承といえる。

表1-1　普通教育学校教科課程(ウズベク語教授学校)2010/11年度

科目領域	教科	学年別週時間数								
		1	2	3	4	5	6	7	8	9
言語	母語と文学	8	8	10	10	9	7	5	5	5
	ロシア語		2	2	2	2	2	2	2	2
	外国語					3	3	3	3	3
社会知識	歴史					2	2	3	3	3
	国家と法の基礎								1	1
	経済知識の基礎								1	1
数学	数学	5	5	5	5	5	5	5	5	5
	情報								1	2
自然知識	物理・天文							2	2	2
	化学								2	2
	生物					1	2	2	2	2
	自然科学と地理	1	1	1	1	1	2	2	2	2
精神	倫理	1	1	1	1					
	祖国意識					1	1			
	民族独立の理念と精神の基礎							1	1	1
芸術	音楽文化	1	1	1	1	1	1	1		
	絵画芸術	1	1	1	1	1	1	1		
技術	製図								1	1
	労働	1	1	1	1	2	2	2	1	1
健康	体育	2	2	2	2	2	2	2	2	2
	小計	20	22	24	24	30	32	33	34	35
	学校裁量時間数	2	2	2	2	2	2	2	2	2
	週最大時間数	22	24	26	26	32	34	35	36	37
	労働実習（日）					6	6	10	16	

　教授言語は7つ(ウズベク語、ロシア語、カラカルパク語、カザフ語、タジク語、キルギス語、トルクメン語)あり、教科書は7つの言語で刊行されている。タシケント市(ロシア人は約20％)には9年制学校が295校あるが、38校はロシア語で教授する学校、104校は「ロシア語で教授するクラス」と「ウズベク語で教授するクラス」が併存する2言語教授学校、1校はカザフ語で教授する学校、残りはウズベク語で教授する学校である(2009年10月、タシケント市教育委員会にて調査)。

　科目としては、多くの学校で「ウズベク語」、「ロシア語」、「外国語」(英語

が多い)、「母語」が学ばれている。「ロシア語」が外国語とは別枠で位置づいている点に留意したい[4]。ちなみに語学は通常の学級を2グループにわけて少人数で授業を行っており、これもソ連時代からの「遺産」である。

■ インクルーシブ教育の推進

ソ連時代には障がいのある子どもに対しては、障がいの種類と程度に応じた教育内容や施設・設備を保障することが必要と考えられ、いわゆる健常児と別学の体制がとられてきた。現在でも別学体制の学校が残っている。そうした制度は障害のある子を隔離し偏見や差別意識を助長するものであり、社会への統合を妨げるものと考えられており、ユネスコが推進するインクルーシブ教育の研修会を1996年以降開催するなど、旧制度との調整が課題となっている。

■ 高等教育の4＋2制への移行と進む有償化

ソ連時代の高等教育機関は5年制が主流であり、卒業生には「ディプロマ」(専門家資格)を付与していた。単位制度はなく学位制度も学部段階では一般的でなかった。それが1997年教育法により、図1-1-1のように、4年と2年の2段階になり、規定の「単位」を取得した卒業生にディプロマに加えて「学位」を付与するようになった。この点は大きな変化である。ここには統一した欧州高等教育圏の構築を目指したボローニャ・プロセスの影響がみられ、ロシアがこの方向で改革を実施している。

教育の無償性が原則であったソ連時代と比較すると、受益者負担の有償性が大幅に進んでいる。すべて国立大学であるが、2006年時点で授業料国家負担の無償学生の割合はバカラブル段階で31.3％、マギストル段階で24.6％にすぎない(国民教育省報告書、2007年)。授業料を支払う有償学生には、企業が授業料を負担する委託養成(実質的に学生は無償、ただし卒業後3年以上勤務)の学生も含まれている。

高等・中等専門教育省が基本的に大学を所管しているが、カリモフ大統領の発起によって設立されたタシケント・イスラム大学(1999年開校)は内閣府

の管轄である。イスラムについて学ぶと同時に、他の社会科学も広く学ぶようにカリキュラムが組まれている点が特色であり、公務員や高校教員などにも卒業生の需要は高いという。国家負担の無償学生は25％である(2010年10月調査)。

　モスクワ大学、ウエストミンスター大学、シンガポールマネジメント大学など外国の大学の分校がタシケントにあり人気が高い。すべて国立大学として位置づけられており、国費無償枠がある。

第3節　教育の質の一元的管理——国家テストセンター

　国家テストセンターは教育機関の教育の質、教員の資質を一元的に評価・管理するために設立された機関であり(1998年)、国民教育省や高等・中等専門教育省などに分散していた質評価機能はここに集中された。内閣の指示により活動する。専任スタッフは約90名であるが、大学などの研究者に協力を求め、教育機関の質評価や、高等教育機関や国公立学校の入試問題、教員の研修・資格向上試験問題の作成など一手に引き受けている。

　大学入試は、ソ連時代は個々の大学がそれぞれ実施していたが、現在は毎年8月1日に全国の1万か所の教室を使ってセンター作成の試験問題で一斉に実施される。2002年1月からは外国の大学を卒業した者がウズベキスタンで就職するためには、国家テストセンターの試験に合格した証明書が必要となった。職業カレッジやアカデミック・リセへの進学は基本的に入学試験はないが、個々の学校で希望者が定員を上回る場合は、センターから専門家が派遣され、センターの試験問題で選抜が実施される[5]。

　教員の再教育や資格向上の研修は、全国各地にある研修機関で実施されるが、最終的な認定は国家テストセンターの試験を通じて行われ、2級、1級、上級のいずれかに認定される。教員の研修は3年毎の実施が義務付けられている(2006年までは5年に一度)。こうした研修のほかに教員の資格審査は5年毎に実施され、これらの結果は給与などに連動している。

　ちなみに国家テストセンターでは、TIMSSについては2008年からプロジ

ェクトチームを組み、国民教育省の協力を得て4年と8年用のテスト準備を行っている。PISAには現在参加していないが、導入が決まっており関心が寄せられているという。

第4節　マハッラ(地域コミュニティ)の教育力——学校・家庭・地域社会の連携

■ マハッラの大きな役割

　子育てにおいて学校・家庭・地域社会の連携が重視されているのは日本と同様であるが、「マハッラ」とよばれる地域コミュニティが大きな役割を期待され遂行している。イスラム的・伝統的な相互扶助的機能をもつマハッラは、独立後の脱・ソ連、民族の伝統への回帰という全般的傾向の中で復興政策がとられた。マハッラ基金の設立(1992年)など法的・行政的に制度化され最末端の行政単位として位置づけられている。したがってマハッラの活動には伝統的なものと、行政的なものが混在している。1994年から社会的弱者支援が、1997年から子どもに対する手当ての支給がマハッラを介して実施されている。貧困家庭に対しては制服や教材を支給し、優秀な生徒にはマハッラの誇りとして賞を与えている。訪問したマハッラの教育センターでは、民族衣装の縫製や刺繍、コンピュータ、木工などのサークルがあり、体育館では「クラッシュ」という柔道に似た運動サークルが練習していた。

　ちなみにこうした教育センターなどとともに、ソ連時代のさまざまな校外教育施設はそのまま活動を継続している。かつてピオネール宮殿であった校外施設の長は、「独立以降、活動内容自体には大きな変化はなく、変化したのはイデオロギーであり、「共産主義理念」に代わって現在は「民族独立の理念」がある」と語っていた。サークル活動が有料となったことも変化である。名称は変化しているが「アクチャブリャータ」や「ピオネール」といったソ連時代の子どもたちの団体に類似した組織もあり様々な活動を行っている。

　マハッラの活動には居住しているすべての親や子どもが参加できるが、住民構成や地域により温度差がみられる。活動に実際に参加しているのは、マハッラ関係者によれば「正確な統計はないが、タシケント市で65～70％、

全国的には大体 60％程度あるいはもう少し低いかな」という (2010 年 10 月調査)。

■ マハッラと学校教育

　学校教育でもマハッラは取り上げられており、「マハッラは父であり、母である」、コミュニティと長老に従うことは重要であるなど道徳関係教科等で教えられ、行事にもマハッラ住民が参加して行われる。訪問したタシケント市第 169 番学校 (ウズベク語教授学校・9 年制) は約 1400 人の児童生徒が 2 交代制 (一部：8 時から 13 時半、二部：13 時半〜17 時 50 分) で学んでおり、3 つのマハッラと協力関係にあった。サークルは教科関係、スポーツ、手工関係など多数あるが、徒弟的な職人の制度が生きているマハッラの木工専門家が指導するサークルは人気が高いという (2009 年 10 月調査)。サマルカンド市第 5 番学校 (タジク語教授学校・9 年制) は児童・生徒は約 1700 人、52 学級であり、3 つのマハッラから子どもが通学していた。毎月、「私のマハッラ」というテーマで子どもたちの発表会が行われ、自分の所属するマハッラについてよく知り、誇りに思えるようにしている。マハッラから長老を招いて礼儀やマナーを学んだり、ゾロアスター教の流れをくむナウルーズの祭り等を通したりして年長者と若者との関係づくりも行っている (2008 年 10 月調査)[6]。

第 5 節　教育制度のウズベキスタン・モデル

　1997 年から着手された「ウズベキスタン・モデル」の制度改革が現在ほぼ完成期を迎えている。計画したアカデミック・リセや職業カレッジの学校建設をほぼ終了しつつある。9 年制学校に関しても、2004 − 2009 年に老朽化した建物や安全基準に問題がある建物の調査に基づき、改築や施設・設備の改善が重点的に取り組まれた。総じて、物的条件整備から教育の質の改善に重点を移しつつあるという。ただし、都市部と農村部の格差是正、地域間格差の是正は課題として残されている。

　ウズベキスタンでは GDP に占める公財政支出教育費の割合は決して低い

わけではなく、最近の数年をみても10％を超える高い支出となっている。これは国がダイナミックな教育の発展に直接かかわっており（国家主導の改革）、教育が人間開発や貧困の縮減、経済の発展にとって重要であると考えられている（教育の最優先性）からである。教育費の多くは初等中等教育に支出されているが、少子高齢化の日本と異なり、18歳未満人口が48％（2009年）という年齢構成が莫大な教育費を必要としている事情がある。

　ウズベキスタン・モデルで懸念されるのは、アカデミック・リセの存在が社会階層の固定化、格差の再生産を助長することにつながらないかという点である。ある教育カレッジのベテラン校長が、12年制義務無償教育、高校段階のアカデミック・リセと職業カレッジへの全員進学構想は、世界の教育制度のなかで「ウズベキスタン・モデル」として位置づくユニークなものである、と改革の経緯を誇らしげに語ってくれた。またある教育長からは現状としては課題が多々残されていると前置きしつつも、基本的には高卒の段階で就職できない、進学もできないといった若者の存在をなくすことを目指した点で現実的で、適切な改革であったと評価する声もきかれた。確かにそうした面は認められる。が、同時に現地調査によりその問題も見えてきた。アカデミック・リセに進学するには、総じてまずは「良い小学校」に入学するための就学準備教育から開始する必要があった。9年制普通教育学校のなかには、才能に恵まれた子どものための学校や特定の教科を深く学習する特別学校がある（こうした制度はソ連時代から存在している）。公立学校でも学校選択が可能であることから、遠方からもこうした学校に入学希望者が集中し、選抜を勝ち抜いた子どもが入学できる（地元のこどもは優先的に入学できる）。アカデミック・リセのなかでも大学進学状況に関して格差が指摘されるが、就学準備の段階から、特別学校、評判の高いアカデミック・リセ、有名大学へとつながる「エリート・コース」が細く長く敷かれているようである。職業カレッジからも同系列の専門大学への進学ルートはもちろん確保されており、これについては本書第II部第10章に詳述されている。こうしたウズベキスタン型12年制義務教育制度が、ウズベキスタンの社会や経済にどのような影響を与えていくか今後の展開が注視される。

ウズベキスタンはもともとイスラムが浸透した地域であるが、「男女平等」の制度化を図った社会主義時代を経験し、独立以降、ジェンダー・バランスの行方が注目された。本章では就学前教育の項でもふれたが、アカデミック・リセにおける女子在籍率は低い。第Ⅱ部第 2 章において教育における男女差について言及されており参照願いたい。

本章では、独立以降のウズベキスタンについて、ソ連時代の教育制度を基盤としつつ、「ウズベキスタン国民」を育てる新しいモデルを構築しつつある改章の軌跡を述べてきた。高等教育段階では教育の無償性の後退は顕著であるが、初等中等教育段階では 12 年制義務無償教育を実施し、子どもたちの教育保障に努めている。教育の世俗性の原則を堅持しつつ、イスラム的価値観を尊重し、マハッラを教育のステークホルダーとして取り込みながら、「ウズベキスタン国民」を育成している。訪問した幼稚園や学校の教室や廊下にはどこでも、カリモフ大統領の写真、ウズベキスタンの国旗と国章の 3 点

授業風景：ソ連式の挙手スタイルと白い大きな髪飾り

セットが飾られていた。しかし同時に、独立から20年が経過したとはいえ、学校や教室にはソ連時代の教育スタイルの授業風景が残されていた。新入生を迎える入学式の挙行の仕方、授業での児童生徒の独特な挙手の仕方、女子児童の白い大きなリボンの髪飾り、自信に満ち授業をリードする教師の姿などソ連時代の教育風景がそこにはあった。今後、ソ連時代を知らない世代が教壇に立つようになると、ウズベキスタンの学校はどのように変わるのか、今後の展開が注視される。

注
1 立法と執行の未分化、行政における中央と地方の未分化は「社会主義」ソ連的特徴であり、これらがソ連解体後のウズベキスタンにおおむね引き継がれている。
2 第8・9学年生に対する職業オリエンテーションおよび心理・教育学的診断を効果的、系統的に実施する事、第9学年修了者の全員進学保障に関するデータの客観性を系統的に点検することなどが強調されている。(2010年6月7日付け内閣決定第109号「普通教育学校第9学年修了者のアカデミック・リセおよび職業カレッジへの進学保障に関する法的基盤の一層の改善について」(露文))。なお、第二部第10章水谷参照。
3 帯谷知可「最近のウズベキスタンにおける国史編纂をめぐって──「民族独立理念」のもとでの「ウズベク民族の国家史」──」、『東欧・中央ユーラシアの近代とネイションⅡ』スラブ研究センター研究報告シリーズ、No.89、2003年参照。
4 ソ連時代から実質的にロシア語が通用しているため、他の中央アジア諸国ではロシア語は外国語ではなく「公用語」あるいは「民族間共通語」として位置づけられているが、ウズベキスタンでは「外国語」の一つにすぎなかった。それが近年はロシア語学習への需要が高まり、独立した科目として設けられるようになった。
5 「普通教育学校第9学年修了者の中等専門職業学校への入学・登録手続き規程」2010年6月7日(露文)。
6 マハッラの教育機能については、河野明日香『「教育する」共同体──ウズベキスタンにおける国民形成と地域社会教育』九州大学出版会、2010年に詳しい。

参考文献
National Report of Uzbekistan, The Development of Education, 2008
ウズベキスタン国民教育省『万人のための教育の中間評価に関する国家報告書』(露

文）2007 年
岩崎一郎・宇山智彦・小松久男編著『現在中央アジア論』日本評論社、2004 年
宇山智彦編著『中央アジアを知るための 60 章』明石書店、2003 年

第2章　カザフスタン共和国——躍進する中央アジアの雄

岩﨑　正吾

第1節　戦略的重要性と奇跡的経済成長

■ なぜカザフスタンか

　カザフスタン共和国は、1991年12月に旧ソ連より独立して以来、2011年で建国20年を迎えた。日本にはまだなじみの薄い国である。しかし、石油やウランの主要産出国という資源大国としての観点だけでなく、地理的に日本に近く、中露に挟まれ、中東や南アジアにも近いという地政学的観点からも、近年世界各国からその戦略的重要性が認識されつつある。加えて、2000年以降、奇跡的な経済成長を成し遂げており、それを支える人材の養成と独立以降社会主義イデオロギーが抜けた後の多民族国家を束ねる国民統合へ向けたアイデンティティの形成が教育の喫緊の課題となっている。こうした課題を抱えるカザフスタンの教育とは一体どのようなものだろうか。

アスタナのシンボル「バイテレック」

■ 資源大国及び地政学的意義

　カザフスタンは「メンデレーエフの元素周期律表に掲げられた全ての元素が存在する世界唯一の国」と言われるほど豊富な鉱物資源に恵まれている。石油の残存可採埋蔵量は世界第9位、天然ガス17位、ウラン2位、亜鉛4位、銅11位であり、レアメタルやレアアースも世界の注目を集めている。鉱物資源をめぐっ

て、米、露、英、蘭、仏、伊、中国などの石油メジャーや投資会社が覇を競っている。日本も2006年に現職の総理大臣として初めて小泉首相(当時)がカザフスタンを訪問した。そこでは、友好・パートナーシップ協力に関する共同声明が発表され、カザフスタンの天然資源の探鉱・開発・加工分野の戦略的な協力関係を発展させることが確認されている。

　地政学的観点から見れば、長い国境を接しているロシア、中国の他に、米国やすぐ近くのイスラム国家であるトルコ、イランなど、カザフスタンに関心を持つ国々は少なくない。カザフスタンは、イラク復興支援のために国軍を派兵し、アフガン軍事支援の面では米軍機の上空通過権と緊急着陸権を認めるなど、米国との関係にも配慮している。他の中央アジア諸国と同様に、カザフスタンは社会主義を経験した穏健なイスラム教徒が多数を占める「世俗国家」(カザフスタン憲法1条)であり、イスラム原理主義の支配に対抗する点では米国だけでなく、ロシアや中国とも利害を共有している。

■ バランス外交の展開と経済成長

　革命前からの歴史的な繋がりが深いロシアとカザフスタンとは、政治・経済・軍事・文化など、多方面にわたる重要なパートナーである。また、CIS集団安保条約やユーラシア経済共同体及び上海協力機構などへの加盟を通して、旧ソ連諸国との絆が継続している。経済を中心に中国との関係も強まっており、EU諸国との関係も強化されつつある。カザフスタンは旧ソ連諸国で初めてOSCE(欧州安保協力機構)の議長国となり、2010年12月に首脳会議を開催し、欧米への接近を図る重要な舞台となった。このようにカザフスタンは、旧ソ連諸国だけでなく、旧西側諸国とも良好なバランス外交を展開している。

　また、2000年以降の経済成長率は、毎年約9％以上の伸びを記録している。2008年〜2009年はサブプライムローン問題の煽りを受けダウンしたが、2010年には約7％程度にまで回復した[1]。石油・ガス開発の進展と世界市場での価格の上昇及び独立当初の混乱を克服した経済改革による民間活力の向上がその背景にあるが、ナザルバエフ大統領の下での比較的安定した国内政

治情勢も要因の一つであろう。

■ 政治体制と行政区分

　カザフスタンは、任期5年(現ナザルバエフ大統領は旧憲法規定により7年)の大統領を元首とする共和制で、国民の直接選挙で選ばれる。大統領は議会の同意を得て首相を任命し、外相、国防相、内相及び法相を直接任命する他、首相の推薦に基づいてその他の閣僚を任命する。また、州知事、アスタナ及びアルマトゥイの両市長の任命も大統領の権限である。行政区分はソ連時代に形成された19州から1997年の改訂により14州となり、これに首都(アスタナ)と特別市(アルマトゥイ)が加わる。議会は二院制で、セナート(上院)とマジリス(下院)からなる。上院議員は上記行政区分から各2名が地方議員の間接選挙で選ばれ、15名が大統領により選出される。任期は6年、3年ごとに半数が改選される。下院議員は定数107名のうち、98名が政党比例代表制(7%以下の政党は足切)により、9名が大統領直属のカザフスタン国民評議会により選出される。任期は5年である。

　以上のように大統領の強大な権限が特徴となっているが、こうした政治体制と行政区分を通して教育政策の遂行が図られる。

第2節　社会主義教育遺産の継承と変容

■ 就学率・識字率の高さ

　他の中央アジアの諸国と同様にカザフスタンが旧ソ連から受け継いだ教育遺産の一つに、中等教育就学率や識字率の高さがある。このことは、その他のイスラム諸国や北米・西欧と比較してみればよく分かる。例えば、独立当初(1991／1992年)のカザフスタンの全日制の初等中等学校数は約8,600校、生徒数は約314万7,000人であるのに対して、10年後の2001／2002年ではそれぞれ約8,400校、生徒数は約308万5,000人である。生徒数の減少に応じて学校数も減少しているが、1校当たりの生徒数はほぼ同じである[2]。

　ユネスコの統計によれば、2002年のカザフスタンの中等教育就学率(在籍

シュコーラ・ギムナジア No. 2（アルマトゥイ市）

率）は 88％（男子89％、女子87％）である。これをイスラム諸国のトルコで見れば69％、エジプト71％、マレーシア65％、インドネシア（2008年）68％となっている。地域別中等教育就学率（2008年：登録総数）では、東アジア・太平洋77％、アラブ諸国68％、中欧・東欧88％、北米・西欧100％であるのに対して、中央アジアは97％と高い割合を示している[3]。

15歳以上の識字率も同様の傾向が伺える。カザフスタンは独立当初から98％と高い数値を示していたが、2008年には99.7％とさらに高くなっている。これを地域別に見れば、東アジア・太平洋93.7％、アラブ諸国72.4％、中欧・東欧97.6％、北米・西欧99％であるのに対して、中央アジアは99.4％である。

以上の数字は、カザフスタンの人的能力の潜在的資源が極めて豊かであることを示すと共に、男女平等教育の浸透、教育の機会均等の実質的保障及び義務無償制といった社会主義時代に確立された教育制度の理念が浸透していると見ることができよう。

■ 教育の目的・理念の変容

教育の機会均等や義務無償制といった制度的理念は、現在の憲法（2007年改正）や教育法（2007年）に規定されている。憲法30条は、国公立教育機関における初等中等教育の義務無償制と競争に基づく高等教育の無償制を謳っている。また、教育法3条は教育分野における国家政策の原理を示し、教育を受ける全ての者の権利や教育制度発展の優先性などについて規定している[4]。

社会主義時代の理念と異なるのは、教育法3条に明示されている教育の世俗的性格、教育行政の民主的性格、教育機関における政党・宗教活動の禁止、

異なる所有形態に基づく教育機関の多様性などである。ソ連時代は教育の世俗的性格は、より強力な反宗教的性格を帯びており、教育機関や教育行政は党イデオロギーの支配下にあった。ペレストロイカを経てソ連時代の末期にロシアの場合には、私立学校の容認をも含めて教育機関の脱政党化や脱ピオネール・脱コムソモール化が図られ、教育の脱社会主義路線が付設されていくが、カザフスタンの場合には、そうしたロシアの動きを慎重に見守っていたというのが実態のようである。

　以上の基本的な制度的原理の下で、カザフスタンが目ざす人間像を要約すれば、国家的・全人類的価値及び市民的価値の優先と現代科学の達成等に基づいて自由に発達した個人を育成することであり、国内のカザフ人とその他の諸民族の歴史・文化・伝統を理解し、祖国カザフスタン共和国を愛する人間を形成することであると言えようか。

第3節　教育制度の新展開——12年制教育への移行をめざして

■ 教育制度の現状

　図1-2-1は、12年制教育への移行過程にあるカザフスタンの新しい学校制度図である。まず就学前教育については、1歳から6才未満を収容する就学前機関あり、5才からの就学準備教育は義務・無償とされている（教育法30条）。

　2007年の教育法16条では、初等中等普通教育は4・6・2制（12年制）であり、義務教育は10年とされているが、現在はまだ4（初等教育）・5（基礎中等教育）・2（普通中等教育）の11年制、9年の義務教育をとる学校が多い。その理由は、2003年から実験的に開始された12年制教育モデルへの移行が、2010年までに終わる予定（「2005～2010年教育発展国家プログラム」）であったが、完遂せず、2020年までの終了が目ざされることになった（「2011～2020年教育発展国家プログラム」）からである。2009年10月のカザフスタン教育・科学省での聞き取り調査では、当時国内の104の実験学校がこのプロジェクトに参加しており、完全移行は2017年であるとの説明を受けたが、少し遅れているようで

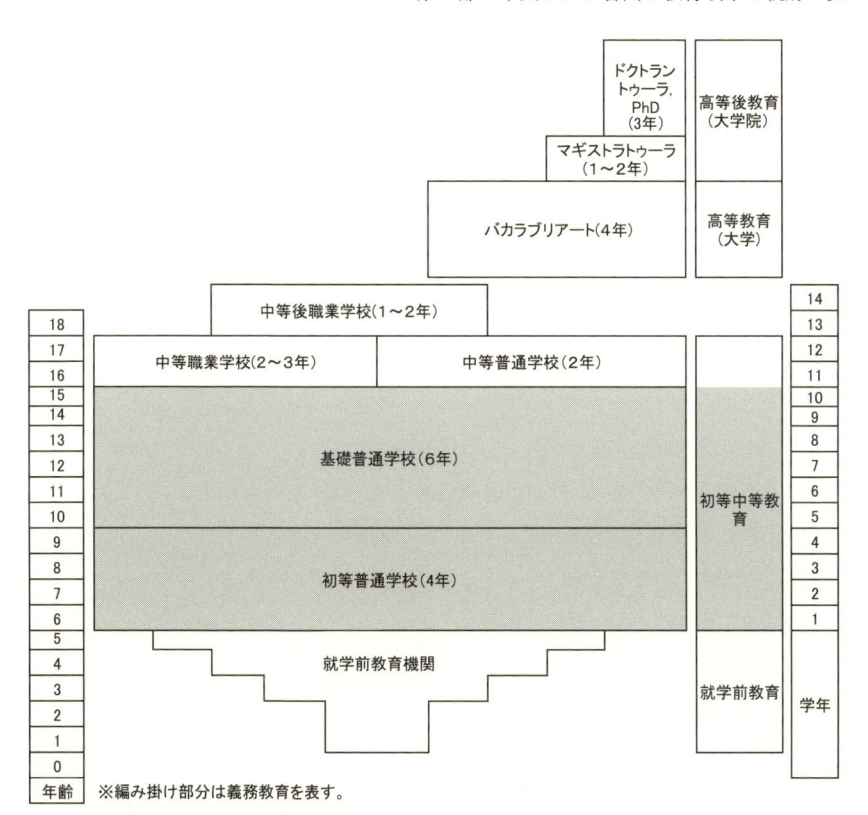

```
                                      ┌─────────┐┌─────────┐
                                      │ドクトラン││高等後教育│
                                      │トゥーラ, ││(大学院) │
                                      │ PhD     ││         │
                                      │ (3年)   ││         │
                                      ├─────────┤│         │
                                      │マギストラトゥーラ││         │
                                      │ (1～2年) ││         │
                              ┌───────┴─────────┤├─────────┤
                              │  バカラブリアート(4年) ││高等教育 │
                              │                 ││(大学)   │
┌──┐┌─────────────────────────┴─────────────────┤├─────────┤
│18││      中等後職業学校(1～2年)                 │         │14
│17│├──────────────────────┬──────────────────────┤        │13
│16││  中等職業学校(2～3年) │   中等普通学校(2年)  │        │12
│15│├──────────────────────┴──────────────────────┤        │11
│14││                                             │        │10
│13││          基礎普通学校(6年)                  │初等中等 │9
│12││                                             │教育     │8
│11││                                             │        │7
│10│├─────────────────────────────────────────────┤        │6
│ 9││                                             │        │5
│ 8││          初等普通学校(4年)                  │        │4
│ 7││                                             │        │3
│ 6│├─────────────────────────────────────────────┤        │2
│ 5││                                             │        │1
│ 4││          就学前教育機関                      │就学前教育│
│ 3││                                             │        │
│ 2││                                             │        │学年
│ 1││                                             │        │
│ 0││                                             │        │
│年齢│※編み掛け部分は義務教育を表す。
```

※2007年のカザフスタン共和国法律「教育について」第16条において初等中等普通教育は4・6・2の12年制として規定されているが、現在2020年の完全実施に向けて移行開始時期にあたり、2010年9月1日現在では4・5・2の11年制である。

図1-2-1 カザフスタン共和国の学校制度図

ある。国際標準に合わせた12年制教育制度への完全移行は、カザフスタンにおける教育改革の大きな課題の一つである。

　制度図には示されていないが、生徒の適正と能力に応じて初等中等教育段階の人文分野で特色ある教育を実施するギムナジウムや中等教育段階の自然科学分野で特色ある教育を行うリセも存在する。いずれも一般に優秀児用の学校とされる。

■ 国家語の優先的発展政策

130以上の民族からなるカザフスタン共和国で独立以前に最も使用されてきた言語はロシア語であった。表1-2-1は独立以前と独立後の民族構成を示したものであるが、1989年のセンサスで、自由に話せる言語としてカザフ人の64.1%、非カザフ人の72.8%がロシア語と答えている。また、カザフ語を自由に話せる非カザフ人はロシア人の0.8%をはじめとして、全体で1.5%であった。名称民族(カザフ人)のこうした状況は、必然的に「国家語」としてのカザフ語を重視する政策が求められた[6]。

表1-2-1 カザフスタンの民族構成(%)[5]

民族　　　　　年	1989	1999	2007
カザフ人	40.1	53.4	58.6
ロシア人	37.4	30.0	
ウクライナ人	5.4	3.7	30.2
ベラルーシ人	1.1	0.7	
ウズベク人	2.0	2.5	—

1989年のカザフスタン言語法ではカザフ語を国家語、ロシア語を民族間交流語と定め、93年憲法もこれを継承したが、95年憲法と97年言語法(5条)では「国家機関及び地方自治機関において、ロシア語はカザフ語と同等に公的に使用される」という表現に変わった[7]。2007年の憲法(7条)でも基本的にこれを踏襲している。つまり、カザフ語重視政策を継続しつつも、当初のロシア語の地位が高められている。これは、その他の中央アジア諸国にもみられる現象であるが、ロシアの国際関係における地盤の確立や経済の求心力と連動したものであろう。また、カザフスタンが多民族・多言語国家であることを踏まえ、憲法19条では母語使用の権利、交流、教育及び創作における自由な言語選択への権利を保障している。

こうした規定を受けて教育法(9条)では、全ての教育機関が国家語としてのカザフ語、ロシア語及び一つの外国語の学習を保障しなければならないとされ、その他の母語で教育を受ける権利は条件に応じて保障されるとしている。一般に、カザフ語学校・クラスの場合はロシア語は第3学年から、ロシア語学校・クラスの場合はカザフ語は第1学年から、外国語は共に第5学年から開始される。特定の科目を深く学ばせる学校や条件の整った学校ではより早期に始めることもできる。

■ 高等教育機関の改革

　高等教育機関へは、普通中等教育又は技術・職業教育を受けた者がコンクール(国家統一試験)に基づいて進むことができる。入学者の20％が無償席となっており、80％は有償席である[8]。国立大学の場合、授業料の年平均額は20万テンゲ(約12万円)である。数年かけてボローニャ・プロセスへの加盟を準備し、2010年から4－2－3(学士－修士－博士PhD)の3段階システムに全面的に移行した。

　現在(2010年段階で)、カザフスタンには9の民族大学、2の国際大学、32の国立大学、12の外国の大学、93の私立大学があり、計148の高等教育機関に約60万人の学生が活動している[9]。「2011～2020年教育発展国家プログラム」が未だに解決できない問題として指摘しているのは、高等教育機関における汚職・腐敗の問題である。2005年から全ての大学に対する認可制度と国家審査が導入され、当時187大学、52あった国立大学は次第に淘汰されることになった。次節で述べる国家統一試験の導入も「情実入試」をなくすことが目的の1つであった。

■ 大統領プログラム「ボラシャク」

　国を背負って立つ人材を育成するために、1993年、国際奨学金「ボラシャク」が大統領のイニシアチブにより設立された。「ボラシャク」とはカザフ語で「未来」という意味であり、年間3,000人を目途に世界の一流大学・研究所などに留学や学術研修のために派遣している。現在は2005年に設立された「国際プログラムセンター」が応募者のコンクールを実施する機関となっており、欧米諸国を始め、韓国、日本、中国、ロシアなどに優秀な学生・研究者を送り出している。帰還した奨学生の多くは、国の重要な職務に就いたり、国家的・国際的組織やプロジェクトで活躍している。ここにもカザフスタンの人材養成にかける意気込みが伺われる。

第4節　教育課程の特徴——国民統合と国際化に向けて

■ 国民統合に向けて

　独立国家としての国民統合を図り、安定した国づくりを図ることは、経済の発展とともに、政治的・社会的な最重要課題の一つである。社会主義イデオロギーが抜けた後の国民の精神的支柱や国民統合の教育をカザフスタンはどのように進めているのだろうか。表1-2-2はカザフ語教授学校・クラス用の普通教育学校標準教科課程である。

　日本の場合、9年間の国語の総授業時数は1,846時間であるが、カザフ語とカザフ文学の授業時間数は1,870時間となっており、突出していることが見て取れる。これにロシア語の授業が加わる。

　教科課程表に示されておらず、これまでとくに国家基準として「道徳の時間」は特設されていなかったが、2009年の現地調査の結果、どの学校でも「学級の時間」を週1時間程度設け、道徳教育や愛国教育を行っていた。その際、訓育担当の副校長が年間計画を作成し、学級担任が実施するという形態を取っている。また、2009年から第9学年で「宗教」の授業が前期か後期に週1時間、選択科目として導入された。これは教育・科学省での説明によれば、宗教についての基礎知識を教えるもので、イスラムの宗派教育を行うものではないという。2010年度からは、大統領夫人の提案で「道徳の時間」が全学年を通して週1時間特設される。

　学校行事も国民統合のために重要な役割を果たしている。カザフスタンでは国民の祝日として、9月1日：始業の鐘、9月22日：国家語(カザフ語)制定の日、10月25日：共和国記念日、12月16日：独立記念日、1月1日：新年、3月8日：国際女性の日、3月21日：ナウルーズ、5月1日：民族統一の日、5月9日：戦勝記念日、8月30日：憲法記念日等がある。戦勝記念日、共和国記念日、独立記念日の前後には学校で時間をかけて準備し、当日生徒は登校して国旗を掲揚し、国歌を歌うという。ナウルーズは、元来ゾロアスター教の祭りだが、後にイスラムの新年の祭りとなった農業に由来する三千年以上の伝統ある祭りで、1週間祝われる。

表1-2-2 普通教育学校標準教科課程(カザフ語教授学校・クラス用)2010年

教科＼学年	週時間数								
	1	2	3	4	5	6	7	8	9
I 基礎必修要素									
カザフ語	7	4	4	4	3	3	3	2	1
カザフ文学		4	4	4	3	2	2	2	3
ロシア語			2	2	3	3	3	3	3
外国語					2	2	2	2	2
数学	4	4	5	5	5	5			
代数学							2	2	2
幾何学							2	2	2
情報							1	1	1
製図									2
世界の認識	2	2	2	2					
自然科学と地理					2	1.5	2	2	1
生物						1.5	2	2	2
物理							2	2	2
化学								3	2
自己認識	1	1	1	1	1	1	1	1	1
世界史						1	1.5	1.5	1.5
カザフスタンの歴史					2	1	1.5	1.5	1.5
社会知識の基礎									2
音楽	1	1	1	1	1	1			
絵画芸術	1	1	1	1	1	1			
労働教育	2	2	2	2	2	2	2	2	2
体育	3	3	3	3	3	3	3	3	3
必修時間数	21	22	25	25	28	28	30	32	34
II 選択要素									
II.1 学校選択要素									
選択科目	2	2	2	2	3	3	2	2	2
II.2 生徒選択要素									
個別活動、グループ活動、スポーツ・体育活動	1	1	2	2	2	2	2	2	2
選択時間数	3	3	4	4	5	5	4	4	4
最大時間数	24	25	29	29	33	33	34	36	38

地域や校外(補充)教育機関との連携も国民統合の教育に重要な役割を果たしている。体制転換後、ロシアと同様に中央アジア諸国でも財政難から校外(補充)教育機関はその名称を変えて活動しつつも、閉鎖される機関も少なくなかったが、最近次第に整備・拡充され、以前の活気を取り戻しつつある。カザフスタンでは補充教育機関として、児童・生徒宮殿、児童創造の家、児童音楽学校、若いツーリストステーション、自然研究者ステーション、若き英才宮殿、スポーツ施設などが活動しており、一部制の学校の生徒は基本的に午後に、二部制の学校の生徒は午前と午後に分かれてやって来る。アスタナにあるマハンビエト・ウチェミソフ記念生徒宮殿での聞き取り調査では[10]、基本的には6歳から18歳の生徒達が、市内の全学校62校から、180グループに分かれて、3,000人の生徒達がやってきて、年間約6万人の生徒が利用するという。実費を除き、利用は原則無料である。一般的なサークル活動の他に、首都誕生イベントや愛国心に関係するイベントを行ったり、市内の学校に活動マニュアルを作って提供している。

こうした補充教育機関は学校と連携して、子ども・生徒の多様な興味・関心に応じた活動を展開しており、これも社会主義教育の正の遺産として評価されてよいであろう。

■ 国家統一試験と国際学力テスト

国家統一試験は評価の客観性を担保し、教育の質の国家的コントロールを効果的に行い、高等・中等職業教育への公正なアクセスを保障することなどを目的として、2004年から導入された。中等教育修了試験と大学進学試験を兼ねている。必修科目4科目(数学、カザフ語、ロシア語、カザフ史)と選択必修1科目(物理、化学、生物、地理、文学、世界史、外国語)の計5科目を受けなければならない。カザフ語教授学校の生徒はロシア語が、ロシア語教授学校の生徒はカザフ語が必修となる。カザフ語とロシア語の2種類の問題が用意され、相互に不利にならないように配慮されている。回答はマークシート方式で、5つの選択肢から1つを選ぶ問題である。また、カザフ人帰還者の子どもやウズベク語学校、タジク語学校及びウィグル語学校の生徒は、国家

統一試験を受ける代わりに州及び市（アルマトゥイとアスタナ）の教育局に設置される独立委員会が実施する「最終試験」を当該教育機関において受けることが認められている[11]。これは、カザフ語やロシア語が十分ではない生徒に対して、不利にならないようにするための措置である。

　カザフスタンはIEA（国際教育到達度評価学会）が実施するTIMSS（国際数学・理科動向調査）には2007年から参加し、OECD（経済協力開発機構）が実施するPISA（生徒の学習到達度調査）には2009年から参加している。TIMSSの場合、カザフスタンは第4学年のみの参加であったが、算数で549点（37か国中5位）、理科533点（同第11位）と高い水準を示した。また、算数が楽しいとする生徒の割合は92％、理科の場合は93％と好ましい結果を示している。しかし、65か国・地域（OECD加盟国34、非加盟国・地域31）と約47万人の生徒が参加した2009年のPISAでは、読解力が390点（65か国・地域中59位）、数学的リテラシー405点（同53位）、科学的リテラシー400点（同58位）と振るわなかった。基礎的な知識・能力を見るTIMSSの結果は良好で、コンピテンシーという活用能力を見るPISAは弱いという、ロシアと同様の傾向を示している。これは、ソ連時代から今日に至るまで学校現場で支配的なズーノフスキー・アプローチ（知識、技能、習熟を重視）の影響であると見ることができるかもしれない。

　以上、カザフスタン共和国の教育を制度的側面を中心に見てきたが、若い独立国家であり、多民族・多言語国家としての国の舵取りと国民統合をはかるという課題は、現在の所「無難に」（首尾良く）実現されつつあると言えよう。しかしながら、ナザルバエフ大統領の長期にわたる政権運営には「独裁」との批判もあり、とりわけ、ナザルバエフ後の政権運営の在り方をめぐって、その帰趨が不安視されている。

注
1　IMF「カザフスタンの経済成長率の推移」（http://ecodb.net//country/KZ/imf_growth.html：2011年6月30日検索）
2　CIS国際統計委員会『独立国家共同体統計年鑑』、モスクワ、1996年版（281頁）、

2005 年版（329 頁）、ロシア語版を参照。
3　UNESCO Institute for Statistics, UNIS STATISTICS IN BRIEF, Education-all levels （http://stats.unis.unesco.org/unesco/TableViewer/document.aspx?ReportId=121&IF_La:2011 年 8 月 10 日検索）
4　「カザフスタン共和国の憲法」、アルマトゥイ、2009 年、11 頁、ロシア語版、及び「カザフスタン共和国教育法」（岩崎・森岡・クアニシ訳）『ポストソ連時代における中央アジア諸国の教育戦略に関する総合的比較研究』（嶺井明子代表：文科省科研費研究平成 21 年度中間報告書）、197 頁。
5　ナターリヤ・ヴドーヴィナ『カザフスタンにおけるロシア語』、アルマトゥイ、2008 年、1 ～ 2 頁、ロシア語版を参照。
6　タスタンベコワ・クアニシ「カザフスタンにおける言語教育政策の課題－ロシア語優位社会におけるカザフ語中心主義の行方－」『比較教育学研究第 35 号』（日本比較教育学会）2007 年、33 頁。
7　基本法令集『カザフスタン共和国における言語について』、アルマトゥイ、2009 年、ロシア語版を参照。
8　2009 年 10 月 16 日、カザフスタン教育・科学省での聞き取り調査による。
9　カザフスタン共和国政府承認「2011 ～ 2020 年におけるカザフスタン共和国の教育発展国家プログラム」、アスタナ、2010 年、11 頁、ロシア語版。
10　2009 年 10 月 13 日、マハンビエト・ウチェミソフ記念生徒宮殿での聞き取り調査による。
11　「中等普通教育機関における生徒の中間及び最終審査標準規程 15 条」『カザフスタン共和国における教育についての法令集』、アルマトゥイ、2009 年、147 頁、ロシア語版。

参考文献

カ・ベキシェフ、ア・イ・ニヤズバエワ「カザフスタン共和国の教育制度」科学誌『大学』、2008 年、ロシア語版。
角﨑利夫『カザフスタン』、早稲田出版、2007 年。
カトリーヌ・プジョル（宇山智彦・須田将訳）『カザフスタン』（クセジュ文庫）、白水社、2006 年。
木村汎・石井明編『中央アジアの行方』、勉誠出版、2003 年。

第3章　キルギス共和国――模索が続く国づくりと人づくり

関　啓子

第1節　優等生の悲哀

■ 政変

　キルギス共和国は、2度ほど西欧社会から優等生という評価を受けた。民主化の優等生、民営化の優等生という「外部」評価である。まず、IMF 路線の経済改革を忠実に履行し、カザフスタンと並んで民営化をおし進め、早期に WTO 加盟を果たした。アカーエフ元大統領のとった市場経済化路線は、CIS 諸国の中でも最も大胆なものであった。しかし、国情にあわない改革で、経済は低迷を余儀なくされ、国民の生活水準は低下し、諸外国や NGO や国際機関などからの支援(借款や援助)に依存せざるを得ない国家体質がつくられた。

　旧共産党とは無縁の科学者アカーエフが民主派として登場し、大統領になったことに海外は注目した。ナショナリズムを抑えた彼の政策も評価されたが、徐々に権力集中が目立つようになり、大統領の権限を大幅に拡大する法律が施行されるまでになった。民主化の雄として、キルギス共和国が再度注目されたのが、民主化ドミノの末席に連なったときである。グルジアの「バラ革命」(2003年)、ウクライナの「オレンジ革命」(2004年)に続く「チューリップ革命」が、2005年3月にキルギス共和国で勃発した。「革命」後に当地を訪問したが、「革命」前の社会への根本的な批判もなければ、新規蒔き直しの社会再建も見られなかった。そして、2010年に再び政変が起こり、バキーエフ政権が倒され、オトゥンバエワ暫定政権が誕生した。その後、2011年の大統領選挙によってアルマズベク・アタムバエフ氏が大統領に選出された。

　社会が不安定なのは、独立後の経済の不振とかかわっている。1991-95年

に事実上工業は崩壊し、新しい機械設備の創設・利用による工業の復興が課題になっている[1]。失業者が増加し、貧困層が公的なデータによれば五分の一を占める[2]。二度の政変は、南北の部族間の確執、政権側における近親者の過剰な登用、政治家や官僚層の間での汚職などが、引き金になっていると思われるが、上記の経済の不安定が政変を準備したといえよう。

2度目の政変後、大統領の権限は大幅に縮小され、中央アジアではじめて議院内閣制が導入された。

社会構造を見れば、親族などの優遇が頻繁で、エリート層の補充の開放性は比較的低く、かつ諸エリート集団間の統合性が低い傾向にある。そうなると、「確立的なエリート」による寡頭的な権力がつくられる可能性があり、その場合、支配階級は弱くなりやすい[3]。貧困からの脱出を求める庶民感情を利用すれば、政変がおこりやすい構造である。

なお、フィールド・ワークはいずれも二つの政変間に実施されたことをお断りしたい。

■ 国家建設：独立？ 統一！

キルギス共和国が独立したのが、1991年である。多民族からなる国家の建設が始まった。課題は、特徴的な3つの地域(地勢的、気候的、産業的、民族的な特徴で分けられる3つの地域)[4]をどのように統合するかであった。ビシュケク市のあるチュイ州の平野部と湖岸地方は、キルギス人のほかロシア人などのスラヴ系住民が多く、工業が発展している。ウイグル人やドゥンガン人、朝鮮人、カザフ人も流入した。畜産や果樹栽培も盛んである。タラス州・ナルン州などの中部山岳地方は、住民の圧倒的多数がキルギス人である。畜産が主だが、水力発電所も建設され、鉱石採掘・冶金工業が営まれ、最近では金の採掘が注目されている。ジャララバッド、オシ、バトケンの三州が含まれるフェルガナ盆地地方は、温帯気候で農産物の生産地帯である。キルギス人とウズベク人などのチュルク系の人々が生活している。

キルギス共和国の建国はソ連中央(現ロシア連邦)との抗争を通じて行なわれたわけではない。独立後の課題は上記の地域をまとめ、国際機関やNGOお

よび欧米や日本などからの支援を受け、経済建設を行うというものであった。

■ 独立の意味

　独立の意味の独自性を明らかにするために、メキシコとキルギス共和国の間で、独立記念日の祝い方をめぐってフィールド・ワークを行い、比較してみた。メキシコの独立記念日の祝い方は、独立の英雄のドラマで盛り上がる。独立の英雄とは、副王軍に処刑されたイダルゴ神父とモレーロス（イダルゴの遺志を継ぐ司祭）であり、最後まで抵抗したゲレーロであり、共和体制の基礎を築いたビクトリアである。学校でも独立記念日は、生徒も教員も保護者も大いに楽しむビック・イベントである。学校ではほとんどこでも、上記の独立の英雄が主役のドラマを子どもたちが演じ、独立にまつわる物語を確認し、共有する。

　キルギス共和国にはそうした独立の英雄はいない。独立記念日（8月31日）が学校の夏休み中であることもあって、記念日の準備を学校が丁寧に行うこともない（農村学校では、地区で子どもコンサートを行う）。2006年政変後の独立記念日では、アカーエフ派と当時新大統領のバキーエフの支持者との間で、祝い方に温度差が感じられた。アカーエフ側に聞けば、独立記念日を祝っているのはバキーエフ派だけだ、と冷ややかであった。

　キルギス共和国の課題は、旧ソ連からの独立よりも、国家としての統一にある。キルギス共和国には南北格差があり、とくに南部が貧しい。バキーエフの登場は南の巻き返しでもあった。

■ 出稼ぎ労働者

　キルギス共和国はCISの最貧国の一つで、ロシアやカザフスタンの経済成長に引っ張られる形で経済が上向いていったが、それも度重なる政治危機でしばしば中断された。主要経済部門は、農業と商業で、工業はGDP中14％を占めるにすぎない。ただし、1997年にはカナダとの合弁のクムトール鉱山で金が採掘されるようになり、金が輸出においても大きい比重を占めていると言われる。

キルギス共和国では、出稼ぎ労働者の海外からの送金の果たす役割が大きい。2006年の対GDP比は4.8億ドル(17.0％)、2007年7.2億ドル(18.8％)、2008年12.3億ドル(23.9％)、2009年は9.9億ドル(21.6％)である[5]。ロシアとカザフスタンへの出稼ぎが多く、ロシアだけで30-40万人のキルギス人が働いている(2005年)。出稼ぎ労働者は、ロシアやカザフスタンの景気が悪化すれば、解雇される不安定な立場にある。非合法で働くキルギス人も多く、搾取の対象になっている。

ここからは二つの教育課題が透けて見えてくる。一つは、ロシア語の習得である。ロシアやカザフスタンで働くためには、ロシア語を習得していることが大事である。独立してからも、ロシア語の学習に拒否反応を示さないのは、こうした事情にもよる。いま一つの課題は、教育水準を向上させ、職業教育を充実させることである。2006年訪問当時のキルギス共和国は、人材不足に喘いでいた。ロシア人技術者が帰国したために、インフラの修復のための技術者が不足し、道路修理さえままならぬありさまであった。

第2節　教育改革の実態

■ 教科課程

教育についての政策、教育過程のあり方、教育組織の活動などは、『キルギス共和国憲法』(2007年)およびキルギス共和国法「教育について」(2003年、2006年キルギス共和国法No.225、2007年キルギス共和国法No.111、115による修正)にもとづいている。憲法の第32条では「教育をうける権利」が明記されている。

また、キルギス共和国法「教育について」の第3条には「キルギス共和国の市民は、性、民族、言語、社会的・経済的地位、職業の種類と性格、信仰、政治的・宗教的信念、居住地及びその他の状況にかかわりなく教育への権利を有する」とある。同第4条には、初等教育と基礎教育の義務制と無償制が明記され、「教育のヒューマニズム的性格、民族の文化的富と結びついた全人類的価値の優先、公民意識、労働愛好、愛国主義、法と人間の自由への尊

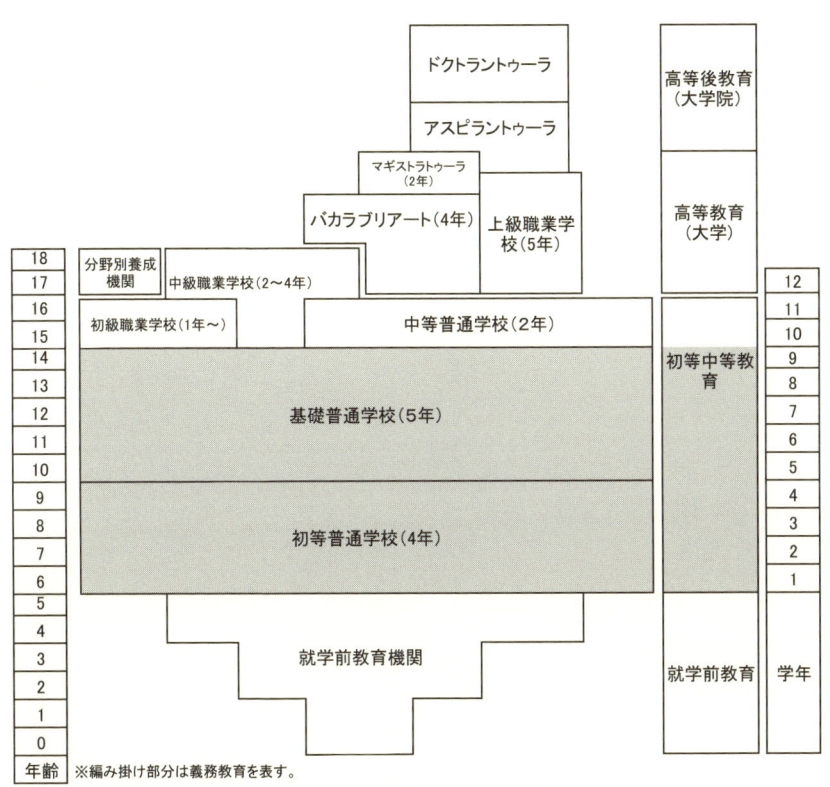

第Ⅰ部　中央アジア各国の教育改革の軌跡　43

図1－3－1　キルギス共和国の学校制度図

※編み掛け部分は義務教育を表す。
※就学前教育は、生後6ヶ月～7歳未満の子どもが対象となる（教育法第15条）。
※就学年齢は、6歳～7歳である（教育法第16条）。従って、7歳就学の場合は各学年の年齢が1歳ずつ繰り上がることになる
※義務教育期間は、基礎普通教育までの9年間である（教育法第16条）。
※高等後教育には、アスピラントゥーラ、ドクトラントゥーラ、再教育、資格向上が含まれる。

厳の育成」などが掲げられている。

　学校制度図（図1－3－1）と教科課程（表1－3－1）を参照されたい。

　教科課程は教授言語別に作られているが、教育内容は、言語教育を除けばほぼ同じである。キルギス語で教授する学校では、公用語のロシア語が初等教育の1年次から必修で、キルギス文学よりやや時間数が少ないものの、ロシア文学も学習する。その他、初等・中等学校の3年次から外国語が必修である。第一外国語ばかりでなく第二外国語も初等・中等学校の5年次から必

表1−3−1 普通教育学校教科課程(キルギス語教授学校)2009/10学年度

教科＼学年	週授業時間数								
	1	2	3	4	5	6	7	8	9
キルギス語	7	7	7	7	5	4	3	3/2	2
キルギス文学					3	3	3	2/3	3
ロシア語	3	3	3	3	2	2	2	1	1
ロシア文学					2	2	2	2	2
外国語			2	2	4	3	2	2	2
キルギスの歴史					2	1	1	1	1
世界史						1	1	1	1
人間と社会									1
数学	4	5	5	6	6	6	6	6	6
情報							1	2	2
郷土学習、倫理	1	2	2	2					
倫理					1	1	1	1	1
物理							2	2	3
天文									
生物						2	2	2	2
化学								3	2
自然科					1				
地理						2	3	2	2
造形芸術創造	1	1	1	1	1	1	1		
音楽	1	1	1	1	1	1	1		
製図								1	1
労働教育					1	1	1	1	1
体育	2	2	2	2	2	2	2	2	2
経済学入門									1
小計	19	21	23	24	31	32	34	34	36
学校裁量	1	1	1	1					
合計	20	22	24	25					
労働実習（日）					10	10	10	16	

修の学校もあり、この場合、生徒は母語を入れて4言語をマスターすることになる。

　ロシア語で教授する学校では、ロシア文学とキルギス語およびキルギス文学が必修で、加えて、外国語も習得する。また、キルギス語で教授する学校のうち、外国語学習に特徴がある学校では、例えば、ドイツ語を深く学ぶ学校の場合、キルギス語、キルギス文学、ロシア語、ロシア文学、ドイツ語を学習する。ドイツ語学習は3年次から始まり、ふつうの学校での第一外国語の授業時間の約2倍の時間がドイツ語の学習に費やされる。

　ウズベク語やタジク語などで授業する学校もある。ウズベク語学校では生徒は、ウズベク語、ウズベク文学、キルギス語、キルギス文学、ロシア語、ロシア文学、外国語を学習する。

　以上のように、ロシア語の位置づけは特別であるとともに、複数の言語を履修するシステムが作られている。

■　人づくりの方針

　独立後の教育課題は、グローバル化のもとでの国民統合と人材養成である。援助・支援という名のもとに、国際機関や先進諸国、NGO が手を差し伸べる。諸外国・国際機関などが物的な支援だけではなく、政策の方向付けにまで影響力を及ぼそうとする。そうした働きかけに、国内の親ロシア派、親欧米派が対応し、それぞれ影響力を強めようとする。他方では、教育の国際標準化の波が席巻し、教育省側は国際基準に遅れをとるまいと懸命になる。

　独立にともない、人材養成を見直し、教育の力点を移動させたというのが教育省の見解である。これまでの理系重視から、ロシア語、外国語、社会科などの人文系を重んずる政策に転じた。知識の詰め込みも改め、教育課程の負担を軽減している。現在は、初等・中等教育は11年制であるが、世界標準に合わせるために、12年制への移行を模索している。PISA 参加も、世界水準に合わせようとする心意気を示している。

　しかし、OECD の報告書は、キルギス共和国における学校教育の詰め込みを指摘し、生徒の実践的で創造的な、総合的な学習が制限されていると批

判している[6]。

学校の多様化が進み、リセやギムナジウムがつくられた。ソ連時代から英語教育に力を入れてきた優秀校は、先進的なプログラムを導入し、いっそうの発展を図っている。卒業生の全員が大学に進学するような特定されたエリート校もある。

多民族国家だから、統一テストや教科書の言語には配慮している。それらは、キルギス語はもとよりロシア語、ウズベク語、タジク語でも作成されている。ロシア語は公用語で、ロシア語を教授言語とする学校もある。ロシア語で教授される教育の質への信頼は依然として高い。大学での教授言語は68％がロシア語である（2009年、キルギス共和国教育科学省の職業教育局長へのインタビュー）から、学歴を用いた社会進出には、ロシア語能力は必須である。

ただし、外国語としての英語の比重が高まっているのも確かである。

校外教育は、ほぼ無料で受けることができる。ただし、補充的なサービスは有料になる。

■ 国民統合：「マナス」の役割

独立の英雄がいないキルギス共和国では、「マナス」の果たす役割は大きい。中央アジアには英雄叙事詩が多く、口承によって伝達されてきたが、「マナス」は、その中でももっともよく知られている。「マナス」は、口承文化に生きてきた遊牧の民の心の故郷である。キルギス文学の授業では、「マナス」の単元がある。学校に行けば、「マナス」の部屋があり、ミニ博物館のようになっている。ある学校では、キルギス語の教室にはシンボル的な存在の「マナス」の名前が付けられていた。

1995年、「マナス記念千年祭」が行われた。成立年度は定かではないが、一段と神話としての意味づけがバージョンアップされた。駿馬アククラ上の「マナス」像は、市の中央にすっくと立っている。「マナス」は、国民統合を支える神話として機能している、といえよう。

中央民族博物館を見学すれば、1階に大きなユルタ（パオ）が展示されている。現在ユルタで1年中生活している人は、国内にいない。ユルタは遊牧の

ユルタ　　　　　　　　　　　　　マナスの銅像

際に一時的に用いられ、あるいは、店舗として使われている程度である。それでも、国旗の中央にユルタの天窓が図案化されているように、ユルタは遊牧民であったキルギス人の生活文化のシンボルである。マナスとユルタは、国民統合を支える文化装置になっている。

　オトゥンバエワ元大統領は、政権を担っていたとき、国民統合に腐心し、国民の自画像を「偉大な遊牧民」に求めようとしていた。

第3節　保護者の教育意思

■ トルコ・リセの人気の秘密

　2006年の調査の際に、調査協力者がことごとく注目していたのが、トルコ・リセであった。人気の秘密を探った。

　人々が子どもを通わせようとするのは、ムスリムの育成が行われているからではないかと思われたが、違っていた。トルコ・リセは、宗教教育を行ってはいない。なぜ、人気があるかといえば、保護者の学力要求に応えているからであった。

　全国に16のトルコ・リセがあり(2009年のデータ)、保護者は地域格差を克服し、貧富の差もある程度乗り越え、子どもたちにサバイバル・チャンスを保障できるのである。私立学校で、ほぼ全寮制であるが、学費も、ビシュ

ケク市に比べ、農村部は安いというように地域の経済力を勘案してきめ細かく設定されている。学費の減免率も、学業成果にもとづき100％から小刻みに決められている。

　ここでは英語で行なう授業が導入されている。英語はもとより数学、物理、化学、生物、コンピュータなどは、トルコから来た教師が英語で授業する。歴史、地理、ロシア語、キルギス語などはキルギス人の教師がキルギス語と英語で教える。生徒たちは英語、トルコ語、ロシア語、キルギス語をマスターし、コンピュータ・リテラシーも学ぶ。卒業後、優秀者は国外の大学に留学する。現代社会を生き抜く高い学力の保障という教育の質が、この学校の魅力の秘密である。

　しかし、ヒドゥン・カリキュラムにも注目せざるをえない。まず、男女別学である。共学校は1校しかない(ここは寮制ではない)。週末には生徒たちは帰宅するが、その際のセレモニーを、トクモク市のトルコ・リセで見学した。生徒たちと教務主任が整列してキルギス共和国の国歌とトルコ国歌を歌う。当リセの正面玄関には、トルコ建国の英雄アタチュルクの写真が掲げられていた。

　このリセの運営を支えているのは、トルコ内外におけるビジネス成功者からなる教育に関する財団(Себат)である。財団の中心的存在は、独特のイスラーム運動で知られるギュレン氏で、2006年当時、彼はトルコ国内では問題視されていた。しかし、成功した実業家が、中央アジアのチュルク系諸国の教育開発を、表向きは宗教色をいっさい交えずに援助しようとしていることは確かである。

　この国に生活する人々はムスリムが多い。市場にはトルコ製品が大量に出回っている。生活世界の一部にトルコへの親和性とムスリム的行動様式の一部が織り込まれている。

第4節　ノンフォーマル教育とインフォーマル形成作用

■ 社会ネットワーク

　中央アジアには、社会ネットワークがある。エスニシティによって、地域によって、そのあり方は異なるとされる。人類学者の指摘によれば、社会ネットワークは、親族関係、部族的帰属、縁組、地理的接近性、学校教育の共有、職場の共有などの一つあるいはそれ以上の社会的諸関係にもとづく網の目を伴うとされる[7]。概ね人間関係は互酬的であり、社会関係資本が孕まれうる、と思われる。

　キルギス共和国内の農村部の社会ネットワークを調査研究した吉田は、村人がよりどころにした関係がどのような構造とかかわりあい、その関係を村人がどのように意味づけていたかを読み解いた。ある農村を例にとれば、存在した親族ネットワークによって、人々は日常生活から祝・葬式まで、多様に助けあってきたが、この相互扶助の紐帯とその実践はソ連時代の歴史的社会的文脈において生成された、という[8]。しかし、民営化したいま、これまでの社会ネットワークにもとづく義務と協力が織りなす関係は、農民の生き残りに有効とは言い難い側面をもつようになり、社会ネットワークは岐路に立たされている、と吉田は指摘している[9]。

　親族あるいは部族によるネットワークは、国民統合や国家的な制度にとってはいささか厄介な代物であったが、国家がすべき貧困救済などを肩代わりしてきた側面もある。それが日常生活の安心を維持してきたからである。

■ 宗教施設

　人々の心の風景にモスクが復活しつつある。ソ連時代のモスクの数は、全国で37であったが、2009年の調査では、全国で約2500、ビシュケク市内で43モスクを数える。さらに大きなモスクが建設予定と聞いた。2006年の調査でも、小規模なモスクが農村部で建設され、生活世界にモスクが定着しつつある状態が垣間見られた。

　2009年、ビシュケク市のモスクの責任者に宗教施設の役割を聞いた。彼

によれば、モスクは、まず、子どもから高齢者までが金曜日に祈りに来て、イスラーム情報を得る礼拝場所である。それだけではない。モスクでイマームは、生活の多様な問題の相談にのり、イスラームに則った冠婚葬祭の儀式や行動様式を伝達する。また、離婚問題などの多様なもめごとがこじれて裁判沙汰にならないように、ムスリムとしての生活規則を乱さず、しかも、事を荒げずに、解決するように手助けする。

若い人にイスラーム信徒が増え、毎週金曜日の訪問者の大多数が若い人であるという。イマームは、日に5回の礼拝の際にも若い人が増えたと指摘し、20―40歳の信者が多いのは、彼らが心の空白を感じ、何かを求めているからではないか、と分析した。

第5節　オルタナティブな人間形成過程

■ NGOやNPO

キルギス共和国の人々は、急激な市場経済化と活発な国際支援を歓迎しているのであろうか。確かに多様な支援を享受し、支援に依存する社会づくりが進んだ。しかし、フィールド・ワークにより浮かび上がってきたのは、市場経済化と国外からの支援によって日常生活がむしろ混乱し、破壊されたことに怒りを感じるようになった人々の声であった。その怒りが問題解決行動に人々を駆り立てた。自分で問題を解決しようとし始め、NPOが次々とできた。ここまでは欧米諸国の推奨する民主化にとって望ましい事態でもあったが、「民主化ドミノ」の仲間のグルジアと比較すると、ここキルギス共和国ではいささか異なる状況が展開した。

それは、端的に言って、支援を受けて西洋的な行動様式を身に付けても、西洋化一辺倒になっていない人々がいるということである。例えば、援助の受け方を学んだ都市の女性たちが、キルギス共和国内の、ロシア語のわからない農村女性たちのために、資料のキルギス語への翻訳を行い、援助活動を行なった。外国から競争資金を得たことが契機になって、貧困やジェンダー問題などの社会問題解決のためのアソシエーションづくりに着手する動きも

見られた。

　西洋的な行動様式と思考様式を学び、そこに、生活世界を支えてきた社会ネットワークの＜分け合う＞＜助け合う＞というメンタリティが加わり、地縁と血縁に限られない相互扶助の行動様式の萌芽が生まれた。

まとめにかえて

　国づくり同様に人づくりでも、一方には、欧米の期待に追随する「優等生」気質と支援に依存する体質がある。他方には、そうした制度的人づくりの公正な競争になじまず、さりとて人の育ちをめぐるカウンター・カルチャーを主張するわけではない人々がいる。その他わずかながら、欧米での異文化体験などを触媒に、歴史的に育まれてきた自立（ひとりだち）の仕方とさせ方の文化を相対化し、ひとりだちの新しい価値を意識的、無意識的に産み出しつつある人々もいる。

　人づくりを制度的な教育から見るとモラトリアム状態であるが、フォーマルばかりでなくノンフォーマル教育とインフォーマル形成作用を総合的に考察すると、学力競争ばかりではない、「共に生きる」ことにかかわる・ある育ちの価値が浮かびあがり、「文化的ルーツ」[10]もまた、人々の安心、アイデンティティ形成を支えているさまも見えてくる。

注
1　T・コイチュエフ「クルグズスタン：健全化への困難な道」(『社会と経済』モスクワ、2010年、No.7-8)を参照。
2　前書、5頁。
3　ギデンズ, A 『先進社会の階級構造』(市川統洋訳、みすず書房、1984年)を参照。
4　吉田世津子『中央アジア農村の親族ネットワーク　クルグズスタン・経済移行の人類学的研究』(風響社、2004年)を参照。
5　*The World Development Indicators* 2010.
6　OECD, *Reviews of National Policies for Education　Kyrgyz Republic* 2010 *Lessons from PISA*, 2010 p.23
7　Werner, C. A., Household Networks and the Security of Mutual Indebtedness in Rural

Kazakstan, *Central Asian Survey,* 17(4)1998, p.601
8　吉田、前掲書、156 頁
9　吉田、前掲書、282、310、311 頁
10　落合一泰「両義的他者認識と植民地主義」辛島昇・高山博編『地域のイメージ』山川出版社、1997 年、243 頁。

参考文献

関啓子「クルグズスタンの教育改革と国民形成」『ロシア・ユーラシア経済』No.902、ユーラシア研究所、2007 年 9 月号、25-35 頁。

蓮見雄「危機後の中央アジア経済―出稼ぎ労働、水資源、パイプラインをめぐって―」『ロシア・ユーラシアの経済と社会』No.942、ユーラシア研究所、2011 年 2 月号、37-51 頁。

『ポストソビエト空間における統合過程：問題点とその発展傾向』モスクワ、2009 年

Silova, I. and Steiner-Khamsi G. ed. 2008 *How NGOs React: Globalization and Education Reform in the Caucasus, Central Asia and Mongolia,* USA.

第4章　タジキスタン共和国――内戦をのりこえて

遠藤　忠

はじめに

　タジク人がかつて王朝の首都としたブハラは19世紀後半ロシアの保護国となり、ロシア革命後1920年にこの地域にブハラ人民ソビエト共和国が置かれた。その後、中央アジア全体を民族別に再編する方針から1924年のウズベク・ソビエト社会主義共和国内のタジク・ソビエト社会主義自治共和国の成立を経て、1929年ソ連邦構成共和国に昇格しタジク・ソビエト社会主義共和国が成立した。

　ソ連時代には近代化が推進され、特に、教育の普及、女性の権利拡張・社会進出に目覚ましい成果を挙げた。産業的には、社会主義的工業配置政策によって綿花生産や紡績工業を主として著しい発展が図られたが、相対的には中央アジアの最貧国にとどまった。

　1991年9月9日にソ連邦から独立宣言を行ったが、11月の大統領選挙で共産党候補が選出されたことで対立が激化、旧共産党対反対派の対立に伝統的な地域対立が絡み、翌年6月から内戦状態に入った。1997年6月に最終的和平合意がなされ、2000年2月の議会選挙をもって和平プロセスが終了した。内戦では死者6万、難民70万という犠牲を生み、経済は著しく疲弊した。一人当たりGDPは1991年に比べ1996年度で34％と最低を記録した後上昇に転じたが、和平プロセス終了の2000年では約41％、2009年で約83％[1]と、他の中央アジアの国々と一層格差が開いている[2]。

　1920年代に民族別領域国家として中央アジアが再編されて以降、唯一のイラン系民族であるタジク人は民族的アイデンティティを強めてきた。ソ連の解体後、自由を得た民族アイデンティティが思想・宗教や言語の違い、地

域間の経済格差と絡み合って暴走し、国家崩壊の危機を招いたともいえる。

一方、人口の増加率は中央アジア諸国の中で最も高く、1991年の独立時の総人口が534万人であったのに対し、2010年には753万人と40%も増加している。年齢階層別人口の割合は0-14歳が35%、15-64歳が61.2%、65歳以上が3.8%で、国民の平均年齢も22歳ときわめて若い。この若さが生かされれば、タジキスタンは大きな発展の可能性をもっているといえよう。しかし、経済の低迷の中での人口の急激な増加は、教育改革の進路にも大きな課題を突きつけている。

第1節　タジク語化政策と教育理念

現行憲法[3]では、その第1条でタジキスタンは「主権、民主、法治、世俗」国家であり、「福祉国家」である、とロシアと同様の規定をおいている。しかし、ラフモン大統領は、1992年末から今日に至るまでほぼ20年間政権を掌握し続け、独裁化が危惧されている。また、内戦を収束する過程でイスラム復興党が合法化され、政治参加を果たしている点も中央アジア諸国の中で異色である。これらは、いずれも国民国家の枠組みを守り、内戦を防ぐという意義をもつものだが、今後の展開が注目される。

また、第2条で、国語をタジク語とする一方、ロシア語に「民族間交流語」としての特別の地位を与えている。

ソビエト期では、ロシア語は民族間交流語として義務履修であり、タジク語は履修する権利はあるものの履修義務のない言語であった。ペレストロイカ期の1989年制定のタジク・ソビエト社会主義共和国言語法では、タジク語とロシア語のバイリンガル状況を前提としてタジク語の国語化とロシア語の民族間交流語が規定された。2004年制定のタジキスタン共和国教育法の第7条で「すべての教育機関において、民族間交流語としてのロシア語の学習と、外国語の一つの学習が保障される」とあるのは、その具体化である。

しかし、2009年10月に施行されたタジキスタン共和国国語法では、ロシア語については何の規定もない。憲法上規定されているロシア語の地位が

新国語法では無視されているのである。この措置はロシア語に関する憲法規定改正を射程に置くものと警戒する声があるが、政府は、タジク語の地位を一層強化するが、少数民族を刺激しないために、憲法の規定はこのまま維持すると説明している。

　少なくともタジク人に対するロシア語教育をより軽量化するねらいは明らかである。ただし、事態が実際にそのように進んで行くか極めて疑問である。すでに一足早く、同様の自国語化政策を進めたウズベキスタンで揺り戻し現象が見られるが、特にタジキスタンでは、国外への出稼ぎ労働者の割合がきわめて高く、彼らが送金する金額がGDPの4割に達することもある。主な出稼ぎ先はロシアやカザフなどロシア語圏が大半であり、また、高等教育や研究者養成にあたってもロシアに深く依存しているなど、タジキスタン国民の幅広い層にわたってロシア語の切実な需要がある。これらの経済や科学・技術におけるロシアとの関係はロシア経済の成長に伴いさらに強められると考えられるからである。

　第41条では、初等教育と前期中等教育を義務教育とし、さらに、それ以上の教育段階においても「法の規定にしたがい」無償で教育を受ける権利を定めている。ただし、就学前教育は有償であり、高等教育においても定員外に有償の入学枠を数多く設け、多くの学生から高額の授業料を徴収している例が一般的である[4]。

　憲法では、上記のように国家と教育についての基本的性格が規定されているが、教育の理念や目的について規定しているのは、タジキスタン共和国教育法である。同法は日本の教育基本法と学校教育法を合わせた性格をもつが、その規定は教育基本法の「教育の目的」や「教育の目標」さらには学校教育法の義務教育の目標等に比して、きわめて簡潔であり、抽象的である。すなわち、教育の理念・目的に関して規定する記述は第3条の「教育分野における国の政策の基本原則」の中の2項目、すなわち、「教授と訓育のヒューマニズム的かつ民主的性格」と「教育制度の世俗的性格」に過ぎない。ソビエト期においてこれに相当する規定は、「教授と共産主義訓育との統一」であり、「宗教の影響を排除する教育のソビエト的性格」であった。したがって、構造的には

56　第4章　タジキスタン共和国——内戦をのりこえて

中央公園にあるペルシャ詩人の父・ルダキー像

ソビエト法を踏襲し、教育理念を「共産主義」から「ヒューマニズムと民主主義」へ、反宗教の「ソビエト的性格」からより寛容な「世俗的性格」へと転換したものということができる。

　学校の教育目的は法律ではなく政令として学校種ごとに定められる標準規則で規定され、さらに、教育内容については、学校やその他教育機関ごとに政府が定める国家教育スタンダードで詳細に規定されている。スタンダードの内容は、それぞれの教育機関ごとの教育課程内容の義務的最少量、授業時間の最大量、修了に当たっての学力水準、教育年限などを定めている。ただし、ロシアと異なり、改訂の標準周期は教育法に示されていない。

第2節　学校制度の国際標準化と課題

　学校制度の概要は、ほぼロシアと同じであり、図1−4−1のように示される。義務教育は、初等普通教育(4年制)と基礎教育(5年制)とからなり、9

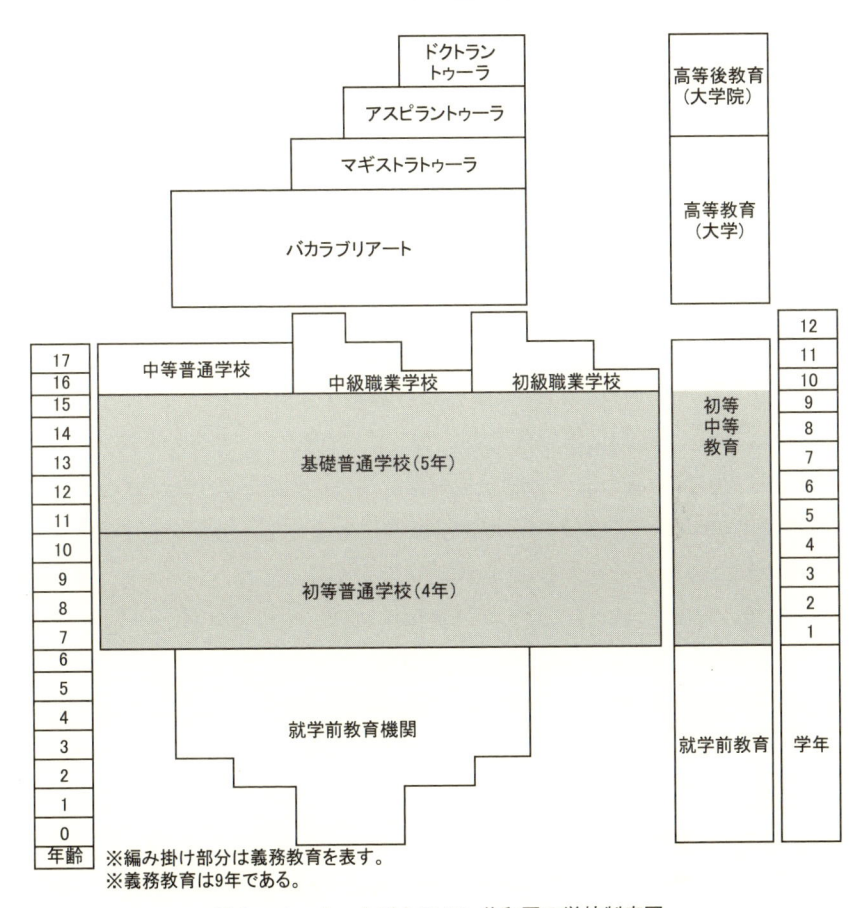

第Ⅰ部　中央アジア各国の教育改革の軌跡　57

図1－4－1　タジキスタン共和国の学校制度図

年制である。義務教育後の学校は、中等普通教育(2年制)、初級職業教育、中級職業教育を行うものに分かれている。日本の学校制度を6－3－3制とするなら、タジキスタンは4－5－2制である。障害児のための教育制度も以上の段階に分かれて行われている。高等教育は専門により修業年限が異なるが、標準的には5年制である。ただし、ボローニャ・プロセスと呼ばれるヨーロッパ連合の高等教育機関の標準化計画にあわせて、タジキスタンでも高等教育改革が行われており、高等教育はバカラブル課程(4年制)とマギス

トル課程(2年制)と4－2制で2段階化され、単位制も一部で導入されつつある。

　この他に補充教育と呼ばれるものがある。これには、成人のために学校外で職業教育を行うものと、クラブやサークルなど児童生徒のための課外活動を行うものとがある。児童生徒のための補充教育は、ソビエト期に設置された「ピオネールの家」などの専門施設で行われるものもあるが、学校の中で課外活動として行われるものもある。補充教育についても国家基準が定められており、そこで有償・無償の区別も定められている。

　タジキスタン政府は、義務教育年限の延長を試みており、2009年初めには義務教育の11年制化構想を発表した。この構想は、初等普通教育から中等普通教育までの4－5－2制全体すなわち11年間を義務化しようとするものであった。しかし、その構想は立ち消え、その後、初等から中等までの11年間を12年間に延長する12年制教育構想が浮上した。

　12年制教育構想は教育法改正案に具体化され、2010年4月28日にはタジキスタン議会の下院を通過した。この構想によれば、2010/11学年度[5]より10年制義務教育を開始し、2014/15学年度から7歳である就学年齢を改めて6歳とし、2016/17学年度に12年制教育に完全移行することになっている。この結果、現行の4－5－2制は5－5－2制に改められることになる。そして、後期中等段階すなわち11学年と12学年においては、教育を「人文、科学、技術」の系列別普通教育で受けるか、職業教育[6]で受けるかを選択するとのことである。

　結局、新制度への移行は2015年に延期された。その主たる理由は財政である。下院通過時の試算では12年制の完全実施によって増える生徒数は36万人余りであり、学級数に換算すると1万2千クラスであるという。現在の初等中等学校に在籍する児童生徒数はおよそ177万人であるから、20%あまりの増加率となる。教員や校舎等もこれに対応して増やさなければならないが、教員の給与は著しく低く、教員不足が深刻である[7]。教育大臣によれば「この計画の主たる財政支援者である世界銀行と協力している」のでより早期の移行も可能との見通しが示されている[8]。

独立後の新しい法制度においては、他の旧社会主義国と同様、私立学校の設置が可能になったが、タジキスタンにおいては、その設立状況は低調である。私立の初等中等学校の状況は、学校数で34校、生徒数で12438人で、全体に対する割合はそれぞれ0.9％と0.7％である[9]。また、高等教育においては、それぞれ2校(5.6％)、4300人(2.7％)である。特に、高等教育機関及び学生数はカザフスタン、キルギスタンなどの中央アジア諸国と比べて極端に少ない。

第3節　就園率の向上策は公設民営

　就学前教育の姿は、ソ連時代の特徴を色濃く残している。日本のような保育所と幼稚園の区別はなく、強いて言えば3歳児を区切りとしてそれ未満の乳幼児を預かる施設とそれ以上の幼児を預かる施設とに分けることができるが、一つの施設で0歳児から就学前まで一貫して保育する例も珍しくない。

　施設での日課は、朝7時半に登園し、3回の食事(9時頃の朝食、12時からの昼食、午後3時頃の軽食)をして、午後5時半に「お迎え」となる。この間に、体操、学習、自由活動、昼寝、遊びなどが挟み込まれている。

　就園率は、ソ連時代から連邦の中で最も低かったが、独立後一層低くなり、

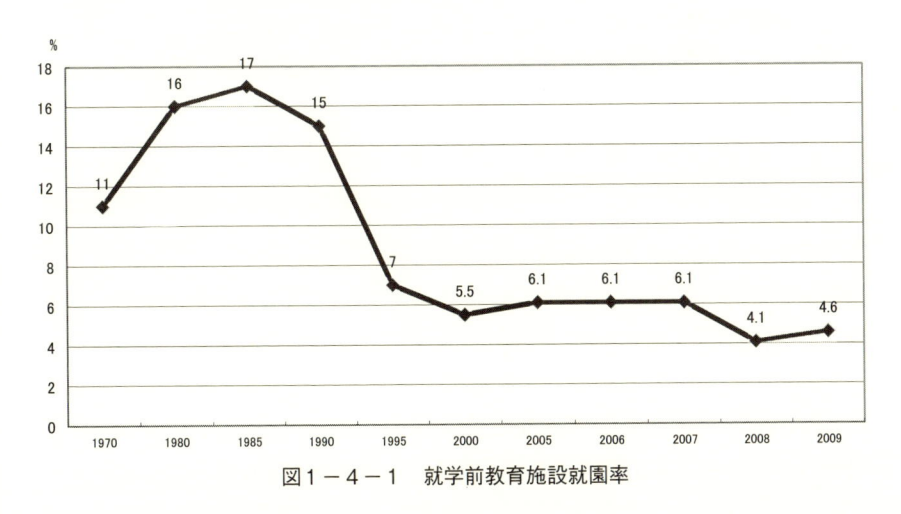

図1-4-1　就学前教育施設就園率

かつての4分の1程度になっている。保育料は現在では有料であり20から25ソモニ[10]である。これは教員給与の20％程度に当たる。貧困層の拡大によりこの保育料は就園率を大きく引き下げる要因になっている。

近年再び出生数が上昇しており、施設の増設は大きな課題となっているが、財政が障壁となっている。首都ドゥシャンベ市では、このような事態を受けて、幼稚園や学校を増やす新しい事業を立ち上げている。すなわち、幼稚園等の設置希望者に土地を無償提供し、学校等の建設費の負担や運営費を任せる私立幼稚園設置補助制度である。豊かな都市部ではこのような対応が奏功することもあるかと考えられるが、人口の75％が住み、貧困層の拡大が著しい農村部においては本格的な公財政の出動が待たれる。

第4節　大胆な教科構成の義務教育改革

ソ連邦の崩壊とその後の内戦は教育制度に大きな打撃を与えこの国の高い出生率とあいまって、教員や施設設備の不足、教育行政の劣化などをもたらしている。

たとえば、校舎の不足により学校数で84％、生徒数で41％が2部ないし3部授業を実施している[11]。賃金が低いために教員の定員割れが著しいが、近年幾分改善されている。一方で、教員の高齢化や低学歴化、また、女性化も進んでいる。女性教員の割合は2003年には49％であったが2007年には53％を超えている。

社会の貧困化や格差拡大などにより、義務教育段階における中退率が上昇し、2000年代半ばにおいて前期中等教育が始まる第5学年の進学率は94％となっている[12]。女子の就学・進学率の低下現象が見られ、特に後期中等段階で著しい。すなわち、2007/08年度の生徒の男女比は、初等段階で52：48、前期中等段階で53：47、後期中等段階で58：42となっている[13]。

2003年に改定された初等中等教育国家スタンダードは、1995年に制定された第1次スタンダードに次ぐ第2次のものである。スタンダードの開発に当たったタジキスタン教育科学アカデミーでの取材によれば、第2次スタン

第Ⅰ部　中央アジア各国の教育改革の軌跡

表1-4-1　普通教育学校教科課程（タジク語教授学校）2003年

教科＼学年	1	2	3	4	5	6	7	8	9
母語と文学	10	8	9	7	6	6	5	5	5
ロシア語		3	3	3	3	3	2	2	2
祖先の文字（ペルシャ語）		2	2	2	2	2			
外国語		2	2	2	3	3	2	2	2
公民					4	4	5	6	7
文化と文明	4	3	3	4	4	4	4	2	2
数学	4	4	4	4	5	5	5	7	7
自然科				2	2	4	6	10	9
体育と軍事教練	2	2	2	2	2	2	2	2	2
小計	20	22	25	26	31	33	33	36	36
課外活動	2	2	2	2	2	2	2	2	2
合計	20	22	25	26	31	33	33	36	36

ダードの特徴の一つは「独立国家共同体 CIS との関連を強めた点にある」という[14]。表として示した「タジキスタン共和国 普通教育学校教科課程」は、タジク語を教授語とする学校の義務教育段階のものである。この他に、ロシア語を教授語とする学校やウズベク語を教授語とする学校の教科課程もあるが、ここでは、タジク語学校の教科課程を示すにとどめる。なお、タジキスタンでは現在も学校は週6日制を採っており、5日制への移行はいまだ「検討中」である。

教科課程は独立前のソ連邦期のものに比較してきわめて大きな特徴が見られる。

その第一は、タジク語の必修化に加えて、タジク語関連の教科の中に「祖先の文字（ペルシャ語）」が導入されていることである。タジク文化の最も輝かしい時代に用いられたアラビア文字とそれで書かれた古典的文学作品の学習である。この教科を含めることによってタジク語関連の授業時間数は、義務教育段階において全体の27.1％の授業時間を占め、本書で取り上げる中央アジア4ヵ国のなかで最も多くなっている。

第二の特徴は、道徳・社会科系の教科である「公民」と「文化と文明」は、義務教育段階において全体の21.4％の授業時間を占め、カザフ13.1％、ウズベ

タジキスタンの教育・低学年の教室で

ク 10.2％、キルギス 9.4％と比較して圧倒的に多いことである。

　第三の特徴は、教科の廃止である。ソ連邦期には「労働教授」、近年では「技術科」と呼ばれることの多い技術系の教科が見られない。また、音楽や美術などの芸術系の教科もやはり欠けている。このことをもって、ソ連邦期に教育内容構成の基本原理とされていた「全面発達」の原理からはっきり遠ざかったといえるし、先進諸国の学校教育の特徴とも遠ざかったともいえる。他の中央アジア諸国と比べ、タジク人が住民の大多数を占めるこの国にあって、タジク文化の興隆という点からも、国民統合の文化創造という点からも芸術系教科の欠落は腑に落ちないことである。いずれにせよ、国語教育と道徳・社会科系教科に重点を強く置いた結果、このような判断をしたと考えられる。

　第四の特徴は、教科の統合が進められ、現代的課題である知の統合を進めようとする教科課程がつくられたことである。ソ連邦期には 24 もの教科が立てられたこともあるが、独立前の 1980 年代から教科統合の研究が教育科

学アカデミーで着手され、長年にわたる研究の結果、表に見られるような簡明な教科課程に整理された。

　最後に、数学(情報を含む)と理科系の教科については、総授業時数31.3％を占め、キルギス(32.9)に次ぎ多い。ちなみに、ウズベク30.9％、カザフ27.8％、また、日本は25.1％である。

　以上、五つの特徴を通して、現行スタンダードによるタジキスタンの初等中等普通教育の内容は、タジク文化中心の社会統合を意図するとともに数理系教科にも力を入れ、さらに、近代的な学力観である統合された知を目指す一方で、技術系及び芸術系教科を大胆に切り捨てたものということができる。

　教科書制度は、検定制を取っているが、検定に合格するのは各教科1種類に押さえられている。理由は、財政難と説明された。教科書は生徒に無償貸与されることになっているが、市販もされている。十分の量が行き渡っているかは不明である。教科書の有効期間は5年であり、それをすぎると新しいものに更新される。

第5節　グローバル化の中での基幹的人材養成を目指して

　高等教育の目的は、政治、経済、科学・技術、文化にわたって、リーダーになりうる基幹的人材の養成である。タジキスタンの高等教育における問題として、まず、内戦期に大量の基幹的人材が流出し人材不足が生じていること、ソ連邦期において人材養成のかなりの部分を連邦中央に依存していたため、自立した高等教育体制を十分整備していなかったこと、ヨーロッパ高等教育圏への参入を目指しているがロシア高等教育圏との結びつきも依然として強いことなどである。

　ソ連邦期には、大学の教員を含め政治や経済を担う基幹的人材の中でロシア人は重要な位置を占めていた。当時、人口の6％ほどいたロシア人は今日では1％程度に減少している。さらに、外国でも通用する学識、技術等をもつタジク人の中にもCIS諸国を含む外国に職場を求めて出て行ったものも少なくない。この結果、高等教育においても特に若い人材が不足し、教員の高

齢化が大きな問題となっている。科学アカデミー総裁によれば、この間に教員の平均年齢は10歳上昇したという。

　内戦の終結以降、高等教育の充実整備が大きな課題となっているが、伝統的にロシア(ソ連中央)の高等教育圏の一環を形成していたために、今日においても、国家として必要としている専門家の種類が430であるのに対し、国内で養成する体制が一応あるものは256である。この結果、ロシアを初めとして旧ソ連圏諸国の基幹的大学に人材養成をある程度委ねなければならない。特に、旧ソ連圏の基幹的大学の学位は国際的通用性が高いので、依存のメリットも高い。この事情は、研究者養成にも同じように当てはまり、研究者・教員がロシア的な学問基盤に基づいて学生を教育することになる。

　ヨーロッパ高等教育圏への参入、すなわち、ボローニャ・プロセスへの対応はこの依存関係を多元化し、タジキスタン高等教育の自律性を高めると考えられ、2015年までに、従来の標準5年の教育期間をバカラブル課程4年ーマギストル課程2年の2段階制にするとともに単位制を導入する高等教育改革が進められている。しかし、2段階制を4年ー2年とする方式に見られるように、ロシア式の導入方式に倣っており、ロシアとの関係を断つ形でヨーロッパ高等教育圏へ参入するとは考えられない。

　授業料を払う有償学生が8〜9割の圧倒的多数を占めているように、大学財政はきわめて困難を抱えている。この結果、「金で成績が買える」という風潮が生まれていると言われている。

　また、「高等教育の市場化」は、教員を含む公務員の給与の低さと相まって、地方の教育や行政に大きな脅威を与えている。このような状況に対して、わずかな割合の無償学生の枠の中に政策的な優先入学枠が設けられている。この優先入学枠制度は当初女子学生にも適用されていたが、高等教育における女子学生の比率は全体としては男子学生を凌ぐ状況があるのを受け、今日では、特定の地方出身者に対するものになり、地域間の格差解消策の一環となっている。

まとめ

　中央アジアの中で唯一のイラン系民族の国であるタジキスタンは、民族の歴史と文化に深い誇りを持つ国であるが、同時に伝統的な地域対立を孕む国でもある。内戦の悲惨を味わった後、国内諸地域の統合と多民族社会としての発展を何よりも大切にして来ているように見える。内戦が拍車をかけた貧しさという厳しい条件の中で、自律性を確保しつつグローバル化に対応した経済や社会の発展をいかに推進していくかは、教育にも課せられた大きな課題である。改革が順調に進んでいるとはいえないが、困難な中でバランスをとりながら、目標に向けて歩みを進めているといえよう。

注
1　独立国家共同体国際統計委員会『独立国家共同体の 10 年』2001，モスクワ（露文）及び同委員会『独立国家共同体 2009 年』（露文）より。
2　1991 年の GDP を 100 とすると、2009 年度でウズベキスタン 178.1、カザフスタン 160.7、キルギスタン 107.3 である（上掲書参照）。
3　1994 年 11 月 6 日成立、1999 年 9 月 26 日と 2003 年 7 月 22 日に一部修正を受ける。
4　2009/10 年度で 90.4％ の学生が「完全有償」学生である（『2009 年度独立国家共同体統計年鑑』（露文）参照）。
5　学年度の開始は 9 月 1 日から。
6　年限は専門及び資格水準により多様。
7　アジア開発銀行レポート 2004『移行国家の教育改革－タジキスタン』（英文）では「給与が低いために教育部門では退職教員が相次ぎ、人材不足に陥っている。1998 年において、この部門での平均給与は月 6.90 ＄ である。一方、毎月の生活費は 28.30 ＄ と見積もられている」と述べられているが、2008 年及び 2009 年の訪問時の聞き取り調査でもこのような事情はそれほど改善されてはいなかった。
8　「市場リーダー」（露文）http://profi-forex.org/news/entry1008072335.jhtml より。
9　『タジキスタン共和国の教育』ドゥシャンベ、2008 年（露文）、2007／08 年度データ。独立国家共同体国際統計委員会の年鑑には数値がない。
10　タジキスタンの通貨単位。1 ソモニは 30 円程度。
11　『タジキスタン共和国の教育』ドゥシャンベ、2008 年（露文）、2007 年のデータ。

12　タジキスタン共和国教育省「タジキスタン共和国教育発展国家戦略(2006-2015)」2005年8月(露文)参照。
13　『タジキスタン共和国の教育』(露文)2008年参照。
14　2008年10月、アカデミー総裁ルトフローエフ氏の談話による。

コラム　ソモニ王と通貨単位

　タジキスタンは中央アジア南部の山岳地域に位置し、イラン系言語を国語とする中央アジア諸国では唯一の国である。タジク語は、イランで使われているペルシャ語やアフガニスタンのダーリ語と近く、ある程度の会話が通ずる方言程度の距離にある言語である。

　イラン系の人々は中央アジアに住んでいる諸民族のうち最も古くから定住

ソモニ王像

しており、その開始は紀元前一千年以前といわれている。当初、遊牧をしていたが、その後オアシスに定住し、農耕や手工業、交易を生業とするようになった。わが国の正倉院や法隆寺に「伝来品」として保存されているものの中にはこれらオアシス文化の中で創り出された工芸品も含まれており、この地域の人々が古くから高度の文明を育んでいたことがうかがえる。

　タジクという呼称は、9世紀以降東から移動してきたトルコ系遊牧民がこれらの人々を「タジク」と呼んだことによるといわれている。古来、ゾロアスター教を信仰していたが、8世紀前後アラブ・イスラム勢力の進出によりイスラムに改宗し、アラビア文字を取り入れ、その語彙を行政や宗教・学問用語として使用するようになった。アラビア語を取り入れることよって文章語として洗練され、近世ペルシャ語が形成されたといわれる。9〜10世紀にブハラを首都とし、イル川とアム川の間のソグド地方、フェルガナ、イラン北東部を支配するソモニ（サーマーン）王朝が成立すると、ペルシャ文化が奨励され「ペルシャ詩人の父」と呼ばれるルダキーらが活躍し、この地はペルシャ文学の中心として繁栄した。現代のタジキスタン共和国では、タジク族の最も輝かしい時代を築いたソモニ王朝を誇りとし、王朝で最大版図を築いたイスモイリ・ソモニ（イスマーイール・サーマーン）王をかたどった、高さ40メートルの黄金色に輝く記念碑が首都ドゥシャンベの中心部に建てられている。独立後に定められた通貨ソモニの名称もこの王朝名に由来する。

　ペルシャ文学の隆盛はソモニ王朝滅亡後、この地域を支配したチュルク系民族の中でも継承され、その言語は13世紀のモンゴル時代には広大な帝国内における民族間交流語（リンガ・フランカ）の地位を確立したという。タジク人はその後チュルク系住民と混住したり、南部山岳地帯への移動を余儀なくされたりしたが、タジク語は根強く残り、20世紀初めまでブハラ、サマルカンドなどの地域で知識人の共通語の地位を保っていた。

（遠藤　忠）

第Ⅱ部

教育をめぐる諸問題

教育環境①

第1章　農村の子どもの教育保障
――帰還カザフ人・障がい児を中心に：カザフスタン

アフメトワ　グリザダ

はじめに

　ソ連が崩壊して、カザフスタンが独立国家となってから20年経つ。独立国家の形成、国民の統合、発展の優先事項の決定のためにはこれは長い期間であり、短い期間でもある。カザフスタンは1990年代の苦しい経済的混乱を乗り越えて、21世紀に入ってから目まぐるしい発展を遂げている。そこで、経済発展が専門性の高い人材を必要とし、国家の国際的威信が国際条約に則ることを求めるとき、教育がより高い注目を集め、教育の発展とすべての子どもが質の高い教育を受けられることが優先課題になるという期待が寄せられる。しかし、経済発展が社会的格差を拡大させる一方である。社会的弱者の子どもたちは教育を受けるときも弱い立場にある。このような子どもたちのほとんどが農村地域に住んでおり、農村学校が直面する課題はこの子どもたちに質の高い教育を与えることは勿論であるが、彼らが教育を受けられる環境自体をつくることである。

　本稿では、筆者が校長を務めるボレック村立学校に就学する社会的に弱い立場にある子どもたちの教育環境を紹介する。本稿では、それは国外からカザフスタンに移住してきた帰還カザフ人の子どもと障がい児である。まず、子どもの権利について知らない親とその子どもの家庭環境について述べる。次に、この子どもたちの教育を受ける権利保障の現状を示す。そして、障がい児の教育問題を取り上げて、農村の教育環境全体について若干の考察を加えて結ぶ[1]。

ボレック村立学校の正門から入ってくる本校の児童生徒

第1節　子どもの権利と親の義務

　子どもが生まれた瞬間から国家の保護の下に置かれる。カザフスタンの法律「カザフスタンにおける子どもの権利」(2002 年)は、「子ども各人が生存、個人の自由、自尊心と私生活の不可侵の権利を有する」こと、「国家が子どもの個人的不可侵を保障し、子どもを肉体的・精神的虐待、凶暴で乱暴な、または自尊心を貶めるような行動、性的行為、犯罪、反社会的活動への誘引から保護する」ことを定めている（第10条）。同法律は、「子どもは十分な肉体的、心理的、精神的な成長のために必要な生活水準と環境への権利がある」こと、「国家がこれらの条件の整備を社会的及び経済的に措置する制度を成立させることによって保障する」こと（第12条）、「子ども各人は教育を受ける権利を有し、無償初等中等普通教育、初等職業教育が保障される」こと（第15条）を規定している。

一方、法律「結婚と家庭について」(1992年)の第62条「子どもの訓育と教育に関する親の権利と義務」は「親が自分の子どもを訓育する権利と義務を有する」こと、「子どもを訓育する親が子どもの肉体的、心理的、精神的成長のために必要な条件整備を自分の可能性と財政力の範囲で行う責任を負う」こと、「子どもに初等中等教育を受けさせる義務がある」ことを規定している。

法規程において子どもの権利と親の義務が上記のように規定されているが、農村に暮らす帰還カザフ人の子どもたちの現状は厳しい。

第2節　帰還カザフ人の現状

ボレック村立学校は、カザフスタンの旧首都であり最大都市であるアルマトゥイ市から東方へ50キロ離れたボレック村の学校である。この学校はボレック村住民の子どもたちを対象とする学校であるが、近年村の周辺にある避暑集落[2]に集中して暮らす帰還カザフ人の子どもたちを受け入れている。

帰還カザフ人は、カザフスタンが独立国家になってから政府が国外にいるカザフ人ディアスポラをカザフスタンに移住してくるように奨励するいわゆる「呼び寄せ」政策に応えて来た人たちである。カザフスタン政府が彼らに移住手当を出して、移住後カザフスタンの国籍の取得手続きの簡易化を保障している。しかし、現状では手当が少額であり、国籍取得の手続きは複雑過ぎて難航している。さらに、帰還カザフ人はエスニック的にカザフ人といっても、彼らが使用するカザフ語はカザフスタン国内で使用されるいわゆる標準語のカザフ語と相違がみられるため、コミュニケーションの問題が生じ、社会への統合が困難である。国籍取得の問題とコミュニケーションの問題が相まって、就職が難しく、社会福祉へのアクセスも限られている。したがって、帰還カザフ人の多くは貧しい生活を強いられ、職を求めて大都会の周辺に集中してくる。そこで最低限の金額で入手できる住居を探し、衛生環境、福祉施設が整備されていないボレック村周辺の集落のようなところに住み着く。このような集落に囲まれているボレック村の学校に通う全児童生徒（583人）

の半分（273 人）[3] は集落に住む帰還カザフ人の子どもたちである。この子どもたちの多くは勉学の意欲が高いが、学校を無断で休むことが頻繁にある。次にその理由をみよう。

第3節 「子どもは私のモノだ！」

　帰還カザフ人の家庭の子どもたちに学校をよく休む理由を聞くと、「親が行かせてくれないから」、「弟妹の子守りをするから」、「畑で働くから」、「親の手伝いをするから」といったような答えが返ってくる。学校側は親に子どもを学校に行かせることの重要性、そもそも子どもが教育を受ける権利があることを伝えるためによく家庭訪問をする。学校側の働きかけに対して、「子どもが家の中でやるべきことがいっぱいあるから、一日学校を休んでも大丈夫だ」と答える親が多い。

　学校側がボレック村立学校の帰還カザフ人児童生徒の親に対して子どもの教育を受ける権利について聞き取り調査を行った。その結果、345 人（全員母親）のうち 100 人は「知らない」と答え、92 人は「『子どもの権利』という概念を聞いたことがあるが、中身が分からない」と答えた。132 人は「子どもの権利は親が決めるものであり、子どもは家庭のルールに従うべきである」と答え、残り 21 人は「私が産んだ子どもだから、私のモノだ。何をさせるか自分で決める」と答えた。親の学歴をみると、63 人は大学卒、92 人は中等専門学校卒、163 人は初等中等普通教育学校（高校）卒、27 人は初等中等基礎教育学校（中学校）卒である。

　子どもの権利についてボレック村立学校にボレック村内から通う児童生徒の親の考え方も聞いてみると、調査に応じてくれた 120 人の親（全員母親）の中で「子どもの権利について知らない」と答えたのは 98 人、「子どもの権利を守る法律があると聞いたことがある」と答えたのは 10 人である。12 人は「子どもは私のモノだ。子どもに何をさせるか自分で決める」と答えた。これらの親の学歴は次の通りである。72 人は大学卒、42 人は中等専門学校卒、6 人は初等中等普通教育学校卒である。

このように、帰還カザフ人とボレック村民の親の間では子どもの権利に関する知識の違いが大きくないことが分かる。大学卒の学歴を有する親でも子どもの権利についての知識が乏しい。子どもの教育に対する意識の低さの背景には彼らが送っている貧困生活がある。特に、帰還カザフ人は定職がなく、成人男女は共に肉体労働に従事する以外の選択肢がなく、それも短期雇用（時単位、日単位）である。家に残された子どもは畑仕事、家事と弟妹の世話に追われ、学校に行けない。集落には保育園や幼稚園もなく、小学校に上がる子どもたちの就学準備教育がされていない。ボレック村立学校に上がってくる帰還カザフ人の6歳児の中に鉛筆の握り方さえ分からない子どもたちが少なくない。社会的適応力がなく、集団に怯える子どももいる。学校側がこの子どもたちの家庭訪問を行う際に、多くの子どもたちは玩具がほとんどなく、絵本や文房具もなく、衛生上の問題がある環境で育てられていることを目撃する。

第4節　国籍の問題と就学保障

　上述したように、帰還カザフ人の子どもたちが学校に行かない問題の背景には家庭の貧困や親の子どもの権利に関する意識の低さがあることを指摘できる。一方、家庭の事情の他に学校に行けない理由には国籍の問題がある。それは、教育を受ける権利の保障制度の問題である。カザフスタンの法律「教育について」（2007年）の第3条は、教育分野における国家政策の基本原則として「質の高い教育を受ける全ての者の平等」、「個々人の知的発達、心理生理学的及び個人的特質を考慮した住民のための全ての水準の教育のアクセス性」、「人間の権利と自由の尊厳」などを規定している。さらに、第8条は、「教育への権利は、教育制度の発展、その機能の法的基盤の改善と、カザフスタン共和国憲法に従って教育を受けるために必要な社会経済的条件を整備することによって保障される」ことを規定している。そして、同条は、「カザフスタンに常住する外国籍の者と無国籍の者は、カザフスタン共和国国民と平等に就学前教育、初等教育、初等中等基礎教育と中等普通教育を、教育

科学省が設定した規準に従って受ける権利を有する」ことを定めている。しかし、教育科学省が設定した規準が帰還カザフ人の子どもたちを、教育を受けられない状況においてしまった。

　教育法は 2007 年 7 月 27 日に採択されているが、教育科学省が同年 12 月 27 日に出した省令によってカザフスタンに常住する外国籍者と無国籍者の子どもが就学前教育、初等中等教育を受けられるための条件を定めた。それは、この子どもたちの親が、住民登録が記録されている外国人登録証（外国籍者の場合）または無国籍証明書（無国籍者の場合）を学校に提出しなければならないということである。同省令に従って、学校長は住民登録されていない外国籍者や無国籍者の子どもを学校に受け入れることができなかった。しかし、多くの学校では校長の判断でそういう子どもを受け入れることがみられ、このような学校に対して省令の厳守を監査する機関（検察庁）が懲戒処分を行っていた。そして、住民登録されていない外国籍や無国籍の子どもたちを学校から退学させるよう指示していた。

■ 煩雑な住民登録手続き

　住民登録の取得の複雑さは最も大きな問題である。住民登録は、外国籍者のみならず、カザフスタンの人びとの国内移住先でも求められる基本的な手続きの一つである。移住先での納税、投票、教育と医療の無償、社会福祉の受領のために不可欠である。だが、手続きの過程が複雑であるのみならず、腐敗しているため、登録を諦めてしまう者が多い。特に、職とより良い生活を求めて隣国であるウズベキスタンとキルギスタンから来る外国人にとって住民登録の手続きは乗り越えがたい壁である。これらの国から来る人の大半はエスニックカザフ人、いわゆる帰還カザフ人である。カザフスタンはウズベキスタンとキルギスタンとビザ免除制度をとっており、そこの国籍保有者はビザ無しでカザフスタンに入国し 3 カ月まで滞在することができる。3 カ月以上の滞在の第一条件は住民登録である。住民登録ができない人びとは、3 カ月ごとにウズベキスタンやキルギスタンとの国境を往来して入国の際に再び 3 カ月の滞在許可を得る。この行動を繰り返して行うことによってカザ

フスタン国内で生活する人もいれば、何もせずに、住民登録もとらずに「不法」に滞在する人も大勢いる。ボレック村立学校に通う帰還カザフ人の子どもたちの中にはカザフスタンに完全に移住してきても住民登録をしていない家庭、三カ月滞在生活を繰り返している家庭、そして「不法で」滞在している家庭からの子どもたちが多くいる。上記の教育科学省の省令に従って、学校側はこの子どもたちを受け入れることができない、また、すでに就学している子どもたちを退学させなければならない。

■ 教育科学省の苦慮

2010年8月まで検察庁は不法滞在者の摘発を学校で行うことがなかった。しかし、不法滞在者が増加するにつれて、彼らの摘発が困難化していく中で、学校に通う子どもたちの国籍を徹底的に調べ、外国籍の児童生徒の住民登録の有無を明らかにすることによって子どもと一緒に大人（親）の不法滞在を摘発しようとした。2010年9月1日に、新学期が始まる日にカザフスタンの多くの学校から住民登録がない理由で帰還カザフ人の子どもたちが退学させられた。学校側が検察庁に厳しい取り締まりを受けてから、2007年12月27日の省令を根拠に、外国籍の子どもの住民登録がなければ、学校に受け入れることができないことを主張せざるを得ない状況に置かれた。この問題について学校教育から排除された子どもたちの親と教育や子ども関係の非営利組織は教育科学省に対して子どもの教育を受ける権利が侵されていると訴えた。当初、教育行政から反応がなかった。非営利組織「教育発展基金」の働きかけによってこの子どもたちの問題がマスメディアに取り上げられ、大きな社会的反響を呼んでから、教育科学省は2010年9月28日に新しい省令を出した。

新しい省令は、2007年12月27日の省令を無効にしているものの、外国籍の子どもたちを学校に受け入れる条件についてはほとんど変わっていない。唯一変化した点は、カザフスタンに滞在する外国籍者と無国籍者の中で難民者、亡命者、領事館職員、外交機関職員、季節労働者と越境労働者を除いた出稼ぎ労働者は子どもを学校に就学させる際に旅券の写しと入国の際に

渡される入国カードの写しのみを提出すればよいという項目が追加されたことである。すなわち、住民登録の提出が不要となった。ここで注目されるのは、ウズベキスタンとキルギスタンからの出稼ぎ労働者である。これらの国からくる帰還カザフ人は、本来の目的がカザフスタンでの定住であっても、出稼ぎ労働者の身分で入国し、子どもを学校に就学させることが可能となったことである。しかし残念ながら、これは社会的批判を踏まえ、子どもたちの教育への権利を保障するために教育科学省が苦慮した「法的抜け穴」としてしか受け取れない。すなわち、外国籍の子どもが就学できるための基本条件は住民登録であることには変わりがないが、住民登録されていないウズベキスタンとキルギスタンからの帰還カザフ人が急増している中でその子どもたちの学校教育からの排除を避けるために、このような法的抜け穴がつくられた。しかし、この抜け穴をいつまでも利用できるという保障がない。季節労働者の滞在条件を決めるのは内務省であり、不法滞在者をめぐる状況の変化につれて、条件を厳格化することが十分予想される。したがって、住民登録されずに学校に通う帰還カザフ人の子どもたちの就学の保障は相変わらず危ういままである。

第5節　障がい児の教育――教員の儲け主義？

　教育者と学校経営者としての筆者にとって重要なことはボレック村立学校にくるすべての子どもたちに例外なく教育を与えることである。本校では障がい児の教育は直面している最も大きな問題である。2010年9月1日現在ボレック村立学校には障がいをもっている児童生徒が4名いる。4名のうち2名は帰還カザフ人である。本節では、障がいをもっている帰還カザフ人の子どもたちの教育問題というより、全体的に障がい児の教育問題を取り上げるが、帰還カザフ人の障がい児の教育を左右する条件は前節で述べた住民登録の有無であることを強調しておきたい。すなわち、住民登録がなければ、そもそも教育を受けることができないということである。

　カザフスタンの法律「教育について」の第8条において「国家は、障がい

をもつ国民が教育と治療を受ける条件、社会適応をする条件を保障する」ことが規定されている。そして、同条は、「健康状態によって長期間にわたって初等中等教育機関で教育を受けられない国民に対して無償教育が個人的に自宅でまたは特別な教育機関で提供される」と定めている。2004年9月14日付の教育科学省令は、障がい児の健康状態に合った教育形態について子どもの居住地において設置されている「心理学・医学・教育学相談所」が判断すると定めている。この相談所は村から大都市までの各行政単位においてある。親が子どもを相談所の専門家（心理学者、医者、教育学者）にみてもらって、子どもが自宅教育と特別な教育機関での教育のどちらを受けるかについて診断結果をもらって、子どもの就学の手続きを行う。相談所は学校、教育行政機関と医療機関と一緒に管轄下の地域に居住するすべての障がい児を把握しており、定期的に彼らの自宅に訪れ、彼らの学習状況を調べなければならない。

　ボレック村立学校に就学している障がい児の3名とも自宅で教育を受けている。障がい児の自宅教育の条件について2004年11月24日付の教育科学省令「障がい児の自宅教育に関する教育機関から親への支援の規則」が定めている。同規則は、自宅での教育の課題は、学校で設定される課題と同じであること、また、子どもの健康状態によって普通教育プログラムか特殊教育プログラムのいずれが選択されることを定めている。規則によって、自宅で教育を受ける障がい児に教える教員は障がい児教育の専門家と特別な資格をもつ教員である。ここで最も大きな問題が立ちはだかる。ボレック村立学校の例を挙げると、本校では障がい児教育の専門家も特別な資格をもっている教員もいない。したがって、子どもの自宅を訪問し教育をするのはこの子もたちの障がいの状況について知識がなく、彼らとの接し方の特徴も知らない教員たちである。さらに、障がい児の教育に携わるのは、通常、学校で割り当てられている授業の時間数が少ない教員、すなわち、給料が低い教員であり、障がい児の教育に対するモチベーションの高低とは関係がない。要するに、障がい児の自宅教育を引き受ける教員は給料の増額を目当てとしているということである。

筆者は同じ教員として、学校経営者として、障がい児の自宅教育を担当する教員の儲け主義的な行動を批判することができない。教員の給料が少ない中、専門的知識と資格を持っていなくても障がい児の教育を選択することが給料を増額させる限られた方法の一つである。基本的な問題は障がい児教育の専門家の不足である。カザフスタン政府は「2011-2020年の教育発展の国家プログラム」においてインクルーシブ教育の発展を大きな課題として掲げているが、教育大学や教員の資格向上機関や研修機関がそろっている都市部に比べて、農村部ではインクルーシブ教育の導入は計画通りに行かないであろう。

結びにかえて

本稿は、カザフスタンの農村学校とその児童生徒の現状を紹介した一事例にすぎず、カザフスタン全体の農村地域の子どもたちの教育環境の客観的な紹介であるとはいえない。本稿では、筆者が務める学校からみえる現実を、筆者の一教員として、学校長としての実務経験、親と児童生徒の接触の経験に基づいて取り上げたのである。そして、今回は帰還カザフ人と障がい児に注目したが、彼ら以外の児童生徒も様々な問題を抱えているのを指摘しておきたい。筆者が教員と指導者の経験に基づき、また、現状を分析しながら次の結論に達した。子どもたちの教育を受ける権利が実際に保障されず、ときに、侵されるのは、現地での地域行政と学校関係者らによる組織された行動、地域に居住する就学年齢と就学前年齢の子どもたちに関する具体的で確実な情報と、その情報の分析に基づいた的確な対応が欠如しているからである。カザフスタンでは、原油の価格の高騰が続き、経済の高成長の中で教育予算が年々増えており、教育の物的・技術的環境が改善されていることは喜ばしい。しかし同時に、子どもたちの国籍、障がいの有無、彼らの家庭の社会的状況にかかわらず、子どもたちの教育を受けられるための条件、環境の整備は、特に農村地域では遅れていると判断せざるを得ない。社会的格差が拡大する中でボレック村立学校の帰還カザフ人と障がい児のようなカザフスタン

全国にいる社会的弱者の教育問題の解決が切実な課題である。

注
1 本章で取り上げる事例の調査は非政府組織「教育発展基金」との協力で行った。この非営利組織は農村地域の教育問題に取り組んでおり、社会的弱者である子どもたちの教育支援を行っている。
2 都市部のマンションで暮らす住民が避暑の目的で郊外に持つ一軒家の集落。ソ連時代に普及したが、独立後の経済的混乱の中で空き家となり、1990年代後半から帰還カザフ人によって買い取られ、または押し入られた。本来夏季の間だけ使用する目的で建てられたこの集落には学校、保健所、売店、薬局、郵便局等がなく、常住できるための環境が一切整備されていない。
3 2010年9月1日現在の人数。

コラム　学校と親をつなぐ携帯電話

　このサービスシステムは、2011年9月の新学年度から導入された。
　両親が心配しないように1日に4回、携帯電話にメッセージを送る。1回目は、「あなたのお子さんは時間どおり無事に登校しましたのでご安心ください。」これで、子供が学校に行ったかどうかがチェックできる。1回目は、たとえば、「5月26日、6校時が終了し、みな無事に帰宅しました。」同時にその日の科目のそれぞれの成績が5点満点の評価で送られてくる。3回目は宿題のお知らせである。これはだいたい授業終了後30分で送られてくる。4回目は特別なお知らせである。両親の会とか、何かの催しや行事、両親を呼び出したい時など。この4回目のメッセージは無いときもある。
　この4回のメッセージのうちいずれかを選択することもでき、4つのメッセージセットで1ヶ月10000スムの料金である。(1円＝22,99スム 2011.11.16現在)
　このサービスは生徒の犯罪が増えたからではなく、両親にとって子どもの行動がキャッチできることは便利であろうとの発想から生まれた。ウズベキスタンでも携帯サービス会社は何社もあり、いわば顧客獲得のための新商法として学校側に携帯電話会社から提案がなされたようである。多くの両親が昼間働いていて忙しいので、このサービスは便利だと考えられ導入に賛同したそうである。学校から携帯会社のオペレーターに情報を送信し、契約加入者の携帯電話にメッセージが送られてくる。
　このサービスを利用している親は、50％は便利、50％は不便と感じている。プラス面は、どんな科目がどのような成績であったか、どんな行事があって帰宅が遅いのかなどが把握できる点である。マイナス面は子どもが悪い評価2点をもらったときに気分が悪くなることである。どうして2点をもらったのか、このお知らせサービスだけではその悪い評価の理由がわからない。また、一日電話を切るなどすれば、一体いつのお知らせなのかわからなくなってしまい混乱することもある。
　このサービスの利用率は開始当初、約60％であった。子どもの教育に熱心な親、比較的よい成績をとっている子どもの親、働いている親にはこのシステムは歓迎されている。他方、加入しない理由は経済的理由、子どもの成績不良、その必要性がないなどまちまちである。学校当局が勧めているので断わることが出来ない面もあるという。子どもの成績について、直接担任とあって相談するのは働く親にはなかなか実現できない場合が多いので、このシステムのマイナス面もあるがやはり加入しているともきく。
　このサービスを導入しているのは、タシケント市ヤッカサライ地区にあるタシケント市第89番学校である。この学校は先端的・実験的な試みとして取り入れたそうだ。ちなみに開始当初はこのサービスの利用者は60％であったが、現在は、理由は様々であるが、30％に落ちているとのことだ。他のタシケント市内の学校でも一部実施しているそうである。

(菅野　怜子)

教育環境②

第2章　教育にみられる民族的特性―ウズベキスタン

マフカモワ　サイーダ

第1節　独立後の教育にみられる民族的要因の研究

　今日、社会生活のいかなる分野であれ、実際的課題の解決には、人々の民族意識や民族的関心を考慮しないわけにはゆかない。

　民族的要因は、教育制度においても特別な意義が与えられている。その理由の第一は、教育の枠内において自民族の一員としての人格が形成されること、第二は、民族的特徴を考慮することは、学習者の精神的、道徳的、知的可能性を高め、彼らの教養や文化の水準を高める強力な手段になると見られているからである。

　人材養成国家プログラムは、これらの諸課題の解決を目的とし、その中心として教育・訓育過程の民主化と人道主義化の原則、また教育の方向を民族的利益に向け直すという原則を明確化している。この重要な国家文書において、教育が目指すのは「学習者それぞれの民族的特徴を考慮することを前提として、青年層をそれぞれの民族文化的・歴史的価値や伝統に親しませること」[1]と定められた。

　これらの諸課題は、以下の点を中心として民族学校の概念の枠内で解決されるべきとされた。

1．学校がある地域における民族的特徴と民族関係の状況の研究
2．民族間関係および民族化の心理の客観的事実の調査
3．民族学校の教育・訓育活動に従事する予備人材の発掘
4．諸民族の文化的、社会的発達に関して、その要求、関心、需要を完全に満足させるべく教育機関の活動を変更すること

■ ソ連時代における民族的要因の過小評価

　しかし、民族的基礎に立脚して中等、高等教育機関の教育・訓育過程を改革するという試みは、いくつかの重大な問題に直面した。

　その一つは、ソ連時代の民族政策における大きな失策や問題である。停滞の時代の欠陥の分析に関しては、ウズベキスタンのカリモフ, I. A. 大統領[2]、クラノフ, M. や CIS 諸国の研究者、ズドラヴォムィスロフ, A. G.、ブザロフ, K. I.、フィミニィフ, V. P.、ハディコフ, Kh. Kh. その他の論文がある。それらの論文の内容の一般的結論をベースにして、次のような結論を引き出すことができる。すなわち、80年代末に明らかになった社会の経済的、精神的危機は、民族問題と諸民族関係のシステムに影響を及ぼさずにはいなかったということだ。

　民族的、歴史的、心理的要因は民族の伝統、文化、心理と不可分であるが、以前はそれらの要因を無視し経済的要因のみを重視してきたので、それが人々の精神・道徳的、社会的行動のレベルの低下といった多くの矛盾を引き起こした。このような現象は、単一の中央集権化によって、教育分野へ悪影響を及ぼした。つまり、全ての教育機関で民族語や文化的価値の学習が著しく縮小され、その結果、民族的内容が失われたのだ。これは、教育から民族的・人種的な要素をなくしてしまい、民族語の機能を限定し、その結果、民族文化の価値とは無縁な民族的ニヒリズムやサブカルチャーの諸要素を生んだ。

　指令的・官僚主義的教育制度と権威主義的教育学の圧力の下では、教育・訓育面における民族の大切な要素は、国民教育制度の裏面に追いやられ、それが青年層の教育と訓育に重大な欠陥をもたらした。

　何十年もの間、ソ連時代のわが国ではいかなる民族の人間形成も、全国共通の機構の下で、単一の国民経済制度の枠内で行われてきた。また各共和国においては、物質的、精神的な能力を強化する過程は、党、国家、社会組織の教育統制システムの下で行われてきた。このようなことを可能とした教育理論が長年存在し、それが教育の民族的・地域的要因を著しく小さくしたのである。長年の実践が示すように、民族の特性を考慮しない中途半端な民族

教育は、十分な肯定的成果を生まなかった。

■ 研究の困難さ：民族的特性の多面性

　二つ目の問題は、教育過程における民族的特徴を研究することの困難であり、それは民族的、社会的、集団的、個人的に、その心理面を含め問題が多面的だということである。さらに民族教育の問題、教育面での交流とその特徴、訓育過程における相互関係、教育課程における評価や類型化とその理解の問題など、多面的な諸問題が集積していることである。ミルハシロフ, S. M.、クバコフ, K.、ポリヴァノフ, E. D.、ロバチョヴァ, N. P.、トゥリツェヴァ, L. A. の論文では、ウズベク人の民族的特徴が研究され、社会的、家族的伝統の特徴が示されている。

　民族教育の哲学的基礎の研究は、ウズベキスタンの研究者であるムミノフ, I. M.、ハイルラエフ, M. B.、カディロフ, B. K.、シェルムハメドフ, S. Sh.、アタムラドフ, S. A.、ノルムラドフ, B. N. 等によってなされた。

　ウズベキスタンでは近年、心理学と教育学に関する一連の論文が出された。それらの論文では、教育、訓育分野において、ウズベク諸民族の民族的特徴の研究が行われている。民族的、家族的伝統の研究を基礎として、個人の民族的特徴の諸側面が、ヌルマトフ, S.、タティバエヴァ, F. S.、クラノフ, M.、イナモヴァ, M. O.、ママトクロヴァ, R. の研究によって明らかにされている。

　ウズベク人家族の形成およびその実態の民族的側面(そのイメージ、動機、存在する規範の遵守、相互関係システム、紛争の諸原因その他)は、カリモワ, V. M. とカリモフ, Kh. K. の論文において解明されている。

　心理学において、教育・訓育過程の民族特性に関してすぐれた研究を行っているのは、ジャブボロフ, A. M.、ザキロフ, A. A. である[3]。

　このように、教育分野の改革に関する政策は、社会の改革と刷新を導く最重要の鎖として、そしてまた社会の民主的再編の必要不可欠な条件として、さらに経済の安定的な発展や共和国の国際社会への統合、科学的文献の理論的・方法論的な分析として、ウズベキスタンの教育制度における民族的側面の問題の多くの要因を浮き彫りにしているのである。

第2節　教育にみられる民族的要因研究の主要な局面

■ 多文化主義の奨励

　ウズベキスタンは近代的市民社会を建設中の多民族国家であり、共和国においてはすべての民族、種族の自由な発展のための諸条件と可能性が保証されている。ウズベキスタン共和国の民族政策は、全体として多文化主義を奨励する方針だ。「多文化主義の長所とは、文化的プルラリズムの維持、多様な少数派の承認とその擁護、外国人嫌いや大国主義また人種的偏見の否定であり、それが欠如すると、社会関係の人種化、文化的差別の制度化、個人の権利を尊重する自由主義理念の無視に至る[4]。」

　ウズベキスタンの教育制度は多文化主義を基本的な条件とし、また基本的な要因としている。共和国の普通教育学校においては7言語による教育が行われている[5]。

表2－2－1　教授言語別学習者数（普通教育学校）注）

(学年度始め；単位千人)

	2005/2006	2006/2007
ウズベク語	5310.9	5082.4
ロシア語	271.2	283.4
カラカルパク語	128.5	116.3
トルクメニア語	12.4	11.0
タジク語	90.6	91.1
キルギス語	12.4	12.2
カザフ語	115.7	99.1
その他	0.2	0.3
全生徒数	5941.9	5695.8

注）心身障害児学校除外

■ 精神的・歴史的遺産の復活と教育課程

　ウズベキスタンの独立は、不可避的に「民族的自意識の強化、愛国主義とわが祖国への自尊心の形成、豊かな民族的、文化・歴史的伝統や国民の知的遺産への敬意[6]」をもたらした。ウズベキスタン共和国法「教育について」の実施と共に、イデオロギー的束縛を解かれた国家教育スタンダード、教科課

程、教授要目などの再検討が始まった。すなわち、経済的、法的、美学的知識を与え、道徳的、精神的基礎を教える新しい教科書や参考書の作成、民族的自意識を強化し、愛国心や祖国への自尊心を育成し、豊かな民族的、文化・歴史的伝統や国民の知的遺産への敬意を育む新しい教科書や参考書の開発、さらに、新しい科目(「ウズベキスタンにおける民主主義社会建設の理論と実践」、「民族独立の理念と精神の基礎」[7])の導入などが始まった。

■ 科学的研究の理論的・教授法的再検討

民族的自意識、思考イデオロギー、民族文化の形成のための、また民族間関係の全面的な改善、真の国際主義形成のための制度としての民族学校のコンセプトの研究。教育の社会・経済的、教育学的局面の実践状況の分析と将来的予測。

■ 民族的・心理的要素

教育・訓育過程は、ウズベク人の民族的・心理的特性によって規定される数々の特徴を有している。そのウズベク人の特性はまた、彼らの社会的、家族的・日常生活的、心理的、教育的要因すべての総体によって制約されているのである。民族の心理的基礎とは、歴史的記憶、民族的自覚、民族的自意識、民族的関心、民族の価値、民族的センス、民族文化、民族語、民族的自己評価、民族的長所への感受性などである[8]。次に民族的、心理的特徴に関してもいくつかの点について言及する。

第2節　教育にみられる民族的・心理的特徴

■ 教育におけるマハッラの役割

考察と研究を要する最も重要な事柄のひとつに、この国民の生活様式がある。なぜならば、それこそが多くの点で内部の民族間交流を決め、民族的目標、基準、類型を形成するからである。

ズダロヴォムィスロフ, A. G. が提示する分類によれば、次のようないくつ

かの生活様式[9]が存在する。

> 1．生産的・労働的生活様式
> 2．家族的関心を優先する生活様式
> 3．個人的才能の発達を目指す生活様式
> 4．明確な関心があいまいな生活様式

　一般的なウズベク人たちの生活様式の基本となっているのは、家族的な関心や価値を優先する共同体的・集団的生活様式であると結論づけることができる。ウズベク人の顕著な特徴は、他の民族と比較して、家族、マハッラ（地域共同体）、職場等の大集団における個人間の関係を重視する伝統であり、またそれと関連する共同体意識の発達が強固なことである。生徒の訓育や教育で顕著な役割を果たすのは、マハッラであり、それは家族、学校、その他の訓育施設と緊密な協力関係にある。

　共和国が独立すると、伝統的なマハッラは民主的な自治機関として復活した。以前は、その共同体はソ連の国家機構とは別個に存在し、そしてソ連の国家機構は地域社会という織物にしっくりと織り込まれてはおらず伝統的な社会組織を軽視していた[10]。今日では、マハッラは以前のソビエト時代の組織から変貌し、地方自治機関になっている。それらは、民主国家の最も重要な鎖のひとつとしての公式的地位を獲得し、それについては法律「共和国の市、村、集落のマハッラ委員会について[11]」の諸規定に定められている。1997年現在で、ウズベキスタンには1万のマハッラがある[12]。

　マハッラでは若者の訓育、教育、職業指導、雇用に常に注意が払われている。子どもたちは、年長世代の忠告に耳を傾け、マハッラの諸規則を厳格に守る。また、「家族・学校・マハッラ」の協力関係の枠内において、「高い精神性は抑えがたい力である」、「健康な生活様式は健全な未来の証である」、「国際人材派遣業：問題と責任」、「私の将来の職業」、「健康な母に健康な子ども」、「警戒心は時代の要請」、「あなたはエイズについて何を知っていますか？」、「家族は民族的価値を育むゆりかご」などのテーマで講演会や交歓会が催され

る。このような行事の開催は、家庭での子どもの正しい躾、未成年者の非行や犯罪の防止、青年の法意識の向上や職業指導に役立っている。

　ドジャヴァハルラル　ネール記念大学(インド)国際研究校研究員、ナリンクマルの見解によれば、「マハッラは、世論の形成に影響を及ぼすことができる独特の民主的な自治制度である。それは、昔から青少年の訓育のための適切な条件をととのえ、社会組織のための基礎となってきた。なぜならば、それは『家族』および伝統的な家族的価値の概念の基となっているからである。ウズベキスタンにおいては、現代的理解における市民社会制度は西側よりも旧くから存在していたし、現在も存在しており、マハッラの管理経験は科学的見地からより深い研究を必要としている[13]。」

■ イスラム文化と学校文化

　その他、青年層の教育問題へのアプローチで以前とは異る点が生じているが、その原因は次の点に存する。つまり、根本的に異なる生活様式に目が向けられているということであり、その生活様式とは、ズドラヴォムィスロフ, A・Gの分類による第3の類型、すなわち「個人的才能の発達を目指す生活様式」である。東洋民族が一般に集団に関心を向けるのに対して、ヨーロッパ民族は社会生活や子どもの教育においても、人間の個人的、内面的、個性的な発達を目指すような諸価値を基礎にしている。

　この特性に注目したのはジャボボロフ, A. M. であり、「民族文化(ウズベク文化)は個人化現象に多少とも歯止めをかける・・・」と認めている[14]。

　ムハメトベルディエフ, O. B. も、この特性は「中央アジア諸民族の民族的自意識の特性を特徴づけるものは、現在は主として2つある。ひとつは、その自意識がイスラムの復興とある程度結びついていること、そして、個人的志向をもつヨーロッパ人の民族的自意識と比較すると、個人主義的な原理がかなり欠如していることだ[15]」と指摘した。

　それと同時に、個人的才能の発達という方向性は、多様な活動への参加を通じて個性を自ら発展させ改善するということを目指すものである。

　教育の相互作用の過程においても民族的な特性が表れているが、それはイ

スラム的礼儀の規範を守るということだ。この特性は家庭で形成されるが、それは他の活動分野にも実質的には形を変えずにそのまま移されている。

このように、民族的特性を、原則的に異なる種類の活動分野へ機械的に移すことは、教育活動においてやり易い教育環境や快適な心理環境を保証する一方で、批判的、自立的思考の発達、価値観の形成、個の形成、創造的能力の発達といった認識的・創造的要素を低下させる。

どのような教育を受けるかという目標は、中等教育期間中に形成される。それを形成する2つの場は、学校と家庭である。特にこの2つの場においてこそ、学習者の教育的、認識的活動の一定の態度と実際的能力が身につくのである。家庭でこれらの実際的能力が身につくかどうかは、その能力に関する量的、年齢的ファクター、生活諸条件、文化水準などによって左右される。

昔のウズベク人家庭では、子沢山が普通であったので、親は子どもたちの勉強をみたり、宿題をチェックしたり、教えたり、頻繁に学校を訪問して教師とコンタクトをとるような時間はなかったが、独立後の時代には、住宅条件が改善され、親の教育水準も際立って向上した[16]。

このことは、子どもの教育面への関心に反映され、その関心はまた親の関心や行動に以前より深く結びついた。本、映画、放送、音楽、新聞、雑誌に親しむ場合にも、これまでよりも目的意識をはっきりもち、知的・発展的な性格をもつようになった。

■ 教師と生徒

また、当然のことながら、どのような教育を受けるかは、教育過程の中心人物である教師次第である。間違いなくウズベキスタンの教師の典型は、権威主義的な人物で、彼は生徒に次のように確信させる。
1．知識や技能を増やす機能は完全に教師の側にある。
2．教育を受けるには、教育者の課題や要求をきちんと遂行し、すべてにおいて彼の指示に従うだけで足りる。

その他、生徒と教師の服従的な関係ゆえに、大学教師と学生、親と子どもの関係に見られるような知識や意見の自由な交換はなされない。たとえある

バザールの近くで　　　　　　　　　　タシケントの女生徒たち

にしても、それは普通のことではなく、むしろ例外的である。ウズベク人がこれまでやってきたことは、年長者が若者に一方的に生活体験を教え、道徳性や教養の規範を植えつけることである。

　しかし、このような方法は生徒の自発的な知的活動、自らの経験、生徒が持っている知的・精神的素養（もしそのようなものがあるとすれば）、創造性、教えられ学んだ情報に対する批判精神などの役割を低下させる。すなわち、これが意味することは、人材養成国家プログラムにおいて、「学習者には独自の思考が育たず、問題をじっくり考え意識的に解決するための心構えが欠如している[17]」と述べられていることだ。とはいえ、教育における諸改革、各地で採用された新たな教育法、対話型の教育方法の導入などは、この状況を著しく変えた。

■ 教育にみられる男女の性差

　民族的特性に関しては、教育面における男女の性差にも注目すべきである。かつて男の子は、ふつう、より積極的で多面的な知的活動に携わり、女の子は主として家事に従事した。

　女の子は、家庭では「女性は男性より一歩さがっているべきだ」という意識のもとに躾られた。社会の主要な活動分野では、女性は完全な存在とはみなされず、男性や年長女性の管理下に置かれるべきと考えられていた。女性は

常に躾られ、教えられ、選択をしてもらう存在だった。一般的には、女性には高等教育は何の役にも立たず、職業を身につける必要はなく、女性はまず妻そして母であるべきで、せいぜい専門的ではない手仕事ができればよいとされていた。結婚こそが女性の大切な宿命であり、それ以外はすべて二の次とみなされてきた。高等教育も多くの場合、たんに良縁を得るための手段と見なされた。

　このような社会的傾向、つまり高等教育機関における女子学生数の減少は、女性の平等と基本的人権の実現を損なう恐れがあった。そこで国家は、教育分野において女性向きとされてきた職業の分類をやめることを優先政策とした。

　現在では、学齢期に達した女子はすべて学校に通い、9年制義務教育を受けなければならない。卒業後は、女子にも専門や職業の広い選択肢が与えられ、女子教育を差別しない中等専門、職業・技術学校や高等教育機関などで学ぶことが出来る。2004－2004年度には、共和国の教育システムにおいては65のアカデミックリセと827の職業カレッジが存在していた。アカデミック・リセに在籍した生徒は3万500人で、女子は35.9％だった。職業カレッジに在籍したのは75万7600人で、女子は47.3％だった。2004－2005年度の高等教育機関への入学者数は、5万4200人のバカラブル課程のうち、女子は44.2％、マギストル課程に入学した学生のうち女子は34％であった。ウズベキスタンの全教育制度には650万人強が在籍しており、48.4％が女子である。女性の識字率は92.8％である。普通教育学校その他の教育機関における教育は、男女の別学は行わず、共学である[18]。

　こうして、高等・中等専門教育機関において女性の割合は増えてはいるが、しかしその増加は2000年以後は僅かである。

　その理由としては、まず第一に、女性教師自身が、女性が高い学歴を得て、社会的評価の高い職業を得ることは必ずしも必要なことではなく、余計なことでさえあるという固定観念をもっているからである。第二には、彼女たちは若い少女に多大の影響を与え、少女の心の中に自分たちと同じ固定観念を植えつけるからである。すなわち母となり、妻となることは素晴らしいこと

であり、女性は実社会ではまともな仕事はできないという観念だ。現在では、女性も自立した個人としての自分を自覚し、自己の社会的地位を守ることができなければならない。女子学生の割合が伸びないのは、まず第一に、社会の中にジェンダーの固定観念が存在するからである。中等学校を卒業した少女は、しばしば、高等教育を受けるべきか、結婚するかの選択を迫られる。低い教育水準と早期妊娠の間には直接的な関係があり、同時に早期妊娠は高等教育を受ける障害となっている。

このように、ウズベキスタン共和国における教育制度発展の民族的、心理的特性は、肯定的面と否定的面をもっている。しかしながら、現段階においてもっと重要なことは、ウズベキスタンの教育制度は同じ場所に留まってはおらず、常に発展し、近代化されていることである。そして、このことを喜ばずにはいられない（我々と我々の子どもたちのより良い未来への楽観主義と信念を抱いて）。

注
1 人材養成国家プログラム「調和的に発展した世代はウズベキスタンの進歩の基礎である」ウズベキスタン，T・SHARK, 1998 年、39 頁、45 頁。
2 カリモフ, I. A.「21 世紀を前にしたウズベキスタン：安全保障の脅威と進歩の条件と保証」 タシケント ：UZBEKISTON、1997 年、70 頁、132 頁。
カリモフ, I. A.「調和的に発展した世代はウズベキスタンの進歩の基礎である」ウズベキスタン共産党第 9 回代議員大会演説、1997 年 8 月 29 日、タシケント：UZBEKISTON 1998 年、5 頁、8 頁。
3 ジャブボロフ, A. M.「ウズベク学校教師の心理的、民族的特性」博士論文、タシケント、1999 年。
ザキロフ, A. A.「教育活動における教師と学習者の協力の特性」博士候補論文、タシケント、2000 年。
4 ラーディナ, N. K.「ロシア市民社会における文化間相互作用のテクノロジー」政治学博士論文レジメ、ノブゴロド国立大学、2007 年、25 頁。
5 「ウズベキスタンの初等、中等教育」『統計集　事実と数字　2000−2006 年』所収、出版シリーズ No.5、タシケント、ウズベキスタン共和国 2007 年統計国家委員会、2007 年、45 頁。
6 ウズベキスタン共和法 No.463−1　「人材養成国家プログラムについて」1997

年 8 月 29 日。
7 ウズベキスタン共和国大統領命令 「"国家独立の理念"の科目に関する教授要目の作成と共和国教育制度への導入について：基本的理解と原理」2001 年 1 月 18 日。
8 「民族的心理」クルィシコ, V. G. 参照。出版センター「アカデミア」、2007 年、76–80 頁。
9 「社会主義社会における生活様式の類型についての問題」ズドラヴォムィスロフ, A. G.『社会主義研究』所収、1974 年、No.2、88 頁。
10 「現代のウズベキスタンにおける伝統的共同体」// http://www.ca-c.org/journal/cac-10-2000/06.arifh.shtml 4
11 規定「ウズベキスタン共和国の市、村、集落のマハッラ（街区）委員会について」タシケント、1993 年。
12 「ウズベキスタンの人的発展についての講演」参照。タシケント、1997 年、12 頁。
13 「ウズベキスタンにおける市民社会の形成」//http://ngo.uz/index.php?newsid=410
14 ジャブボロフ, A. M.「ウズベク学校教師の心理的、民族的特性」心理学博士論文レジメ、タシケント、1999 年、21 頁。
15 ムハメトベルディエフ, O. B.「中央アジア諸民族の発達の現段階における民族的自意識」社会学博士論文レジメ、モスクワ、1992 年、16 頁。
16 http://statistics.uz/ru/kakko 4 統計情報サイト「数字に見るウズベキスタン‒UvTs」は、国連発展プログラム現代プロジェクト（PROON）とウズベキスタン共和国経済省「千年発展目標（TsRT）実現化に関するマネトリングと報告制度の統計的可能性の向上」の枠内において作成された。
17 「調和的に発達する世代はウズベキスタンの発展の基礎である」、タシケント、1997 年、17 頁。
18 「ウズベキスタンにおける女性の権利保障に関する情報　2007」http://www.uzbekistan.org.ua/ru/embassy/press-releases/329.html 4

コラム　イスラムのケリン（花嫁）

　ウズベク民族にとって結婚は重要だ。最近は首都を中心に、ウエディングドレスで儀式、ストレッチリムジンで会場のホテルやレストランへ移動し、パーティでもケーキカットやブーケトスをするなど、欧米化が進んでいる。しかし、イスラムによるウズベクの伝統を現在も守っている人は少なくない。

　結婚相手は親が選ぶのがウズベクの常識である。18〜20歳の結婚の年頃になると男性の親が気に入った女性の家へソウチ（仲人）を送る。女性側もソウチが来るのを心待ちする。お互いをよく調べ、相応しいと判断されると2〜3ヶ月後には結婚の運びとなる。この時、女性は断っても良いのだが、適当なところで相手を決めないと行き遅れてしまう恐れがあるので、親が必死だ。ケリンは病院へ行って子どもが産める健康な身体である事を証明する。

　当日はイスラム挙式の後、市の戸籍登録課に届け、法的にも認められた夫婦になる。披露宴には200〜500名が招待され華やかに盛大に祝う。その費用1〜4万ドル。日本と変わらない額に驚くが、これは親戚知人の助け合いで成立しているらしい。

　ウズベク文化は踊り文化。披露宴に出席している親戚、友人知人、新郎新婦、皆踊りだす。踊る！踊る！隣の人の声も聴こえないほどの大きな音楽とダンスはウズベク人の結婚式には欠かせないものだ。新郎新婦入場には親戚の女性が踊って先導。お祝いのダンス、スピーチしてダンス、乾杯してダンス、ケーキカットしてダンス、プレゼントを渡してダンス…延々と続く。新郎新婦の友人同士のダンスバトルが始まったりする事もある。

　その翌朝、「ケリン・サローム（花嫁挨拶の儀式）」を行う。これは女性達が大勢集まり、新婦の幸福と早い出産を祈る。新婚生活ではケリンは早朝から玄関先の掃除をする。家にケリンが来た事を近所にアピールするためだ。そして、常にケリンは親と夫に従い、料理に掃除、洗濯、家族の世話、子作り…半年以内に妊娠しなければ肩身の狭い思いをするという。その年のラマダン（断食月）後のお祭りにもケリンのお披露目がある。1日中、自宅で客を待ちもてなす。スピード結婚だが結婚の儀式は1年も続くわけだ。

　地方により若干の違いはあるが、ウズベクの半数以上の女性はこうしてケリンになって行く。

（石村　育美）

第Ⅱ部　教育をめぐる諸問題　95

大きな音楽とダンスで結婚式を祝う

ウエディングドレス姿の
イスラームの花嫁

結婚式の料理
テーブルいっぱいに料理が並ぶ

披露宴の前に２人が好きな場所へ行き
記念撮影するのも結婚式の恒例

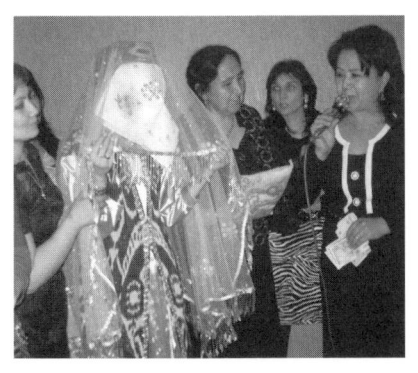

ケリンサローム
ベールを被り顔を隠す

伝統衣装を纏ったケリン

コラム　中央アジアの女性たち（ジェンダー視角から）

　ジェンダー視角から、中央アジアの女性たちの姿を見てみよう。主に国際的なジェンダー指数にもとづき女性のありようを素描するが、西洋的な基準による指数だけで判断するのはいささか乱暴なので、フィールド・ワークにもとづく考察を加えることにする。

　中央アジア諸国は旧ソ連邦構成共和国であり、ソ連時代、そこでは制度的には男女平等が追求された。就学や就業に際して原則的には機会均等であった。就学率も識字率も男女がほぼ同一であった。こうした基盤が整った状態で、中央アジア諸国は独立した。

　ジェンダー関連指数を見てみよう。国連開発計画（UNDP）によるジェンダー開発指数は、推定勤労所得、平均余命、成人識字率、初等・中等・高等教育就学率などの各変数により、男性と女性の間に見られる達成度を測定したもので、人間開発指数と同じ指標を用い、それをジェンダーの観点から修正した指数である。2007年のデータによれば、カザフスタン共和国：66位、ウズベキスタン共和国：99位、キルギス共和国：100位、タジキスタン共和国：107位である。トルクメニスタン共和国はデータがない。因みに、ロシア：59位、日本：14位である。

　続いて、ジェンダー・エンパワーメント指数（UNDPによる）を見てみよう。この指数は、国会の議席数に占める女性の割合、行政職及び管理職に占める女性の割合、専門職及び技術職に占める女性の割合、男性に対する女性の勤労推定所得比率の各変数から、女性が経済活動や政治に参加し、意思決定に加わっているかどうかを明らかにするものである。2007年のデータを見ると、カザフスタン共和国：73位、キルギス共和国：56位である。ウズベキスタン共和国とタジキスタン共和国とトルクメニスタン共和国はデータがない。因みに、ロシアは60位、日本は57位である。

　経済参加と機会、教育達成度、健康と生存力、政治的エンパワーメントから算出されるジェンダー・ギャップ指数は、世界経済フォーラムによるものだが、途上国と先進国との格差による影響を抑えたところに特徴がある。GDI（ジェンダー関発指数）やGEM（ジェンダー・エンパワーメント指数）よりも経済発展の度合いが反映されない。この指数（2009年）をみると、カザフスタン共和国：47位、ウズベキスタン共和国：58位、キルギス共和国：41位、タジキスタン共和国：86位、トルクメニスタン共和国：129位である。因みに、ロシアは51位、日本は101位であった。（なお、2010年版の指数によれば、日本は134カ国中94位と、大台を脱した。）

　要するに、経済発展の度合いが捨象され、ジェンダー関係が端的に示されるほど、中央アジアの女性の方が、日本の女性よりも、自己実現しやすい状況が数字で映し出される。

　これらの指数で上位を占めるのは、北欧圏の諸国である。先進諸国のうち日本の順位は断然低い。2009年の人間開発指数で10位の日本が、経済発展を差し引くと100位前後まで急落する。この事態は日本における男性と女性との関係性を如実に語っている。

　中央アジア諸国には、ジェンダー問題に取り組むNGOやNPOがあり、

活発に活動をしている。カザフスタン共和国とキルギス共和国で、そうした団体を訪問した。

　カザフスタンではジェンダー問題に取り組むNPOを1998年に立ち上げた女性にインタビューを行なった。彼女によれば、カザフスタンの女性の実態はかなり厳しいという。彼女は、ソ連時代の男女平等策によって女性の地位が向上し、高い地位につく女性も現れたが、同時に、家事と子育てを女性が担うというステレオタイプも作られた、と指摘した。彼女は、女性がエンパワーすることを第一に考えている。このNPOは、セクシャル・ハラスメントやDV、人身売買といった問題の解決に取り組んできた。心理学者の協力を得て、相談システムを充実させ、多様なカウンセリングを行なっている。法律家の参加によって、法的支援も実施する。彼女は、被害をうけた女性に、カウンセリングなどを介して被害に立ち向かう力を付けてほしいと願っている。女性同士助け合い、事態に立ち向かう能力を持っていることに気付き、問題解決に自ら取り組む発達過程が働き出すように支援する。

　キルギス共和国では、国内に1000以上ある女性組織のまとめ役を担うNPOを訪問した。ここでは、＜女性と政治＞、＜女性と経済＞を主なテーマに、女性の権利と健康を守り、女性政治家の誕生などの、女性の社会進出を助け促している。

　ジェンダー問題にかかわるNPOにインタビューして感ずることは、一つには、男性と女性をそれぞれ一枚岩のようにとらえていることである。彼女たちは、男性と女性の間の差異には鋭く反応するが、セクシャリティの観点は薄い。社会におけるセクシャル・マイノリティへの不寛容が指摘され、セクシャリティを捉えなおす準備がまだ整っていない、と語られた。

　もうひとつは、西洋が産出した「ジェンダー」概念を、非西洋地域にそのまま導入するのでいいのだろうかという課題意識である。ジェンダー視角から中央アジアの女性のあり方を考察すれば、西洋化の過程での経験、ソ連時代の経験、さまざまな民族の多様な伝統があることに気付く。どれも切り捨てられないが、新しい生き方のモデルも必要である、とNPOのリーダーは指摘する。彼女はジェンダーなどの概念の翻訳的導入では、ズレが生ずることを示唆していた。要するに、それぞれの地域の女のライフヒストリーに合わせて、権利の理解を促し、問題に立ち向かう発達過程を切り開く生き方のモデルを明らかにしたい。これが彼女のおもいのようだ。

　言い換えれば、西洋のジェンダー・スタディーズに学びつつ、そこに包摂されない研究の発展を展望している、といえよう。そうした発展の手がかりとして、カザフスタン共和国とキルギス共和国で面談したそれぞれのNPOの女性たちは、ノマド（遊牧民）の労働形態と生活スタイルに言及した。彼女たちによれば、ノマドの女性は社会的な労働に従事し、責任ある立場にも立ち、ムスリムであっても騎乗のためベールを被らなかった、という。ノマドの女性と自由思考を捉えなおし、それを機動力に、ジェンダーやセクシャリティをめぐる既存の研究成果をふまえ、それらとは一味違う学問的で実践的な視野が切り開かれることを期待したい。

（関　啓子）

教育内容・方法①

第3章　数学の授業過程からみた学びの特徴
——カザフスタンの授業分析を通して

大谷　実

第1節　カザフスタンの授業参観

　筆者は2008年及び2009年の各9月の2回に亘り、カザフスタンの中等普通教育学校を訪問し、都市部・農村部の学校の数学の授業を参観し、校長等から教育活動全般の説明及び関連資料を受領する機会を得ることができた。ここでは特定の学年(第11学年)ではあるが、独立後の数学の授業の実態を紹介し、筆者が関与してきたロシア連邦及びTIMSS調査の付帯調査として実施された「数学授業のビデオ研究」(日・米・独)を参考にしながら、独立後のカザフスタンの数学授業の特色を探ることにしたい。

第2節　参観した授業と考察の視点

　考察の対象とするのは、カザフスタンの旧都アルマトイの都市部と農村部の学校で行われた第11学年の数学の授業である(表2-3-1)。両校ともカザフ語・ロシア語混成学校である。参観した授業の教授言語はロシア語である。両校とも、第10学年より生徒は関心・適性などに応じて人文科学コースや自然科学・数学コースなどに分かれて履修する。授業では、カザフスタン共和国教育科学省認定の自然科学・数学コース用の教科書(アビクラシーモワ他、2007)が使用されている。

　授業の特徴をとりだす方法として、質的研究法で標準的に用いられる「分析帰納法」と「常時比較法」に習う(LeCompte & Preissle, 1993)。一方の分析帰納法として、授業過程を収録したVTRの映像と音声から、教師と生徒の相互作用的な作業によって社会的に組織されていると思われるルーティンなパタ

第Ⅱ部　教育をめぐる諸問題　99

表2－3－1　考察対象とした授業

所在地	学校名	授業内容	教師	生徒数	時間
アルマトイ市内アルマリンスク地区	パンフィーロフ記念第54番ギムナジア	不定積分の問題練習	女性	24	45分
アルマトイ郊外イシック近郊ボレック村	ゴーリキー記念中等普通教育学校	定積分の問題練習	女性(学校長)	10	40分

ーン、すなわち、授業において反復して生起する学習指導の基本形について記述を試みる。他方の常時比較法として、教師による授業それ自体に対する説明や、学校で生起する様々な教育活動に照らして授業の基本型を意味づける。当然のことながら、二つの学校の二つの授業記録からとりだした授業の特徴的な基本型が、実際に安定した型であることは保障できないし、授業の基本型が学校の様々な活動と不可分な仕方で結びついていることも断言できない。本章は、あくまでも授業の基本型とその社会的制約に関する暫定的な見解を提示しようとするものである。

第3節　教室における学びの実際

■パンフィーロフ記念第54番ギムナジア

　生徒は、数学教室に移動して授業を受ける。本教室は化学教室も兼ねている。教室前方には、小さ目の黒板と教卓があり、実物投影機を用いて液晶プロジェクターで課題や生徒の解答をスクリーンに投影する。黒板左には次時の宿題が、右には本授業のテーマが書かれ、その下に積分公式表が掲示されている。そのため、授業では板書は一度しかなされなかった。学習机は、2人掛けのものが3列整然と並べられ、生徒は前列から着席している。生徒は全員、教科書とノートを開いており、一部の生徒は公式集などの補助教材も準備している。**表2－3－2**は、本授業の展開を、時間、教授・学習行動、相互作用の形態から整理したものである。

表2−3−2 授業の展開

番号	時間	教授・学習行動	相互作用の形態
①	1:10	本時の授業全体の展開についての説明	教師の説明
②	3:44	既習の理論的知識の確認	教師主導の指名、生徒の応答、教師による評価
③	5:35	前時の復習と宿題の確認	教師主導の指名、生徒の応答、教師による評価
④	1:35	本時の問題の提示と指示	教師による問題の種類の説明、取り組み方の指示
⑤	15:46	問題の解決	生徒のペアによる解決、教師による個別指導
⑥	16:19	解法の確認と誤答の添削	教師がOHPで生徒のノートを投影、当該生徒の説明、教師による評価
⑦	0:30	宿題の指示	教師による指示
⑧	0:32	本時の振り返りと次時の予告	教師による説明
⑨	0:16	生徒の評定と授業終了の指示	教師による抽出生徒の評定報告

① 教師は、本時の授業の組み立てについて生徒に説明することで、生徒にとって授業に見通しをもって参加できるようにしている。

② 教師は、黒板に貼付した表を用いて、既習の不定積分の定義、定理、その3つの性質、個別の関数の原始関数について、生徒を指名し、口頭で説明させる。ここでは、次のような教師と生徒の会話が続く。

　教師：理論的内容の復習をから始めましょう。では最初の質問です、原始関数とはなんですか。ハジィ。
　ハジィ：関数 $f(x)$ の原始関数とは、$F'(x) = f(x)$ となるような関数 $F(x)$ のことです。
　教師：その通り。

上の会話のように、授業では、教師主導の質問に、指名された生徒が返答し、教師が正誤を即時に評価する。このような数秒しか要しない微細な「会話の単位」(Mehan 1978)が、授業の隅々にまで浸透している。

③ 前時に解いた(教師自作の)問題をスクリーンに掲示し、生徒を指名して、

口頭で答えを言わせる。問題は、小問も含めて12題ある。その後、教科書から出題した宿題を取り上げ、指名した生徒に答えを言わせる。問題は、小問も含めて7題ある。これら19題をテンポ良く約5分の時間で済ませる。すべての生徒がノートに宿題を書いている。教師から、「みな正解できたか」、「質問はないか」と尋ねられ、生徒は「ない」と答えている。

④ 黒板に書いてある授業のテーマ「不定積分と原始関数」を読み上げ、教師自作の2種類の問題を生徒に配布する。2種類とも問題は4問あり、最初の4問が国家スタンダードの必修の内容で、3問目と4問目はより複雑である。本時は、この問題を、隣どうしのペアで取り組み、互いに助け合い、説明し合い、必要に応じて教師に質問してもようが、次のレベルでは、この問題を独力で解決できるようになってほしいと告げる。授業時間の関係から、本時は第1問に取り組む。

⑤ 生徒は基本的に自力で問題を解こうとしている。その際、生徒はノートやカードに整理した公式を参照している(写真1)。教師は、机間巡視を行い、適宜助言を行っている。

⑥ 解答の書かれたノートを実物投影機に接続したOHPで映し出して生徒に説明させ、教師が説明を加える。

写真1　公式を整理したノート

⑦ 時間を配慮してか、教師は授業開始前から、黒板の左に宿題が書かれている。宿題を告げると、生徒は学習連絡帳を広げて、宿題を記入する。

⑧ 教師は、本時の授業が何を目的とし、何に取り組み、何を学んだかを簡潔にまとめる。

⑨ 終了間際に、宿題の点検や、課題の取り組みや等、授業への取り組みについて5名の生徒の氏名を挙げ、本日の授業の評価を5点満点で与える。

■ ゴーリキー名称中等普通教育学校

　授業は化学教室で行われ、10名の生徒がここに移動してくる。
　本教室前方には、開閉式の黒板があり、教師は本授業の基本となる既習の定理や問題解決に必要となる公式を板書する。本授業で、生徒が黒板で説明することはなかった。黒板左の教卓には古めの数学問題集が1冊置かれている。学習机は、2人掛けのものが3列整然と並べられ、生徒は前列から着席している。生徒は、教科書、ノート、電卓、公式集、三角関数表のプリントを準備している。表2-3-3は、本授業の展開を、時間、教授・学習行動、相互作用の形態を視点として整理したものである。

表2-3-3　授業の展開

番号	時間	教授・学習行動	相互作用の形態
①	2：13	前時の振返りと本時の基本事項の確認	教師による説明と指示
②	3：09	本時の課題の指示と課題解決に必要な特殊な公式の確認	教師の指示・説明と生徒による確認
③	35：38	課題の解決	生徒の個人解決、教師による公式・答え・誤答の確認、誤答に関する生徒相互の教え合い
④	2：10	課題の振返りと宿題の提示	教師による照会、生徒による返答、教師による指示

① 教師主導で、定積分の基本定理(ニュートン・ライプニッツ：$\int_a^b f(x)dx = F(b) - F(a)$)を確認した後、生徒は公式集を用いて既習の関数の積分公式と定積分の意味を確認する。
② 宿題として課してあった教科書の問題(計算問題12題)について、公式集を参照しながら、公式を適用して解決できそうかを生徒に判断させる。一部の問題を解く際に必要となる特殊な公式($\sin^2\frac{\alpha}{2} = \frac{1-\cos 2\alpha}{2}$)は教師が明示する。
③ 生徒は、まずは自力で公式を参考にしながら個々の問題を数分間で解決を試みる。教師は個々の生徒が得た答えを答えさせ、答えを間違った生徒がいた場合は、正解をした生徒のところへ行って教えてもらう、あるいは正解の生徒が教えに来るといった、生徒どうしで教え合うように指

示する(写真2)。教師は、机間巡視をしながら、生徒が公式を正しく使用して問題を解決しているかどうかを確認し、公式を参照しながら解法の指導をする。教師と生徒は、既習の公式を用いながら、1問ごとに答えを確認し、誤答を修正する。

写真2　生徒相互の教え合い

④ 本時の問題解決を通して、各自の反省点(公式の知識不足、計算練習の不足、不注意による誤答など)を確認し、家庭学習でそれを補完するように指示する。最後に、次時までの宿題として15題の計算問題を課して授業を終了する。

第4節　カザフスタンの授業の特徴

■ 国際比較を視点とした授業の基本型

ここでは、カザフスタンの授業の基本型を検討する際に、先ず、ロシア連邦における授業の基本型に関する研究を参考にする。

カープとズヴァヴィチ(Karp & Zvavich, 2011)は、ロシア連邦における授業の2つの基本的型及び授業設計を示している。一つは、「新しい内容を理解するための授業」であり、もう一つは「問題演習の授業」である。後者に関する45分の授業設計は次のようなものである(18頁)。

1．問題演習のトピックと目標を述べる(2分)；
2．宿題を点検する(3分)；
3．生徒の基本的知識と技能を顕在化する(5分)；
4．問題演習の課題をやり終える上での指示を与える(3分)；
5．グループで課題をやり終える(25分)；
6．得られた結果を点検し、議論する(5分)；
7．宿題を課す(2分)

カザフスタンで参観した授業は、ロシア連邦の「問題演習の授業」のタイプに近いものであるといえる。

次に、TIMSSビデオ研究(スティグラー & ヒーバート、2002)を参考に、「授業の開始」・「授業の中心部」・「授業の終末」に分けて、日本、ドイツ、米国の特徴と対比しながら、その特徴を検討する。

■ 授業の開始

授業開始は復習から始まる。実際、ドイツと米国は宿題の点検に比較的長い時間を取るが、日本の授業は、前時の振り返りをすばやく行う。カザフスタンの授業は、宿題や家庭での予習を前提として授業が開始される点で、ドイツや米国と似ている。他方で、カザフスタンでは、宿題の確認のみならず、本時の学習の支えとなる知識(公式)の確認が重視される。

■ 授業の中心部分

ドイツの場合、教師は頻繁に発問し、それに対する生徒の反応を見ながら、やりがいのある問題を解くための高度な技法の開発を通して生徒を導く。米国の場合、教師はすばやい発問・応答に取り組ませ、解法を演示し、多数の類似問題に取り組ませる。日本の場合、生徒がやりがいのある問題に取り組み、その後で結果を皆で共有する。カザフスタンの場合は、米国のように多数の問題を取り上げるが、それらは類似の問題ではなく、多種多様な問題(関数の種類や複雑さにおいて異なる問題)がないまぜになっている。また、各問題のパターンに照らして適用できる公式を利用しながら解決し、やりがいのある問題解決を通して高度な技法を開発するというものではない(例えば、$\int_{\frac{\pi}{6}}^{\frac{5}{6}x} \cos x dx = 0$ であることを、関数のグラフと区間から合理的に求めることはせず、公式を適用して確実に計算する)。教師は圧倒的な仕方ですばやい発問・応答を繰り返し、1時間の授業で多数の問題に真剣に取り組むように生徒を励ます。

■ 授業の終末

　ドイツと米国は次時までの宿題を指示する。日本はその日の授業の要点をまとめて授業を終了する。カザフスタンの授業は、次時までの宿題を指示するとともに、授業中の生徒の評価を明示的に行う。

■ 授業の基本型と社会制度的制約

　カザフスタンの授業の基本型は、中等教育卒業資格でありかつ大学入学資格でもある「国家統一試験」制度から様々な点で影響を受けているように思われる。訪問時の学校長からの学校概要の説明においても、当該校の国家統一試験の地区における順位が強調されている。第54番学校では、4学期ごとに国家統一試験対策の校内試験を実施し、3回の授業ごとに知識の習得度を個人ごとに評価している。このように、国家統一試験を意識し、生徒の学習履歴の管理を徹底し、一人ひとりの達成度の情報を累積したポートフォリオ記録を蓄積し、学校のホームページのサイトに掲載して個人評価を閲覧できることになっている。実際の授業でも、教員は、毎回の授業において、宿題の出来具合や課題解決中の理解度を個別的に小まめにチェックして、授業内で生徒を評価し、一部の生徒の評定を通知する。生徒一人ひとりの学習成績評価管理システムは、授業の基本型に反映されている。なお、授業の終了時に一部の生徒を評価することは、旧ソ連時代からの伝統でもあるという（水谷・松永・大谷、2009、72頁）。第二に、教科書の編集に関して、練習問題は3つの難易度に分かれているが、すべて短答式であり、分量が多い。教科書の内容はロシア共和国とほぼ同じであるが、文章題や融合問題を扱わず、短答式の練習問題の練習量を重視する傾向は、国家統一試験を意識したものとなっているように思われる。1コマ45分間の授業では、数学の基本公式の確認後、15問程度の短答式の問題が取り上げられ、次時に向けて同量題程度の宿題が課せられている。生徒が一問の問題に取り組む時間は、多く見積もっても3分程度である。このような授業の基本型もまた、国家統一試験の影響下にあると考えられる。

■ 数学や数学の授業に関する心像

カザフスタンで参観した2つの数学の授業では、知識の記憶と技能の習熟が重視され、考え方の開発はあまり重視されない。数学的知識や技能は生徒が数学について学ぶことの一部分にすぎず、彼らは同時に日々の学習を通じて、数学や数学の学習とはどういうものかについての心像を形成する。本授業の根底をなす心像は、数学は既成の静的な知識の個々の総体であり、数学を知ることは公式や手続きを記憶することであり、数学の授業は公式を的確に適応して短時間で問題を解決することである、といったものであるように思われる。

第5節　グローバル化の中での授業改革

カザフスタンの生徒は、TIMSS調査で高得点をあげているように、数学の基礎・基本的な知識や技能の優れており、数学学習に対する関心・意欲も高い（遠藤、2008）。参観した授業でも、数学の基礎・基本的な知識や技能を発達させようとしており、生徒の数学学習に対する態度は真剣かつ勤勉である。訪問校でのインタビュー等を通して、このような学力の質や学びの意欲が、国家統一試験と分かちがたく結びついているように思われる。グローバル化する知識基盤社会にあって、基礎・基本の習得と、知識・技能を活用して複雑な課題を解決するための思考力・表現力・判断力の育成とのバランスを取ることが重要であるといわれている。カザフスタンも、思考力・表現力・判断力などのコンピテンシーを重視するOECDのPISA調査に試験的に参加しており、今後、コンピテンシーも重視した教育にも対応していくものと思われる。その過程で、学校での学習内容や授業過程がどのように変容していくのか、注意深く追跡したい。

参考文献

アビクラシーモワ, A.、他『代数と解析の初歩。普通中等教育学校11学年用教科書（自然科学・数学系）』。アルマティ：メクチェプ出版社、2007年(露語)。

遠藤忠「初等中等教育の教育課程の特徴　中央アジア諸国の教育の現状と課題－社会主義的伝統と自立を求めて」、日本学習社会学会自由研究発表資料、2008年11月。

Karp, A. & Zvavich, L. On the mathematics lesson. In Karp, A. & Vogeli, B. R. (Eds.), Russian mathematics education: Programs and practices (pp.1-36). Singapore: World Scientific, 2011.

LeCompte, M. D., & Preissle, J. Ethnography and qualitative design in educational research (second edition). San Diego, CA: Academic Press, 1993.

Mehan, H. Learning lessons: Social organization in the classroom. Cambridge, MA: Harvard University Press, 1978.

スティグラー, J. W., ヒーバート, J. (湊三郎訳)『日本の算数・数学に学べ：米国が注目する jugyou kenkyuu.』教育出版、2002年。

パンフィーロフ記念第54番カザフスタン・ロシアギムナジア：http://www.krg54.kz/

水谷邦子・松永裕二・大谷実「2008年度カザフスタン現地調査報告」。平成20〜22年度科学研究費補助金・基盤研究(B)海外学術調査(研究代表者・嶺井明子)『ポストソ連時代における中央アジア諸国の教育戦略に関する総合比較的研究(平成20年度中間報告書)』、日本学術振興会、2009年。

「教育内容・方法②」

第4章 「憲法教育」と国民統合の課題——ウズベキスタン

木之下 健一

第1節 独立以降の国民統合の課題

　1991年にソ連の崩壊を受けて独立したウズベキスタンにおいて、独立以降大きな課題となったのは国民統合であった。こうした国民統合のためには、新たな国民意識が必要とされたが、ソ連人としてのアイデンティティが意味を失って以降、そうした新しい国民意識を創出することは容易ではなかった。
　一度は、ソヴィエト時代に抑圧されてきた「イスラーム」がそうした国民意識の創出、「ウズベキスタンらしさ」の創出のために貢献することも期待され、実際に独立直後は、政治分野へのイスラーム的理念の採用、国旗デザインへのイスラームシンボルの採用、抑圧されていた宗教施設の開放、公費でのメッカ巡礼などが行われた。しかし、イスラームを掲げる武装勢力の台頭や、国外の勢力との紐帯の形成などを危惧する政府の方針により、現在までにイスラームは厳しい管理下に再び置かれている。また、98年5月の宗教関連法により、宗教教育機関の設置を許可する一方で、通常の学校教育の中に宗教科目を位置づけることを明確に否定している。
　またソヴィエト時代の共産主義・社会主義イデオロギーの不在による空白を埋めるかのように「民族独立理念(milliy istiqlol g'oyasi / идея национальной независимости)」と呼ばれる国家イデオロギーが登場しているが、それもいまだ優れて理論立てたものとはなり得ていない[1]。また一方では、民族の伝統などを根拠にしながら国民の資質や特徴を積極的に創出する試みなども盛んに行われている。しかしながら、独立以降のこうした様々な取り組みも、「ソヴィエト時代のイデオロギーに取って代わるような国民の統合」を生み出すには至っておらず、その意味で依然として不完全な状態に留まっている[2]。

こうした中2001年からウズベキスタンにおいて行われるようになったユニークな取り組みが、「憲法教育」である。この「憲法教育」は、政府の発表によれば、社会主義体制からの脱却とともに、民主化を促進する要素として頻繁に語られる傾向にある。世界各国の学校教育においても憲法の内容を扱う授業は導入されているが、ただウズベキスタンにおいては幾つかの特徴が見られる。

　ひとつには、幼稚園から大学まで長期にわたる教育期間が設定されている点である。また二つ目にはそれは「理想的な国民像」や「理想的な国家像」を憲法の条文を通じて教える、という教科内容となっている点である。通常、諸外国において憲法の学習が行われる際、中心的なテーマは「生存権」や「教育を受ける権利」など、基本的人権がその国の憲法においてどのように保障されているのか、というものである。ウズベキスタンにおいては、そうした学習も行われる一方で、絶えずセットとなる形で「理想的な国民像」、「理想的な国家像」を提示する、という構成が取られている。

　本稿においては、ウズベキスタンの抱える国民統合上の課題を考慮にいれながら、この「憲法教育」の動向に関して紹介をしていきたい。

第2節　「憲法教育」の登場

　「憲法教育」は、2001年1月4日に発表された大統領令「ウズベキスタン共和国の憲法学習の組織化に関して」という法令に伴って開始された。この大統領令においては冒頭で「憲法教育」を創設する目的が述べられる。「我々の生活における根本的な法であるウズベキスタン憲法の持つ役割とその重要性に関する学習、またその内容と本質、若い世代の法的な意識、思考、文化に関する育成と発展、同様に憲法の知識、意義、本質の普及、宣伝活動とを目的とする」。

　またそのために、「憲法学習科目の創設、その特別学習時間の基礎の立案、それに対応した方法論の準備、ウズベキスタン憲法に関する児童・生徒における確固たる認識形成への指導、および憲法の価値と意義に関する幅広い総

体の創設の定着に向けた委員会の人的構成を承認する。また委員会に対して教育科目における専門家集団から専門グループを組織することを許可する」とする。

また興味深いのは、この教科の創設までのタイムスケジュールに関する規定である。これを見ると非常に短期間のうちに「憲法教育」の組織化が行われたことがわかる。大統領令によれば、教科創設のための特別委員会は国民教育省、高等中等専門教育省、国家出版委員会、ウズベキスタン共和国大統領府直属国家・社会建設アカデミーとの協同の下、2001年1月4日の大統領令発布から「1ヶ月以内」に憲法教育に必要とされる国家プログラムやガイドライン等を整備し、「2001年4月1日までに」全ての教育段階用の「憲法の学習」と題する特別訓練コースを整備し、「2001年8月1日」までに、法意識と法文化の涵養を目的とした同教科のための、全ての学習者の年齢層に適応した、教科書と関連文献を作成、出版する、とする。

また「2001年8月1日」までに、幼稚園、初等・中等普通学校、中等専門学校、中等職業学校における「憲法学習」のための教育者を養成し、「2001年9月の新学期」から「ウズベキスタン共和国憲法の学習」教科を各教育段階で開始する、とする。実に大統領令から8ヶ月の短期間のうちに、新設教科の立案から実施までが行われたことになる。

大統領令においては、関連機関による支援活動についての規定も設けられている。これによれば教科の創設と連動する形で、カラカルパクスタン共和国閣僚会議、タシケント市、「マナビヤットとマリファット」共和国会議、「マハッラ」国家基金等の関連組織、またラジオ、テレビ、国家情報機関等も憲法についての意識向上のためのキャンペーンを行う、とされている。

国民教育省は、さらに特別講習を受けた教師の育成に乗り出し、8192人の幼児教育者、13580人の初等教育者、14567人の5－7年生の教師に対する講習を行った。国家統計によれば、2001年ウズベキスタン国内の幼稚園数は6865校、初等・中等普通教育学校数は9788校であることから、この授業開始年度において、各教育機関において1人以上の教員が研修を受けた計算になる。また、生徒の学習を促進するために、憲法の条文のコピーが10

万部、ラテン綴りとキリル綴りの双方で、ウズベク語、カラカルパク語、ロシア語で用意され、全国の学校に送付された。さらに、5千部以上の「基本法に関する学習」のポスターの作成や、生徒の興味を引く目的で、異なるクラス同士の「法律を知ってる？」コンテストが開催された。

また同様に法務省から公表されている法務大臣による、「法社会の建設における確実な歩み」[3] と題した文書においても、民主主義社会建設や人権の保護や自由の確立のためには、若者に対する法を尊重する精神を教える教育が重要であり、大統領の指示によって導入された法教育は重要な役割を果たしている、とされている。

第3節　国家教育スタンダード上の位置づけ

次に、国家教育スタンダード上の位置づけを見ていきたい。幼稚園においては、年中クラス(3－4歳)、年長クラス(4－5歳)、学校準備クラス(6－7歳)の三段階に分けて『憲法レッスン』などの教科書を用いながら、学習を行うことが定められているが、学習の時間数に関する規定は設けられていない[4]。初等中等教育の1－4年生の授業は、倫理や文学の授業、あるいは放課後に特別に設けられた時間の中で、『憲法アルファベット』の教科書を用いて年10時間の学習を行うことが定められている。5年生以降は、単独の授業として設定されおり、年間17時間の学習が定められている。日本の高校に相当する、アカデミック・リセと職業カレッジにおいても同様の学習が年34時間行うように定められており[5]、また大学においては年72時間、大学院生については年18時間の学習枠が設けられている[6]。ソ連期の教育制度においても、「ソビエトの国家と法の基礎」という教科が存在したが、当時はこのように就学前教育から高等教育に至るまでの一貫した、15年以上の長期にわたる教育の体制は取られておらず、ここからはウズベキスタン政府の「憲法教育」実施への強い意気込みが伺われる。

また、ウズベキスタンにおける「憲法教育」は一方で「子どもの規範化と犯罪抑止」を重要な目的の一つとして位置づけている。先に紹介した大統領令

においても、この新設の学習課程の目的は、「若い世代の法的な意識、思考、文化に関する育成と発展」と言及がなされている。また、大統領令が出される3年半前に発表された「社会における法文化促進のための国家プログラムについて」という議会決議においても、若者の規範化とそれを促進するための法律に関する低年齢からの学校教育課程の設置の必要性についての言及が見られる。

『憲法アルファベット』の教科書の著者カリモワ（Каримова.О）も、この教科は青年犯罪が一般的に13歳頃から起きることを意識して、全体の構成が行われた、という点を指摘している[7]。実際にウズベキスタンの青年犯罪件数が諸外国に比べて極端に高い訳ではないが[8]、こうした意識はカリキュラム作成上、重要な位置を占めていた。世界的に見ても、子どもの規範化と犯罪の抑止、という文脈で法律の教育が導入されるケースがある。ウズベキスタンにおいても、法についての意識を根付かせることで、子どもの規範化を促し、同時に具体的な犯罪抑止効果をもたらすことが期待されている。

第4節　教科書の記述

先述のカリモワによれば、当初大統領令の発表を受けて21人の専門家からなるグループが編成され、教科内容についての検討が行われた。その際に重視されたのは、子どもの心理状態であり、遊んだり、ゲームをしながら学ぶような内容が目指された[9]。また、子どもが実際に遊ぶ姿から着想を得て、教科書の記述を行うとともに、ユネスコが掲げるような人間の価値を強調する教科書を作成するようにしたという。このような検討を経て作成された『憲法アルファベット』は、現在新学期にあたり初等普通学校の児童が購入する図書10冊程度の中の一冊となっている。

3年生の教科書には、「何がよくて、何が悪い？」という単元がある。ここでは最初に前年度の学習の振り返りが行われる。「読み物」の教科書の「美しい行い」という単元で、ことわざや詩を通じて人の振る舞いについて学んだこと、大統領が若者たちの将来に大きな期待を寄せていること、共和国憲法

第Ⅱ部　教育をめぐる諸問題　113

には、父母と子どもが担うべき基本的な義務が記されていることなどが述べられる。

　その後、父母が子どもに対して負う第一の義務として、ウズベキスタン共和国憲法第64条が、「覚えよう！」という指示とともに引用される。「両親はその成年まで、子どもを成育及び養育する義務を有する。国家及び社会は、孤児及び両親の後見を失った子どもの成育、養育及び教育を保障し、それに対する慈善活動を奨励する」。そしてそれに引き続き、子どもの父母に対する第一の義務として、「覚えよう！」という指示とともに、憲法第66条が引用される。「労働能力のある成年の子どもは、自己の両親を世話する義務を有する」。

　隣のページに移るとハサンという少年のエピソードが挿絵とともに述べられる。ハサン少年の母親は重い病気にかかっており、家事をすることができなかった。ハサンは10歳だったにも関わらず、母親を助けて全ての仕事をしていたが、そうした息子に対して、母親はとても感謝しており、自身の健康の問題があるものの、息子にはしっかりと勉強もしてほしいといつも願っていた、というものである。物語の後には、「問いと作業」が設けられており、「お父さんお母さんのお手伝いをしていますか？」、「ハサンのところにいたとしたら、あなたは何をしていましたか？」、「ハサンの家であったのと同じような体験を話し合ってみよう」というように、読み手の子どもたち同士で議論をすることが求められる。

　また他教科の単元とも関連しながら複合的に学習を進めることも求められる。例えば、この単元に関して言えば、「読み方」の教科書187頁「両親を尊敬すること」、189頁「お母さんを喜ばせることについて」、「母語」の教科書127頁「私たちの家族」、また25頁「オドブノマ」という道徳の教科書における祖母のエピソードと関連付けながら指導することが、教師用指導書において明記されている[10]。またこの憲法の教科書においては、他にも「ウズベキスタン共和国の公用語は、ウズベク語とする」、「ウズベキスタン共和国は、その領域内にいる大小の諸民族の言語、慣習および伝統に敬意をもって接し、これらの発展のための前提条件を整えることを保障する」と規定した憲法第

4条や、「市民は自然環境を大事にしなくてはならない」と定める憲法第50条のような条文が引用され、個別の単元において学習するように求められる。

また、ウズベキスタン共和国憲法の条文以外にも、「子どもの権利条約」が引用される、という特徴がある。同じ3年生の教科書においては、「法の概念」という単元では「暴力、搾取などから国家が児童を保護する義務」について定めた第19条、「人の体と健康保全」という単元では「児童労働への規制」を扱った32条が、また「法の概念」という単元においては「児童の身体の安全と自由」を扱った第37条が、それぞれ引用され学習が促される。

3年生という学年は、通常9－11歳の児童が在籍する学年であるが、こうした3つの「子どもの権利条約」の条文、そして10のウズベキスタン共和国憲法の条文が引用され学習を行うことが求めれるようになっている。

第5節　国内における「憲法」自体の位置づけ

最後にウズベキスタン国内において、そもそも「憲法」自体にどのような位置づけが与えられているのか、という点を見ていきたい。

1992年12月8日に制定された同国の憲法は「ウズベキスタン人民は……人間的で民主的な法治国家をつくることを課題とし、国内平和および民族的合意を確保するために、みずからの全権代表をとおしてこのウズベキスタン憲法を制定する」という前文から始まる。大筋で欧米諸国をモデルにした近代的な構造を取っており、統治制度として、国会、大統領、裁判所が相互の権力を抑制、均衡する三権分立制度を採用している。

一方で大統領の任期が憲法の規定を越えて延長される国民投票が95年3月に実施されるなど、超法規的な権力の行使によってしばしば憲法の改正が為される例が見られる。また、違憲の疑いがある法令等についての審議を行う憲法裁判所が、長期にわたって長官を欠き、定員を一度も満たしたことがなく、また1998年3月以降法令の憲法適合性審査の権限を一度も行使していない、といった理由から、同国においては「外見的立憲主義」が進行しているのみである、といった指摘もある[11]。

一方で、日常的な文脈において憲法は、「独立」や「民主主義」の実現のためのシンボルとして、公共の場や書物において表現されるケースも見られる。そういった際は「憲法こそが国家の基盤である」、「真の民主主義の実現は憲法の内容を具体化させてゆくことである」といった形で用いられる傾向にある。

これらは、社会主義体制後のウズベキスタンにおける未成熟な民主制、権威主義的な政治体制を批判的に検討する際に多く見られる論点でもある。ただ、これらの論点を考慮するとき、そこに一つの疑問が浮上してくる。それはウズベキスタン政府は果たして、憲法を「重視したい」のか、「重視したくない」のか、というものである。

本章においてはこの点を説明するための検証作業は十分ではないが、一つ言えることは、様々な軋轢や矛盾点を含みながら、それでも政府が憲法を主要な軸としながら、国家と国民を統合しようとする作業に非常に熱心に取り組んでいる、ということである。そしてそれは、成熟した市民社会を形成する積極的な行動主体の育成を目的として諸外国において実施されている憲法に関する教育、とは様相の違いを見せている。

ソ連邦からの独立を経て、どのような理念的基盤の下に国家、国民を形成するのかという課題は、全ての中央アジア諸国にとって等しく重要な問題であった。ウズベキスタンにおいても義務教育年数の変更や、高等教育の制度改革などの教育改革に始まり、イデオロギー的な試みを含む様々な取り組みが為されてきた。そしてそうした課題に対してこの国が見出した答えの一つは、憲法を機軸とした「国家」と「国民」の形成であった。

政府が描くような理想像、「理想とする国家」、「理想とする国民」が「憲法教育」を通じて成功裏に達成されるかどうかは未だ未知数である。しかし、全ての教育段階における集中的な「憲法教育」という、世界的にも例を見ない試みが教育学分野にとどまらず、今後様々な分野に対して重要な示唆を与えていくことは間違いない。

タシケント市第304番ショディヨナ幼稚園・入り口のポスター「私は赤ちゃん、権利を持っている。成長すること、遊び、友達を持つこと、健康であり愛されること……」同幼稚園も権利についての教育を行っている。(2008年10月)

第Ⅱ部　教育をめぐる諸問題　117

　　Hasanning onasi og'ir kasal bo'lib, uy yumushlarini qilishga holi kelmay qoldi. Hasan endigina 10 yoshligiga qaramasdan hamma ishlarni o'z qo'liga oldi. Adasi ishdan kelguncha ovqat qilib, ukasiga qarab, darslarini ham tayyorlashga ulgurardi. Onasi o'g'lidan juda minnatdor edi. «Ilohim sog' bo'lgin, o'qishlaring a'lo bo'lsin» deb har doim duo qilar edi.

Savol va topshiriqlar.

- Siz ota-onangizga yordam berasizmi?
- Hasanning o'rnida bo'lsangiz nima qilar edingiz?

Hasanning oilasidagiga o'xshash biror voqeani gapirib bering.

15

『憲法アルファベット３年』の教科書より。「ハサン少年」のエピソードの部分。

注

1 帯谷知可(2003)「最近のウズベキスタンにおける国史編纂をめぐって―『民族独立理念』のもとでの『ウズベク民族の国家史』―」、『東欧・中央ユーラシアの近代とネイション(Ⅱ)』(研究報告シリーズ No.89)、北海道大学スラブ研究センター、36頁。

2 Silova, Iveta. Johnson, Mark S. Heyneman, Stephen P.(2007), Education and the Crisis of Social Cohesion in Azerbaijan and Central-Asia, Comparative Educational Review. p.161.

3 http://www.minjust.uz/ru/gcontent.scm?groupId=20370&sectionId=20243&contentId=24432

4 ウズベキスタン共和国国民教育省-共和国教育センター(2007)『就学前教育、普通中等教育段階におけるウズベキスタン共和国憲法学習の必須規則、学習課程、方法論指導集、教授法関連要綱及び規則』、タシケント、7-10頁(ウズベク語)。

5 ウズベキスタン共和国国民教育省-共和国教育センター(2004)『国家と法の基礎科目に関する新編国家教育スタンダード、学習規則及び授業計画要領』、タシケント、10-20頁(ウズベク語)。

6 研究課題番号20402059、平成20〜22年度、科学研究費補助金、基盤研究(B)海外学術調査(2009)『ポストソ連時代における中央アジア諸国の教育戦略に関する総合的比較研究 平成20年度中間報告書』、筑波大学、48頁。以下『中間報告書』と略記。

7 同上、47頁。

8 ユニセフの報告書によれば、人口10万人あたりの青年犯罪件数は、1990年の324件から2006年の102件へと減少しており、これは例えば、同2006年のポーランド3677件、セルビア867件、カザフスタン728件、アルメニア198件よりも少ない数となっている(UNICEF Trans MONEE Database 2008)。

9 前掲『中間報告書』、47頁。

10 カリモワ, O. A. ダヴレトワ, M.(2009)『法教授方法論』、ウズベキスタン共和国高等中等専門教育省-ニゾミイ記念タシケント国立教育大学、タシケント、41頁(ウズベク語)。

11 杉浦一孝(2008)「ウズベキスタン共和国憲法裁判所と立憲主義」、『法政論集』224号、195-196頁。

コラム　教科書は高い？安い？

　ウズベキスタンの学校教育においても教科書は重要な役割をはたしているが、実際にこれらの値段は現地ではどのくらいなのだろうか。

　ウズベキスタン政府の定める公式レートによれば、通貨の「スム」は2011年6月時点で、1円≒21スムである。本文に登場した『憲法アルファベット』の販売価格は、A4サイズの2、3年生用の教科書がそれぞれ840スム（≒40円）、B5よりやや小さいサイズ4年生用が600スム（≒29円）となっている。他の教科書の値段も、おおよそ1冊30円から55円程度である。新学年が始まるにあたって、生徒はこのような教科書を10冊程度用意する必要があるが、初等普通学校1年生については「大統領からのプレゼント」という形で、教科書が無償貸与されている。また2年生以降の学年についても近年では有償貸与の制度が設けられており、購入か貸与かを各家庭の状況に合わせて選択することができる。また共和国教育センターによればアジア開発銀行の援助の下、貧困家庭に対しては教科書の無償貸与も行われている。

　現地の物価に目を向けてみたい。2011年4月から首都のバスと地下鉄の料金が一律一回600スム（≒29円）へと値上げされた。同じく2011年6月の時点で、食パン一斤が約19円、コーラ500mlが約62円、卵10個が約135円、牛肉100gが約70円であった。ただしインフレ率が高く、2010年のインフレ率は公式には15％となっているが、独立機関による2008年度の統計によれば38％にも達しており、市民にとってはこのような物価の上昇が常に悩みの種となっている。

　給料について見てみたい。国民一人当たりのGDPは2010年で推定3100ドルで、一ヶ月に換算すると260ドル程度である。タシケント市内の大学関係者によれば、現在彼の大学の新任教員の給料は月200ドル、中堅教員が300ドル、学部長が500ドル程度とのことであった。

　また国民全体の平均年齢が25.7歳、14歳以下の人口が国民の25％を占めているウズベキスタンにおいては、子どもの数が非常に多い。そのため両親が扶養する子どもの数も3人以上であることが多い。これを考えると教科書の値段は決して安いものではない。国民教育省によれば、現在98％余りの家庭が有償・無償貸与の制度を利用しており、教科書にかかる出費はかなり軽減されているが、それでも新学期の負担はかなりのものになる。

　日本では教科書費用は全て税金で支払われており、保護者が直接負担することはない。一方ソ連時代は教科書は無償貸与が基本とされていた。そのように考えると、ある程度の金額を保護者が負担している現在のウズベキスタンの方が、家計にかかるプレッシャーが大きいのかもしれない。

（木之下　健一）

言語問題1

第5章 「ロシア語化」「カザフ語化」政策 対 多言語主義——カザフスタン

スレイメノワ　エレオノラ

はじめに

　国内での言語の統一を目的とした「ロシア語化」とか「カザフ語化」などの政策は、ベラルーシ語化、ウクライナ語化、ポーランド語化、ウズベク語化、タジク語化、ラトビア語化といった一連の政策と共通の諸特徴を有している。各国が言語の統一のために、政治、教育、社会、経済そして言語自体の諸制度を活用することは、国家として当然の行為と見なされてきた。しかし、ロシア語化(ロシア化)とかカザフ語化(カザフ化)というタームは、それらがさまざまな社会的、政治的な文脈で使用されたため、今ではいろいろ否定的ニュアンスをもつに至った。

　ただ、少なくとも本稿でのロシア語化とカザフ語化の分析においては、いかなる価値評価もできるだけ避け、公平なアプローチをしたいと思う。本章では、同じカザフスタン(より正確には、ソ連時代と現在の2つのカザフスタン)の2～3世代にわたる期間について、ロシア語化とカザフ語化という反対方向の言語統一の政策を合わせて検討するが、そのことはむしろ公平性を保つ助けになるだろう。

　「ロシア語化」とは、革命前のロシア、ソ連、そして現代のロシアにおける、明示的でない(公式的に表明されていない—訳注)言語政策のひとつである。その主要な目的は、多言語社会における言語の統一である。具体的には次のことを意味する。

　①どこか他の領土(固有ではない土地も含む)における、ロシア語の普及(例えば、フィンランドやキルギスのロシア語化など)を目的とした諸方策を実現するプロセス。

②このようなプロセスがもたらす結果(つまりロシア語以外の言語のロシア語への接近——文字、語彙・意味、分法において)。

「カザフ語化」とは、現在のカザフスタンにおける明示的でない言語政策のひとつである。その主要な目的は、多言語社会における言語の統一である。具体的には次のことを意味する。

①固有領土におけるカザフ語の発展と普及、政権内において国家語の地位にふさわしい影響力を強めること。

②そのようなプロセスの結果(カザフ語以外の言語のカザフ語への接近——文字、語彙・意味、分法において)。

カザフスタンでは過去には「ロシア語化」が、そして今は「カザフ語化」が推進されているが、それは多言語の住民を政治的に統合し結集させて、それを一つの市民にまとめるという複雑な状況の下で行われてきた。このような過程は自ずと諸言語間の相互関係の変化をもたらす。そして各々の言語は、政治的あるいは事実上支配的な地位にある言語に対して、自己の立場を強化し、しかるべき国家保証を得ようとする。一方国家の側としても、諸言語の発展に対しては、政治的な制限以外の障害が生じることを考慮すると、なし得ることは次の二つの何れかである。すなわち、①多言語主義(多文化主義)政策という形で、諸言語に対して本気で体系的なサポートを行う。②多言語主義は単なる宣言に止めて、諸言語の発展に対しては必要な努力はしない。

過去のソ連においても現在のカザフスタンにおいても、その言語政策においては、単に「言語の統一」を図るのみならず、「多言語の共存」を認め、そこに生じる深刻な諸問題を解決することを目的としてきた。残念ながら本稿では、ソ連とカザフスタンの両国が、言語の統一と多言語主義の間のバランスをとるために行ってきたことに関し、そのすべての側面を検討することはできない。そこで、ここでは主たる関心を、多言語国家カザフスタンにおける言語の統一(ロシア語化およびカザフ語化)のイデオロギーとその実施プロセスにより多く向ける。「カザフ語のロシア語化」および「ロシア語のカザフ語化」の結果については、部分的にしか取り上げない。

第1節　多言語国家カザフスタンの言語統一としてのロシア語化

　本節では、ソ連時代のロシア語化のイデオロギーのいくつかの一般的な側面について述べる[1]。ソ連の国家建設の過程において特別の役割を果たしたのは、周知のとおり、ロシア語であったが、しかしソ連におけるロシア語化は明示的なものではなかった。すなわち、ロシア語を公用語あるいは国家語と定める法律は存在しなかった。しかしながら、単一言語化は、より正確に言えばロシア語化のことであり、隠されたイデオロギーにもとづいたロシア語化は、その法律はなくてもソ連憲法、ソ連共産党綱領、政府の諸決定や学術出版などには公然と表れていた。

　スラブ系住民（主にロシア人）のカザフスタンへの大量移住によって、ロシア語のコミュニケーション環境は計画的に拡大された。そして、このことによってロシア語化が、カザフスタンにおける言語の統一として、大いに促進された[2]。カザフスタンへのこのような移住の規模とその結果は前代未聞のものであった。これらの移住に加えて、抑圧された「裏切り民族」や「疑わしい民族」の悲劇的な強制移住、戦前、戦時中の強制疎開、カラガンダ、ステップ、ドリンカの矯正労働収容所（祖国の裏切り者の妻たちのアクモリンスクの収容所）、200万人以上の処女地開拓者の流入、コムソモール突撃建設工事、工業化のためのソ連各地からの専門家や労働者の組織的募集制度、などがあった。カザフスタンを強力な農業・工業国家にするという理念により、スラブ系住民を中心とする小都市や村落が現れ、すでに1966年にはカザフ人は自国にありながら民族的少数派に転じていた。そのため、ロシア語の能力は生活上不可欠となり、こうしてロシア語はカザフスタンにおいても多数派の言語となったのである。

　ロシア語化のイデオロギーは、次の6つのテーゼにまとめることができる。これらは、以前は広く知られていたのだが、現在は多少修正されている。もちろん、これらのテーゼがロシア語化のイデオロギーの内容と特徴を完全に言い尽くすものではないし、それどころか、このような叙述は、ロシア語化政策をいくらか図式的かつ厳しいトーンで表すことになるかも知れない。

■ すべての民族と言語の同権

　すべての民族と言語の同権というテーゼは、昔も今も魅力的に響く。しかしロシア語化政策のイデオロギー的基盤は、ロシア語の優位性という考えである。これも常に明示的に示されたわけではないが、確実に実行されたことである。国家ドクトリンは時が経つにつれ次第に、次のような理念を基礎とするようになった。「長兄（ロシア民族－訳注）から少数民族（ナツメン）に至る諸民族のヒエラルキー」「連邦共和国の星座における一等星はロシア・ソビエト連邦社会主義共和国であり、同輩中の第一人者はロシア民族である。」（プラウダ、1935年2月1日、巻頭論文）　他言語に対するこのような態度は、チュルク系諸語の発達水準やその歴史的・文化的価値の評価を暗に低めることになった。「ソ連時代には……不適切な公理に基づいていた。すなわち、古代チュルク語のアルファベットは存在してはいるが、カザフ、ウズベク、キルギスの諸民族はそれとは何の関係ももたない、と。このような不適切な考えが広められたのは驚くべきことではない。なぜならば、古くからの歴史とそれに劣らず古くからの文字を有する発達したチュルク諸語の存在は、ロシア語の優位という理念と矛盾するからである。」（ハサナエフ、1997年、4頁）　チュルク語の高い水準はまた、支配的言語としてのロシア語の正統性の主張にも矛盾することになる。このように、すべての民族と言語の同権というテーゼは、はなはだイデオロギー的性格をもち、その後のソ連の言語政策によって、その信用は大きく傷つけられた。諸言語の同権という理念は、その人気の高さにもかかわらず、現実においては不可避的に、特定の言語に特権的地位を与え、さらにその言語が公用語、国家語、標準語、民族語、政治言語、あるいは支配的言語としてますます制度化されることになるのである[3]。

　その上、今日では、諸言語の同権というのは実際にはあり得ない。E・ホブスボームの意見によれば、諸言語はいまやまったく新しい諸条件の下で、その生き残りをかけ、また競争に勝ち抜かねばならないのだ。すなわち、情報入手と伝達の速度、方法、形態、チャンネルが劇的に変化し、国際語の（第一に英語の）普及がより精力的かつ無遠慮に行われるようになっている。だから、今は諸言語の平等について語るより、むしろ、コミュニケーションの必

要性および実用上の必要性に応じて諸言語が互いに補完しあうその能力について語るべきかもしれない。（ホブズボーム、2005年、33 - 34頁）

■「諸民族の繁栄と接近」

「諸民族の繁栄と接近」についてのマルクス主義のテーゼは、次のように表現された。「大規模な共産主義建設は、ソ連における民族関係の発展が新たな段階に達したことを意味する。そしてその特徴は、諸民族のより一層の接近と彼らの完全な統一の達成である……ソ連国内の各共和国間の国境は、その意味をますます失いつつある。」「ロシア語は事実上、ソ連の全ての民族の交流と協力の共通語となった。」（共産党綱領、1961年、20、22頁）

巨大な多言語国家における全住民の効果的支配と統制は、単一民族、単一言語、単一文字の国家においてのみ実現が可能だ。ゆえに、諸民族が接近して統一を達成し、国境をもたず共通言語をもつということは、それは本質的には、脱民族化とロシア語への完全移行への道である。ソ連国家の建設過程において、政治的、イデオロギー的な課題の優先順位は常に変わっていった。すなわち、あるときは汎イスラム主義の脅威を未然に防ぎ、あるときは強力な汎トルコ主義の気分を克服し、あるときはアラブやトルコの影響が広がるのを阻止し、またあるときはさまざまな分離主義運動に対して統合への志向を対置した……。優先順位の交替は、例えば、幾度となくあった文字改革にも反映された。すなわち、カザフ人はすべてのチュルク系民族と同じく、ルーン（オルホン - エニセイ）文字を受け継いだが、アラブ－イスラムの影響を受けて、バイトゥルシノフ, A. がカザフ語の母音に合わせたアラビア文字を使うようになった。また、ソビエト政権の行政的な、また党による強力な圧力で、カザフ人は2度にわたって文字を変えなければならなかった。ラテン文字への移行、そのすぐ後にまたキリル文字への移行である。このような文字改革の後遺症は、国民全体としても、また個々人にとっても現在に至るまで残っている。過去のアラビア文字とラテン文字による文化的遺産は失われ、それは今日に至るまで復興していない[4]。こうしてカザフスタンのカザフ人と国外の離散カザフ人は、文字の上で分断されてしまった。帰還カザフ人に

とって、いわゆる「文字ショック」は今でも珍しいことではない。

■「第2母語」としてのロシア語

「第2母語」としてのロシア語についてのテーゼ、あるいは、「2つの母語」についてのテーゼは、直接的に前項のテーゼと関係している。ソ連国民は「第2母語」としてのロシア語を身につけなければならず、「ソ連の言語学者は、共産主義建設の主要課題にもとづいて、次の研究に特別の注意を払うべきである……つまり、現代ソ連における諸民族の言語の相互関係がもつ法則性の研究である。この法則性は、標準語の急速な発達とその語彙の拡大とか、文字をもたない民族における自発的な文字選択プロセスの展開といったことを特徴としている。」(編集者のことば 1962 年、3 - 10 頁) ロシア語化政策の結果、母語から「第2母語」への「自発的」変更は、文字をもたない民族のみならず、豊かな民族的・文化的な文字の伝統をもった多くの民族にも起こったことである。残念ながら、その中にはカザフ人もしっかりと含まれていた。

「教育制度」は、ロシア語化および「第2母語」としてのロシア語の普及のための主要な道具のひとつとなった。すなわち、①ロシア語の標準課程が統一され、教科書、辞書、視覚教材はモスクワと共和国の首都で作成された。②ロシア語の教授法センターが集約化、大規模化され、民族学校でのロシア語教授法に関する学位論文、研究書や教科書が出された。③幾度にもわたる教育改革の結果、ロシア語はすべてのタイプの教育機関(そこには就学前児童教育施設も含まれる)において必修科目となった。④ 1958 - 1959 年の教育改革によって、親に自分の子どもの教授言語の選択権が与えられた。(言語選択の動機は極めて単純だった。ロシア語だけが人生の成功を保証することができたからだ。) すると、民族学校の数は一気に減少した(ソ連時代のカザフスタンの首都アルマアタでは 1989 年代中ごろまで第 12 番カザフ中等学校ただ一校しかなかった)。⑤「初等学校－中等学校－大学」の一貫教育は、長い間、ロシア語でしか存在していなかった(1980 年代末まではカザフ語で大学の技術教育を受けることはできなかった)。

■ ソ連諸民族の共通語彙の形成

　ソ連諸民族の共通語彙を意識的に形成することが必要だというテーゼは、各民族を諸民族共通(ソ連)の文化に接近(収斂)させるという動機の下に計画的に実施され、そのプロセスは厳しく統制されていた。共通語彙の基礎を形成したのは、ギリシャ-ラテン語、アラビア語、イタリア語、ロシア語起源の語彙だった。その中には、ソ連のイデオロギーや現実を反映する次のような語彙もある——ソビエト、村ソビエト、コルホーズ、ソフホーズ、党、社会主義、共産主義、国民経済会議、地区委員会、地区執行委員会、その他。また、主として文化的、日常的事物を示すソ連諸民族言語の単語も多少ある。例えば、バザール、アクサカル(長老)、カザン(プロフ用鍋)、ベシュバルマク(カザフ料理名)、クムィス(馬乳酒)、ブラン(草原の大吹雪)など。

　諸民族語共通の語彙を形成するにあたっては、ロシア語が事実上その唯一の媒介役となった。他言語からの借用語の作り方は管理され、それらの発音や表記を決めるにあたり拠り所になったのはロシア語だけだった。このような借用語の一元化(すなわち、共通語彙の形成)によって、ロシア語が無制限に影響力を持つに至った。そしてロシア語からの借用語あるいはロシア語を介した外来語の大きな潮流は、カザフ語に同じ意味の対応語がある場合でさえも、止まることがなかった。

■ ロシア語と諸民族語間の役割分担

　ロシア語と諸民族語間の役割分担に関するテーゼ。すべての言語は同権だと宣言されたが、それぞれの言語に同じだけの社会的役割が与えられたわけではなかった。ソ連諸民族にとって、ロシア語は民族間の交流の手段であるばかりでなく、連邦、共和国、州、地区レベルにおける国家、経済、治安、軍事、社会政治の各活動やとりわけ共産党の活動、学術活動(例えば、学位論文や資格審査書類はロシア語で書かれなければならなかった)、党大会、会議、集会や協議会などで使用された。とはいえ、個々の講演、アピール、司法手続きなどは民族語で行うこともできた。しかし、諸民族語の主な役割は、母語文化の分野(文学、口承文学、演劇、ラジオ、テレビ、新聞、雑誌)と日常生活で

の交流などに集中していた。(編集者のことば　1962年、3－10頁)。

　ロシア語と民族語の間の役割分担がいっそう進んだ。そして、ソ連邦崩壊後、独立国家が形成された時点では、多くの民族語は、国を象徴する役割は保持しつつも、国家語としての高い地位を獲得したため、新たに様々な実質的機能を果たさなくてはならなくなった。しかし、母語でのコミュニケーション能力を失った人たちは、すぐには国家語となった母語で職務を果たす準備ができていなかった。

■ 民族語とロシア語間の調和と対等

　調和的かつ対等な「民族語・ロシア語」(民族語を母語とする者がロシア語も習得－訳注)と「ロシア語・民族語」(ロシア語を母語とする者が民族語も習得－訳注)のバイリンガルに関するテーゼが支持されたが、それは、全住民にバイリンガルを最大限に普及させる必要性があったからである。二種類のバイリンガルの対等性に関して言えば、上述したロシア語化政策と関連して、実際には、「カザフ語・ロシア語」のバイリンガルは大いに普及したが、「ロシア語・カザフ語」のバイリンガルは共通のコミュニケーション環境において普及しなかった。

　上述したソ連の言語政策は、それらの内容(諸言語の同権－訳注)とロシア語化の間の根本的矛盾を永続化した。一方では、ロシア化の成功による類い稀なるロシア語の普及がある。それは住民を動員し、ソ連的アイデンティティを強化する重要な手段でもあった。このことは言語的な観点から見ると、調和的な社会が建設されたことを意味した。しかし他方において、他の諸言語を犠牲にした社会の言語的統一は、宣言されたソ連の民族言語政策の諸規定に矛盾していた。これらの矛盾を劇的な形で完全に明るみに出したのが、CIS諸国の独立であった。また、ロシア語化のためにソ連のイデオロギーとプロパガンダ機構が強力に作動し、ソ連政権のあらゆる行政手段が最も効果的に利用されたことについても、特筆しておく必要がある。大国ソ連の全地域を統合するための道具として利用された言語的、文化的な統一は――それは、ロシア語の普及による急速な工業化、管理の中央集権化、コミュニケー

ションの単純化などをもたらしたのだが——言語政策がいかに大きな効果を示すか、その説得力のある事例と見なすことができる。

第2節　現代の多言語国家カザフスタンにおける言語統一としての「カザフ語化」

　カザフスタンにおける言語の「地位計画」(国家語としてのカザフ語の地位を強化する政策－訳注)は、主要なコミュニケーション環境におけるカザフ語の機能をコントロールする、最初の明示的かつ強力な道具である。それによって国家は、国家語に関する法令が遵守されているか、また言語使用の状況が国家語としてのカザフ語の地位に相応しいかどうかをコントロールする。ここでは、次の2点が重要である。

　第一に、今日においては、グローバル化や新情報技術(インターネット、衛星テレビ、様々な形態のモバイル通信、国際ビジネス、国際科学、国際教育など)によって生み出された新しいコミュニケーションの手段がますます普及しているということ。そしてこれらの手段は、国家や言語の境界線を越えて世界の諸言語に関わり、ある国の「地位計画」などのコントロールに従うことはないということである。第二に、カザフスタンの言語計画に関する決定事項が実施されるのは、それに対する国家統制の実施も同じであるが、諸法令の承認よりも通常は大幅に遅れるということである。

　いずれにせよ、「カザフ語化」の様々な手段や方策を、以下のように幾つかに分類することは十分可能である。

■ 多言語政策下の「カザフ語化」

　第1の方策は、多言語政策を進めている国にとって以前からの馴染みのものである。それには、以下のようなものがある。国家行政や事務活動(電子文書統一システムを含む)におけるカザフ語の使用状況の監視、カザフ語とロシア語の放送時間の均衡に関する規定、すべての大きな機関におけるカザフ語特別部の設置と翻訳者の配置、カザフ語による教育インフラの総合整備(就学前教育、初等・中等教育、学士課程、修士課程、博士課程)、全タイプの教育機

関におけるカザフ語学習時間の増加、各教育機関のカリキュラムの統一、レベル別授業および義務制のカザフ語能力証明(KAZTEST)の導入、各レベルの学習者に向けた字典や教科書およびパソコン教材などの大量出版、インターネット情報ソースや遠隔教育の充実化、カザフ語能力コンクールやフェスティバルの開催、その他。

■ 行政区画再編と地域的特性に合った言語政策

　従来にはない第2の方策もある。つまりカザフスタンの行政区画再編と地域的特性に合わせた言語政策に関するものである。1997年に、国の首都はアルマティからアスタナに移転された。同時にジェズカズガン州、コクシェタウ州、セミパラチンスク州、タルディコルガン州、トゥルガイ州が廃され、それぞれの州庁所在地もそのステータスを失った(後にコクシェタウ市とトルドゥコルガン市のみが再び州庁所在地となった)。また、州内の地域も「地区」に再編された。行政地域改革は、統一国家としての領土保全の強化と分離主義感情(ロシア人の多い北部地域における－訳注)の克服に大きく寄与しただけではない。スラブ系住民が多数を占めていた地域へのカザフ人の移住策は、民族・人口的なアンバランスの是正にも貢献した。さらに、主として農業に従事していたカザフ南部の住民を北部の工業生産へ再配分させることにも寄与した。これらの民族移転により、各地域の民族構成は大きく変容し、例えば、1970年にカザフ人の割合が12.7％、ロシア人の割合が57.4％を占めていたアスタナでは、2009年には、それぞれ69.4％と19.9％と逆転した。

■ 国家共通言語としてのカザフ語の精通要求

　もう一つの第3の方策であるが、これは社会のなかで両極の評価を受けている。それは、カザフ語を自由に使いこなすことへの要求で、これはすべてのカザフスタン国民に等しく求められている。つまり大統領(憲法第41条)、両院の議長(同第58条)、そしてすべての一般公務員、役付き公務員、高官などで、その職種は220に及ぶ。(共和国法「資格に応じた国家語能力が求められる職種について」)しかし現実には、職務遂行に必要なカザフ語能力をもたない

人物でも、カザフスタンの最上位の高官になれるというのが現実である。その中には、非カザフ人のみならず、高水準のロシア語や英語を操るカザフ人もいる。他方一部の国民は、このようなカザフ語能力に関する要求を、カザフ人の割合が統治機関で異常に大きくなっていることやロシア人がそこから排除されていることに対する、弁明のための方策と見ている。

■ カザフ人の大量呼び戻し政策

　第4の方策は、言語の統一という観点から見て、それが及ぼす影響の規模や結果の大きさにおいて特筆に値する。現行の国家計画により、中国、モンゴル、トルコ、イラン、ロシア、ウズベキスタン、トルクメニスタン、キルギスやその他の国から帰還カザフ人(オラルマン)が流入している。彼らの言語面での適応や社会への参入は、とくに都市部やスラブ系住民の多い地域において、困難な状況にある。そのため国家は、移住や住居の取得にかかる費用を補助し、教育機関や大学予科へ入るための優先権や奨学金を与え、就職支援や医療保障その他の面での支援を行っている。カザフスタンにおいては、カザフ人の絶対数およびその割合は増加しているが、今日ではその増加に対して帰還カザフ人の占める率は24.9％と推測されている。その総数は100万人に近づき、(とくに都市部において)様々なコミュニケーション分野の「カザフ語化」に大きな影響を与えている(オビケン　2005年)。とはいえ、「カザフ語化」は、CIS各国の同様のプロセスに比べると、まださほど顕著に表れているわけではない。

　在外カザフ人の大量呼び戻し政策は、カザフスタン北部の行政区画の再編や首都移転などと共に、カザフスタン国内の民族・人口戦略に「スムーズに組込まれた」。その結果カザフスタンは、カザフ人が優位となりロシア人が減少する国となった。カザフ文化が根を下ろしている分野としては、従来の伝統的な分野(文学、社会政治評論、民芸その他)に加え、実務分野やサービス業もしっかりと地歩を築いた。カザフ語人口の増加という面でも、教育に占めるカザフ語の割合という面でも(高等教育においては初めて5割を超えた)、カザフ語への決定的なシフトが見られる。

新たな現実が生まれており、それはカザフ人の政治的優位とかカザフ化の進展という面に現れている。この「新しい現実」は執拗な抵抗を受けているが、この抵抗は「つい最近までの時代(ソ連時代)の多くの特徴」の痕跡とされている(アルパトフ 2005年)。実際にソ連時代の「ロシア語化」とその結果は今日も影響力を持ち続けており、カザフスタンと一部のCIS諸国におけるロシア語の役割は、その影響力の大きさにおいて「核抑止力のレベル」と評価されることがある。(アザッティック 2010年)

まさにこうした状況において、カザフスタンでは新しい言語政策が実施されているのである。この政策は、戦略的優先順位やその目標と課題、およびそれらの法的根拠を明らかにしている。この政策において、民族・言語関係という最もデリケートな分野において国家規制を行うための、また3つの戦略的方向性をもつ言語計画を実施するための、具体的な法規定が明らかにされている。3つの戦略的方向性とは、国家語としてのカザフ語の社会・コミュニケーション機能の拡大と強化、ロシア語の一般文化的機能の維持、カザフ語やロシア語以外の諸民族言語の発展である。カザフスタンにおけるこれらの諸法令の内容はすべて、言語的多様性の保護とカザフ語を国家語とすること(その必然的結果としてのカザフ語化)の間の根本ジレンマの解決に向けられている。

一方においては、このジレンマは「社会・文化面での多言語政策」によって解決できる。すなわち、すべての言語とそれを母語とする人たちの言語的権利を保護し、「(学校、マスコミ、市民組織などの)諸制度を各民族語で並列してつくり、社会的に同権を与える」ことを認め、教育とマスコミにおけるバイリンガルよびマルチリンガルを奨励する(ケーニッヒ 2003年、16頁)。今日のカザフスタンは、多文化主義イデオロギーの実行に努め、多言語主義を支持している国の良き例と言えるだろう[5]。

他方では、カザフスタンにおいては、国家形成を行っている他の国と同様、単一言語化(カザフ語化)が実施されている。統一言語は、国民的かつ市民的な統合の手段であり、一つの国家を他の国家から区別するための象徴でもあ

る。それゆえ、国にとっては、カザフ語に特別な地位と全権を与えて、その言語を他の多数の言語から区別する必要があったのである。今日の言語政策は、国家アイデンティティの確立にあたってのカザフ語の象徴的役割を強めるだけでなく、カザフスタンにおけるすべての民族グループ、年齢層、社会層の言語行動を根本的に変えることも目指している。

むすび

カザフスタン共和国のどの法的文書も、イデオロギーまたは言語政策の方針としての「カザフ語化」については触れていない。これはソ連およびソ連時代のカザフスタンで「ロシア語化」について触れられていなかったのと同じである。

① ロシア語化政策とまったく同様、カザフ語化も単一言語主義(この場合は「カザフ語主義」)の理想およびイデオロギーによって支配され、その最終目的は多言語社会における言語の統一である。この統一は、当然のことながら限界を持っており、完全なものにはなり得ない。

② 以前のロシア語化とまったく同様、カザフ語化はカザフ人およびロシア人の民族エリートの利害の衝突を招いている。

③ ソ連時代のロシア語化とまったく同様、現在のカザフスタンにおけるカザフ語化も、住民の総動員の強力な手段および政治統合の道具となっている。

④ ロシア的アイデンティティの象徴および手段であるロシア語がソ連的(集団的、国民的、国家的)アイデンティティの形成に使われたとまったく同様、カザフ人の民族アイデンティティの象徴および手段であるカザフ語もカザフ的(国民的、国家的)アイデンティティの欲求を満たすために使われている。

⑤ 以前のロシア語化とまったく同様、今日のカザフ語化も、国家の行政区画の再編およびここ20年の急激な民族構成の変動に大きく支えられてきた。

⑥ ソ連時代のロシア語化が、諸民族との妥協をはかるために民族文化擁護の政策を進めたのとまったく同様、カザフ語化もバランスをとるために、多文化主義および多言語主義の文化を利用している。

最後に言えることは、第一に、言語の統一化としての「ロシア語化」と「カザフ語化」の共通点は、上述したもの以外にも数多く存在するということである。第二に、現在のカザフスタンの言語政策は、そのバランス性を特徴としているということだ。そしてこのバランスは、カザフ語化と多言語主義(ロシア語を含む全ての言語のサポート)との間の緊張関係のなかで模索されているのである。

注
1 ベリコフ、2001 年、「19 世紀後半におけるロシア国家の言語政策の基本的方向としてのロシア語化」ならびに「ソビエト国家の民族的、言語的政策」 347–405 頁参照。
2 大量移住はしばしば次のように説明された。「諸民族の接近にとって大きな意味をもっていたのは、移住政策である。ソ連における移住は、他の資本主義諸国のそれと質的に異なる性格を有している。資本主義国では普通、それは階級的、民族的抑圧と結びついている。これに対してソ連における移住政策は、より合理的な生産力の配置、過疎地における天然資源の大規模開拓を目的とした、国内における労働力の重要な再分配である……」(イサエフ 1978 年) ロシア語の必要性に関する説明を、時間を経て読むのも興味深い。「ロシア語は……一度も上から命令の形で強制されたことはなく、諸民族共存の客観的必要性から民族間交流の言葉となったのだ……この客観的必要性は、他の諸民族の中でロシア人が大きな役割を果たしていたこと……ロシア人が国内各地に移住したことなどによって説明できる。」(ベレジン 1997 年)
3 CIS 諸国における諸言語の同権についての意見参照。「すべての言語の同権という主張は、しばしば、具体的な民族グループ、例えば、旧ソ連圏諸国おけるロシア住民の利害を差別し、制限する建前として利用されている。(セレブリャコフ 2004 年)
4 「ソビエト国家の見地からすれば、ラテン文字への移行の重要な目的は、イスラム諸民族がコーランを読めないようにすることだった。古くから文字の伝統が存在していたところでは、世俗的文化の継承も大きく損なわれている。」(ベリ

コフ　2001 年　386 頁)
5　国内における言語的多様性の公的支援の好例として挙げられるのが、1995 年に設立されたカザフスタン国民会議であり、これは国家機関、民族文化団体その他の社会団体の代表が集まる大統領付属の諮問機関である。今日、国家の資金援助で活動しているのは、820 の民族文化的団体と、民族復興センター・日曜学校、30 の母語・母文化を学習する総合施設やサークルなどである。2010/11 学年度において、普通教育学校 7516 校のうち、ロシア語教授学校が 1524 校、ウズベク語学校が 58 校、ウイグル語学校が 14 校、タジク語学校が 2 校、そして 2097 校が混合学校である。また、就学前教育施設 2261 のうち、ロシア語施設が 272、他の言語の施設が 3、2 言語施設が 808 である。108 校では 22 民族の言語が自立した教科として教えられ、カザフスタンの劇場 50 のうち、混合 9、ロシア語 15、ハングル 1、ドイツ語 1、ウズベク語 1、ウイグル語 1 である。マスコミは 13 言語で報道しており、2500 の全国のマスコミのうちカザフ語で出版・放送しているのが 469、ロシア語が 856、カザフ語とロシア語が 879、民族グループの言語で出版している新聞・雑誌は 28 である。

参考文献(すべてロシア語)

アザッティック http://ruz.azattyq.org/content/ukraine_moscow_language/1962920.html
アルパトフ, V. M.「現代ロシアの地方における言語状況」http://www.strana-oz.ru/
アシニン, F. D.、アルパトフ, V. M.、ナシロフ, D. M.『弾圧されたトルコ学』、モスクワ、2002 年
ベリコフ, V. I.、クルィシン, L. P.『社会言語学』、モスクワ、2001 年
ベレジン, F. M.「ポストソ連ロシアにおけるロシア語の位置と役割」 http://miresperanto.narod.ru/batalo/berezin.htm
イサエフ, M. I.「ソ連諸民族の諸言語について」、1978 年　http://genling.ru/books/item/f00/s00/z0000003/st009.shtml
ケーニッヒ, M.『文化的多様性および言語政策 // 現代社会における民族言語的諸問題の解決』、サンクトペテルブルク、2003 年
オビケン, D.「ポストソ連カザフスタンにおける『カザフ語化』および言語政策」、2005 年　http://www.espi.ru/Content/Conferences/Papers2004/donaka.pdf
　『言語学の諸問題』No.1、1962 年、編集者のことば
　プラウダ、冒頭論文、モスクワ、1935 年 2 月 1 日
「ソ連共産党綱領」、1961 年
セレブリャコフ, I.「グローバル化と言語政策」、2004 年　http://www.russian.kiev.ua/archives/2004/0409/040928ep01.shtml

スレイメノワ, E. D.(編)『カザフスタンにおける言語政策(1921-1990年)』、文書集、アルマティ、1997年

スレイメノワ, E. D.「カザフスタンにおける言語政策と言語状況の進展」、Russian Language Journal –2009年 Volume 59

ハサナエフ, M. J.「はじめに」、スレイメノワ, E. D. (編)『カザフスタンにおける言語政策(1921－1990年)』、文書集、アルマティ、1997年

ホブスボーム, E.「すべての言語は均等か―言語、文化とナショナル・アイデンティティ」『ロゴス』No.4(49)、モスクワ、2005年【原著：Eric Hobsbawm. Are All Tongues Equal? Language, culture, and national identity // Living as Equals /. Ed. by Paul Barker. Oxford: Oxford UP, 1997.】

言語問題2

第6章 少数民族の母語教育保障のパラドックス
―― カザフスタン

タスタンベコワ　クアニシ

はじめに

　カザフスタンでは現在100以上の言語がある[1]が、その中で初等中等教育段階の教授言語に選定されているのはカザフ語、ロシア語、ウズベク語、ウイグル語とタジク語の5つである。この他に21の言語が教科「母語・母文学」として教えられている。しかし、上記の5つの言語の中で、カザフ語とロシア語による教育体制は整備されているものの、ウズベク語、タジク語とウイグル語による教育体制には多くの課題が山積している。カザフ語はカザフスタン国民のマジョリティを占めるカザフ人の母語であり、カザフスタン共和国の国家語である。ロシア語は、カザフ人に次ぐ割合を占めるロシア人の母語であり、カザフスタン共和国の公用語である他に、ソ連時代から民族間共通語として使われてきている。この二つのドミナントな言語に比べて、ウズベク語、タジク語とウイグル語はウズベク人、タジク人、ウイグル人という少数民族のそれぞれの母語であり、その使用が彼らの集中的居住地域に限定されているノンドミナントな言語である。

　ソ連崩壊後独立国家となったカザフスタンでは、母語での教育を保障しつつ1990年代を通して国家語のカザフ語教育の強化と拡大が重点的に推進されてきたが、2000年以降はカザフ語、ロシア語と英語の三言語能力の育成を目指す「言語の三位一体」政策が打ち出された。具体的に、一つの学校の中でカザフ語、ロシア語と英語を教授言語として導入する政策である。この政策を受けて今、少数民族の母語教育の存続の可能性と必要性が問われるようになってきている。本章では、カザフスタンの言語教育政策における母語教育保障の現状とそこに見られるパラドックスに着目する。

5月1日の「カザフスタンの諸民族の統一の日」ステージで少数民族の舞踊を披露する子どもたち。

第1節　少数民族の母語教育保障

　独立以降のカザフスタンは、ソ連時代に成立し発展した学校教育制度を受け継いでおり、少数民族の母語教育制度がその一つである。憲法、言語法と教育法は次のように母語で教育を受ける権利の保障を規定している。1995年憲法は、「国家はカザフスタン国民の諸言語の学習と発展の条件整備に配慮する」（7条第3項）、「各人は母語と母文化を使用し、コミュニケーション、訓育、教育と創造の言語を自由に選択する権利を有する」（19条2項）ことを規定している。1997年言語法は、「カザフスタン共和国では国家語で機能する就学前教育施設の設置が保障され、少数民族の集住地域において彼らの言語で教える就学前教育機関の設置が保障される」、「国家語とロシア語による初等中等教育、中等職業教育、高等教育、高等後教育を保障する。必要性と可能性がある場合はその他の言語による教育を保障」している（16条）。2007年教育法は、「所有形態に関わらず、すべての教育機関は学習者に国家語としてのカザフ語の知識習得を保障し、ロシア語と一つの外国語の学習を保障する」ことの義務づけ（9条2項）、「母語で教育を受ける権利は、可能性がある場合、適切な教育機関、クラスとグループ設置及びその機能の条件を整備することによって保障される」こと（9条3項）、「国家語とロシア語

は国家統一試験[2]に含まれる必修科目である」こと（9条4項）を定めている。

　一方、ソ連時代には母語教育を保障する規定は次のようになされていた。1973年教育法第3条は、教育を受ける権利をすべての教育段階の無償性等の他に、母語による学校教育の提供によって保障していた。同法第4条は教育の基本原則の一つとして「母語やソ連邦のその他の民族の言語から教授言語の自由選択」を定めた。1977年憲法第45条の規定もソ連邦国民の教育を受ける権利の保障の一つは「母語による教育」であることを示した。ソ連末期に構成共和国のそれぞれが自国の言語法を採択するなかで、当時のカザフスタンの言語法は1989年9月22日に採択された。この言語法は、カザフ語を国家語として規定し（1条）、ロシア語を民族間交流語として規定しており、（2条）、カザフ語とロシア語をすべての教育機関において必修化していた（19条）。だが、カザフ語とロシア語の必修化の規定の前に、母語による教育の保障について具体的な規定をしており、次のようになっていた。第18条「カザフ・ソビエト社会主義共和国は、国民各人の訓育と教育の言語を自由に選択する権利を保障する。この権利は、カザフ語、ロシア語、または当該地域に居住する民族の利害を考慮してその他の言語で教育する就学前教育機関網と学校網を設置することによって保障される。また、民族的伝統と文化の分野における持続的な経験を涵養する方法としての母語での訓育と教育の継承性と連続性を目指す政策によって保障される」。

　上記から分かるように、ソ連時代に明確であった母語教育の保障の規定と違って、独立以降の規定は「集住地域に…」、「必要性と可能性がある場合…」という条件付きの規定となっている。このことを母語教育の実現可能性を考慮した現実的な表現として読み取れるが、ソ連時代に掲げられた母語教育保障の理念からの後退として解釈することも可能である。というのは、ソ連時代の法規定において「母語」が強調されていたのに対して、独立以降の法規定はカザフ語とロシア語に重点を置いており、「母語」をその「他の言語」という表現で簡略化されている。

第2節　少数民族の母語教育の実施状況

　カザフスタンの初等中等教育学校では、3つの少数民族語が教授言語、6つの少数民族語が必修科目、15の言語は選択科目として教えられている。

　上記の法規程で定められている主要条件、つまり集中居住を満たしている少数民族に対して表2－6－1で示されているような形態で母語教育が提供されている。ウズベク語、ウイグル語、タジク語が教授言語になっているのは、学校を設置するために必要な学齢児童生徒がいることの他に、ウズベク人、ウイグル人とタジク人はカザフ人と同様に先住民であると考えられていることによっている。このこともあって、これらの言語による学校はソ連時代の1920年代前半～1930年代後半に設置され、長い歴史と伝統を有する学校である。その他の少数民族のほとんどがソ連時代にカザフスタンに移住し移住させられた民族であり、集中的に暮らしても規模が小さいため、学校教育では彼らの言語が科目としてしか設置されていない。

表2－6－1　少数民族の母語教育の実施形態[3]

教授言語	必修科目	選択科目
ウズベク語（58校）	ウイグル語（23校）	ポーランド語（17校）
ウイグル語（14校）	トルコ語（5校）	ドゥンガン語（12校）
タジク語学校（2校）	クルド語（2校）	トルコ語（12校）
	ウズベク語（1校）	朝鮮語（3校）
	アゼルバイジャン語（1校）	タタール語（2校）
	朝鮮語（1校）	アゼルバイジャン語（1校）
		アルメニア語（1校）
		ベラルーシ語（1校）
		ヘブライ語（1校）
		ウクライナ語（1校）
		チェチェン語（1校）
		ドイツ語（1校）

注　ウズベク語、ウイグル語、タジク語が教授言語となっている学校数には複数教授言語学校の数が含まれていない。

　必修科目と選択科目としての少数民族語の週時間数は1～2時間に留まる[4]。これらの科目を教える教師は、ほとんどの場合、その言語を母語とするネイティブの教員であり、この教員らが必ずしもその言語を教科として教える資格を持っているとは限らない。彼らは当該教科の学習内容・教材など

を自由に決められることになっているが、このような自由が認められる理由の一つは、教員と教材の不足である。

第3節　ウズベク語学校、ウイグル語学校とタジク語学校の現状

　ウズベク語とタジク語の学校はカザフスタンの南部に集中しており、ウイグル語学校は東南部の農村地域に集中的に存在している。これらの地域の村民のコミュニケーション言語はほとんどウズベク語、タジク語、ウイグル語となっている[5]。現在、これらの学校が直面している課題は、卒業生の大学への進学が困難なことである。ソ連時代及び独立以降の1990年代の前半にはウズベク語学校の卒業生で中等職業教育や高等教育機関への進学を希望する者は隣国であるウズベキスタンに留学することができた[6]。ソ連時代にこれは内地留学であり、国境を越えて隣の共和国まで行くとしても、制度的にも経済的にも十分可能であり、当時は普通のことであった。ソ連崩壊後、カザフスタンとウズベキスタンが外国同士になってからも最初の数年間は制度的に可能であったが、1990年代初期の経済的混乱と社会的不安定な状況の中で実際に行く人は少なかった[7]。さらに、ウズベキスタンではウズベク語アルファベットのキリル文字からラテン文字への転換（1997年）が実施されてから、進学が極めて困難になり、大学進学を希望するウズベク語学校の卒業生はカザフスタン国内での受験を志すようになった[8]。

　この時カザフスタンでは大学入試制度が改革されていた。1999年からそれまで各大学が独自に行っていた大学入学試験が「複合的テスト」という統合大学入学試験に変えられた。複合的テストでは、「カザフ語」または「ロシア語」（学校での教授言語の科目）、「カザフスタンの歴史」、「数学」と「選択科目」の四つの科目が四者択一問題として出される。試験の受験言語はカザフ語とロシア語のみである。さらに、2004年には初等中等教育修了試験と複合的テストを統合させた国家統一試験が導入された。

　複合的テストと国家統一試験のいずれにしても、受験言語がカザフ語とロシア語のみであるため、少数民族語学校の卒業生の中で大学を諦める者が

増え、また、受験しても合格できない者が多くなった。特に、国家が支給している奨学金[9]を受け取るために必要な高い点数を獲得することが非常に難しかった。1997年言語法第16条と2007年教育法第9条は、すべての学校においてカザフ語とロシア語の必修化を規定しており、少数民族語学校でももちろんこの二つの言語が教えられている。しかし、これらの言語は「カザフ語・カザフ文学」、「ロシア語・ロシア文学」という科目として週2-4時間程度[10]教えられるに過ぎず、また教員と教材の不足という深刻な問題に直面しており、卒業生のカザフ語とロシア語能力は大学進学を可能にするのに不十分である[11]。そこで、卒業生の大学入学を成功させるために少数民族語学校の教員らが独自の多言語教育のプロジェクトを立ち上げた。

第4節　少数民族語学校の多言語教育への取り組み

　少数民族語学校の卒業生の大学への入学を実現させようと、初等中等教育段階の高学年からカザフ語とロシア語を教授言語として導入したのは、南カザフスタン州サイラム郡[12]のウズベク語学校の教員らである。このアプローチは「バイリンガル教育」または「多言語教育」と呼ばれており、その手法は授業で少数民族語（児童生徒の母語）とカザフ語、または少数民族語とロシア語を使用して教育内容を習得させることである。この多言語教育の目的は、生徒のカザフ語能力とロシア語能力を大学進学の受験ができるレベルまで引き上げることである。教員たちは多言語教育に関する情報を収集し、教員会議で検討し、独自の教授法を開発し取り組んだ。その結果、ウズベク語学校の卒業生だけで2004年から2010年の間に500人が国家奨学金を取得し、大学に入学できた。

　サイラム郡のウズベク語学校、そしてこの学校の経験を取り入れた他の少数民族語学校は多言語教育に独自の力で学校の限られた予算内で取り組んでおり、これに対して教育行政は支持を表明しているものの、財政的な支援をしていないのが現状である[13]。このプロジェクトに注目し、支援を行っているのは地域の民間団体と国際機関（欧州安全保障協力機構少数民族高等弁

務官）であり、後者からの助成金によってサイラム郡では「バイリンガル教育センター」が設置された。2010年10月現在同センターは南カザフスタン州の12のウズベク語学校を拠点校として活動しており、同州のタジク語学校、アルマトゥイ州のウイグル語学校も実験的に多言語教育を導入し始めている。

第5節　母語教育維持のジレンマ

　少数民族語学校の卒業生が奨学金を取得して大学に入学できたという多言語教育プロジェクトの成果が出ても、プロジェクトに対する評価は複雑である。

　筆者が行った現地調査[14]では、少数民族語学校が抱えるジレンマが浮き彫りになった。それは、カザフスタン社会への統合のための多言語教育拡大の必要性と、母語教育維持の重要性の間に生じるジレンマである。大学への進学の方法は国家語とロシア語のどちらかで行われる国家統一試験しかない。さらに、低所得層の若者にとって国家奨学金を取得し、入学することが最大の念願となる。そこで多言語教育の重要性が高まり、生徒と保護者がともに多言語教育のプロジェクトへの参加を希望する。しかし、多言語教育アプローチの使用拡大及び低学年化が母語教育の形骸化につながりかねないと懸念する教員がいる。少数民族語学校の著しい教員・教材不足の状況の中で教育課程における母語の使用が次第に後退し、カザフ語とロシア語へ完全に移行してしまう可能性の存在を否定できないという。一方、多言語教育を導入しない場合、それを導入している少数民族語学校またはカザフ語学校やロシア語学校への転校が進み、児童生徒数が減少し、閉校に追い込まれる危険性もあるという意見もある。このような意見を共有する者は多言語教育の必要性を否定していないが、その使用に注意を呼び掛けている。

　他方、多言語教育プロジェクトに反対する立場によると、ウズベク語とウイグル語はカザフ語と同様にチュルク語族であるため、ウズベク人とウイグル人の児童生徒にとってカザフ語が習得しやすい言語であり、多言語教育の導入の必要性がない。多言語教育は同化教育であり、使っている側にはそれ

が見えないだけである、という。しかし、この立場の者も認めているのは、家庭や地域社会に限定される少数民族語のコミュニケーション能力に対して、カザフ語、ロシア語と英語のコミュニケーション能力の需要が高い。若者の社会的成功のためにカザフ語・ロシア語・英語の三言語能力が必要である。ただ、この三言語能力は母語能力を基礎として育成されなければならない。そこで母語教育の維持が求められており、これは国家政策を無くしてはできないため、政府は少数民族の母語教育の質の改善に力を入れなければならない、という。

このように、少数民族が置かれている状況は、社会的に優位な言語を選択し、自分から母語の使用を限定せざるを得ないことである。少数民族に対してカザフスタン政府がとっているこのような政策は「私的使用の母語維持」という政策[15]であり、この教育の継続性は確かに国家政策に大きく依存するものである。

第6節　母語教育保障のパラドックス

上記を踏まえると、カザフスタンの言語教育政策における母語教育保障の次のようなパラドックスが浮き彫りになる。

カザフスタンでは、確かに、少数民族は母語で教育を受ける権利は法的にも、実態的にも保障されている。しかし、それは条件付きの保障であり、100以上もある少数民族の中でマジョリティを示す三つの少数民族のみその条件に適していると判断されている。これらの少数民族の言語で教育を行う学校では、社会のドミナントな言語であるカザフ語とロシア語の教育が提供されているものの、その質が実際に社会で求められる言語能力のレベルを保障していない。ここで「質」というのは、教員・教材・教授法のすべてに関わってである。特に、独立以降国家語であるカザフ語の教育に割り当てられる時間ばかりが増加されるが、少数民族語学校には効率良く教えることができる人材が確保されていない。このことは、少数民族の言語的権利の侵害として受け取られる。言語への権利を基本的な人権の一つとしてみる少数

民族の言語的人権の研究者スカトナブ・カンガスは次のように主張している。「教育への言語的人権（educational linguistic human rights）は母語で基礎教育を受ける権利と公用語・ドミナントな言語を十分に学習する権利の両方を含む」[16]。この観点からカザフスタンの少数民族が置かれている現状をみれば、少数民族語学校では母語の他に、カザフ語、ロシア語と外国語が教えられており、言語教育の量的負担が大きいが、母語以外の言語能力の育成が重視されていない。すなわち、母語教育のみに重点が置かれており、言語教育政策における母語教育の保障はドミナントな言語の習得の保障を狭めるというパラドックスを内在化していると判断せざるを得ない。

むすびにかえて

　総括すれば、カザフスタンの教育行政にとってカザフ語学校とロシア語学校に比べて、少数民族語学校の存在感が薄いことが指摘できる。なぜならば、これらの学校はソ連時代の遺産として受け継がれたものであり、実質上、独立以降の政策としてこれらの学校に対して何もしていない。廃止もしなければ、増やしてもいない。数が少なく（全学校数の1％）、かつ農村地域に集中しているこれらの学校は、「言語の三位一体」政策によって推進される、エリート養成の目標を隠しもっている三言語教育の導入のプロセスから除外されることになる。すなわち、教育行政は、少数民族語学校の多言語教育への取り組みを、少数民族若者の国家語とロシア語能力を育成することによって、カザフスタン社会への統合を促す仕組みとして承認するが、英語能力の育成を加えて、三言語能力の育成を実現するために拡大させるほどの価値を持たない。カザフスタンでは一部の少数民族に対してではあるが、母語教育保障が制度化されているといえるが、少数民族を母語教育だけで満足させて、ドミナントな言語の充実した教育を提供せず、少数民族を社会から隔離させる結果につながっていくことを懸念せざるを得ない。本書のスレイメノバ論文が指摘しているカザフスタン社会における「カザフ語化」プロセスが絶え間なく進行することを考慮すれば、少数民族語学校の存続自体が問われるよ

第Ⅱ部　教育をめぐる諸問題　145

うになってくるに違いない。これはグローバル化の過程において回避できない現象であるか、それともカザフスタン政府の意図的な政策の結果であるか、という問いに答えることが課題として残る。

注
1　カザフスタン共和国統計局ホームページ www.stat.kz
2　国家統一試験は、初等中等普通教育の修了資格と大学進学資格を統合させた試験である。
3　2010－2011 学年度の初等中等教育学校の全体数は 7,639 校であり、そのうちカザフ語学校は 3,828 校、ロシア語学校は 1,573 校、複数教授言語学校は 2,164 校である。カザフスタン共和国統計局、「2010-2011 学年度の日通制普通教育学校とその在籍者数の教授言語別分布」、2010 年。
4　アルマトゥイ州教育副局長へのインタビューによる。(2010 年 10 月 12 日実施)
5　サヴィン, I.「南カザフスタンの農村分における日常生活の要素としてのエスニシティ」、2009 年 http://magazines.russ.ru/nz/2009/4/sa25.html 10
6　タジク語学校の卒業生の場合は、ソ連時代にそれはできたが、ソ連崩壊後のタジキスタンでの国内紛争(1992 年〜 1997 年)に伴う不安定な状況によりカザフスタンからの留学生が途絶えた。
7　カザフスタンの少数民族問題に詳しいロシア科学アカデミー東洋学研究所職員サヴィン博士へのインタビューによる(2011 年 3 月 18 日実施)。
8　サヴィン, I.「カザフスタン―教育を通しての民族統合」、2010 年 http://www.ferganannews.com/article.php?id=6696 10
9　国家奨学金は、需要の高い専門家の養成のための助成金(グラント)であり、特定の分野に進んだ学生に毎月支給される。さらに、国家奨学金を受給している学生は授業料が免除される。
10　国家教育義務スタンダードにおいて、少数民族語学校ではカザフ語とロシア語の科目に割り当てられている時間数は学年別に異なっており、次のようになっている。第 1–2 学年では「カザフ語」は週 2 時間教えられ、「ロシア語」が教えられていない。第 3–4 学年では「カザフ語」は週 4 時間、「ロシア語」は週 2 時間となっている。第 5–9 学年では「カザフ語・カザフ文学」は週 4 時間、「ロシア語・ロシア文学」は週 2 時間となっている。
11　サヴィン, I. (2010)、前掲。
12　サイラム郡の住民の 61.3％はウズベク人である。
13　アルマトゥイ州教育局副局長へのインタビュー(2010 年 10 月 6 日実施)
14　アルマトゥイ州の 2 つのウイグル語学校の校長と教員、ウイグル文化センタ

ーのウイグル語学校担当者へのインタビュー調査、2011年10月4日〜11日実施。
15　May, S. 2008, Language and Minority Rights. Ethnicity, Nationalism and Politics of Language. New York and London: Routledge
16　Skutnabb-Kangas, T. 2006, Language Policy and Linguistic Human Rights, in Ricento, Th.（ed）, An Introduction to Language Policy. Theory and Method, Malden, Oxford, Victoria: Blackwell Publishing, pp.273-291.

参考文献

May, S., 2008, Language and Minority Rights. Ethnicity, Nationalism and the Politics of Language, New York: Routledge.
Skutnabb-Kangas, T. 2006, Language Policy and Linguistic Human Rights, in Ricento, Th.（ed）, An Introduction to Language Policy. Theory and Method, Malden, Oxford, Victoria: Blackwell Publishing, pp.273-291.
サヴィン, I. 2009「南カザフスタンの農村分における日常生活の要素としてのエスニシティ」、（ロシア語）http://magazines.russ.ru/nz/2009/4/sa25.html 10
サヴィン, I. 2010「カザフスタン―教育を通しての民族統合」、（ロシア語）　http://www.fergananews.com/article.php?id=6696 10

言語問題3

第7章 リテラシーと多言語併用をめぐる中央アジアのクロスロード
——ヴィゴツキー L.S. およびルリヤ A.R. の「文化的＝歴史的理論」

森岡　修一

■ **文化的＝歴史的理論と中央アジア**

　ヴィゴツキー(1896年－1934年)は、白ロシア(現在のベラルーシ)のユダヤ系一家の第2子として生を享け、さまざまな制約と闘病生活のなかでめざましい研究成果をあげて、ルリヤ(1902年－1977年)の知遇によりモスクワに職を得て以降、その名が広く知られるところとなった。ヴィゴツキーは、旧来の心理学の危機を克服するには、心理学の基底そのものを新たな方法原理によって組み替えることが不可欠であることを説き、「文化的＝歴史的発達理論」を構想したが、これこそが、ルリヤとの学問的共通基盤となったのである(森岡修一、2007, 2009)。

　ウズベキスタンは、まさに、ルリヤとヴィゴツキーが「文化的＝歴史的理論」を立証するために、1931－32年に学術調査を行なったいわば「文化的＝歴史的実験場」である。そこで本稿では、当時の中央アジアと現代の時空とを往還しつつ、言語問題(主として「リテラシー」と「多言語併用」)の基本的論点を探り当てることにしたい。

第1節　ヴィゴツキーの多言語併用理論と非母語学習のメカニズム

■ **ヴィゴツキーの多言語併用理論**

　非ロシア人としての逆境にありながら、ロシア語は無論のこと、英・独・仏・古典語のみならずエスペラント語まで駆使し「ポリグロット」(多言語使用者)の才に恵まれたヴィゴツキーは、非母語の早期教育をどのように考えていたのであろうか。ヴィゴツキーは、その主著(1962, 2001)において「外国語の習得は、母語の発達とは正反対の道をたどって進む」と述べているが、こ

の時の彼の目的はあくまでも、生活的概念と科学的概念との対比を母語と外国語とのアナロジーにおいてみることにあったのだから、その極端な主張は文脈を離れて解されるべきではなかろう。問題とされているのは、ある程度母語による意味論的体系ができあがっている児童における外国語習得の諸特性、ないしその際の母語の媒介的機能である。

それだからこそ、むしろ学校での外国語習得の問題は母語習得との対比において、＜母語の習得／外国語の習得＞というダイアド(dyad；2個1組、2個群)を、＜生活的概念／科学的概念＞というダイアドに相同的に置き換えるには好都合であったということになる。前者の無意識性と後者の意識性、あるいは前者の認知能力の発達と後者のメタ認知能力の発達、といった興味深い対比をそこに読みとり、ヴィゴツキーの思想の中心概念たる「発達の最近接領域」への橋渡しを構想するというものである。前者を話し言葉、後者を書き言葉と置き換えてみても、その作業自体、言語の本質的な機能を探る上からもきわめて興味深い[1]。

彼は、ソ連邦のような多民族国家においては、児童期における多言語併用の問題が「一方では、現代心理学の最も複雑で錯綜した問題の1つとして、また他方では、特別の理論的・実践的重要性をもつ問題として提起されている」という。当時、世界の心理学界においても多言語併用研究は当初、多言語併用が知能とか一般学力にどう関係しているかという問題点の究明に力点が置かれており、おおよそ1950年代半ば頃まで中心的パラダイムとなっている[2]。ヴィゴツキーが多言語併用早期教育否定論者を批判したのは、彼らが多言語併用の社会的・文化的要因を無視しており実験のコントロールが不備で、多言語併用児童の知能と単一言語児童の知能に有意差を認めるというデータが信頼できぬこと、そして「テスト」方法自体に問題がある、という2点に関してであった。

ヴィゴツキーは、セルビア人のパブロヴィチの実践的研究などを援用しつつ、「幼年期にいくつかの外国語を子どもに教え込む教育実践は」「両言語の完全性も進歩のテンポもともに、2つの言語が併存することによって損なわれるものではないことが明らかにされた」と主張して、精力的に肯定論を展

第Ⅱ部 教育をめぐる諸問題 149

開した。

　と同時に、彼は多言語併用導入の否定的作用についても、十分すぎるほどの注意を払っている。「児童の発達に関わる具体的条件や年齢ごとに変化していく発達の合法則性などを考慮しないで、多言語併用の是非を論ずることは無意味だ」と再三強調していることからも、そのことは明らかである。ヴィゴツキーはワインライヒやシチェルバに先立って、母語の言語意識が未成熟な幼少期の多言語併用に関しては、相互の言語体系に「干渉」(interference)の生じない教授法を、また、母語による言語意識がある程度確立してくる学齢期児童の多言語併用教授法としては、母語の言語意識との「対比法」に基づく方式を適切なものと考えていた、と仮定できる。ヴィゴツキーやルリヤの目指した「文化的＝歴史的理論」のアプローチの具体的展開の一例を、ここに読み取ることも可能だろう。

■ 多民族国家と非母語習得のメカニズム

　グルジアのゴゲバシビリ(1840年―1912年)やチュバシのヤコブレフ(1848

ウチテピンスキー地区340番保育園(タシケント)での英語の授業

年－1930年)などは、ヴィゴツキー、ルリヤとほぼ同時代を生き、ウシンスキー，K・D(1824年―70年)の「子どもの外国語の学習に熱心であればあるほど、同時に母語の学習にも熱心にあたらねばならない。そのことによってのみ、外国語の激しい初歩的課業が子どもの精神発達にもたらす避けがたい害毒を麻痺させることができる」の警句を＜民族母語・ロシア語＞に対置し、すぐれた言語教育実践を行ったことで知られる。

　筆者はこれまで、モスクワ、ハバロフスク、タジキスタン、カザフスタン、ウズベキスタン等の言語教育(母語、非母語)を参観する機会に恵まれたが、本書所収の諸論稿やデータからも窺えるように、多民族国家ロシア(また中央アジア)では、民族学校の生徒の母語がまちまちで教師もすべての母語に通じることはできない、翻訳法は効率が悪い、などの理由で「直接法」(ダイレクト・メソッド)がとられることが多い。とはいえ、それは非母語教授に際して母語をまったく顧慮しなくてよいということを意味するものではない。「コトバは、戸口から追い出しても窓から入ってくる。研究者は、子供の知的操作の中にコトバが参与するさまざまな形式のあらゆる多様性、質的独自性を無視すべきではない」からである。

　それは、「直接法」といえども生徒の母語の「干渉」的役割を無視することはできず、非母語を効率よく教授するためには生徒の心理学的(言語学的)メカニズムを研究することが不可欠である、ということに他ならない[3]。このように、民族母語とロシア語(あるいはロシア語と外国語)との相関は、多言語併用教授法の視点から見た場合、言語学的次元では「対比法」(たとえばレフォルマツキー)において、また心理学的次元では、ロシア語習得に際しての民族児童・生徒の(あるいは外国語習得に際してのロシア人、非ロシア人生徒の)心理学的メカニズムにおいて、問題の所在を浮き彫りにしてくる(森岡修一、2001)[4]。

第2節　ヴィゴツキー研究の現在

■ 精神の文化的＝歴史的アプローチをめぐる理論的諸問題

　1925年に発表されたヴィゴツキーの論稿(ヴィゴツキー、1987)は、当時の

心理学論争を「言語の暗闇」「神話のドラマ」と呼んだが、まさにこの批判を想起させる論争が、最近の『心理学の諸問題』(ロシア語版)誌上で繰り広げられた。発端は、メシチェリャコフとジンチェンコがコール(Cole, M)の"Cultural Psychology: A once and future discipline"のロシア語版(1997年)に関する批判的コメントを掲載(2000年2号)したことに始まるが、同論稿でメシチェリャコフらはコールに対し、次のような批判を行なった。

先ずコールの著作は、個体発生における心理発達の内容豊かな概念を検討・構築することから逸脱していること、次に、ヴィゴツキーの発達理論や観察調査の方法論、および個別の発達過程・高次精神機能の発達に対する考慮が不十分で、実験に対する否定的態度がしばしば見受けられること、そして同書に登場するのは文化そのものではなくて、文化に対する科学者(心理学者や社会学者など)の「ジャルゴン」(jargon; 特殊な専門用語、隠語)での抽象的なおしゃべりであり、文化は弱体化され「アーティファクト」や「コンテクスト」に還元(目的ではなく手段化)されてしまっていること、要するに同書は文化的＝歴史的心理学ではなくて、文化的＝反歴史的心理学に与するものである、と言う。メシチェリャコフとジンチェンコは、前掲論文においてコール批判を展開するとともに、『心理学ジャーナル』(1997年3号)に掲載された児童学および精神技術に関するクレク論文を槍玉に挙げ、厳しい批判を加え、その後もクレクとの間で激論が交わされた(森岡、2005)。

ルリヤ(1976)の原著刊行は1974年であるが、調査資料はすべて1931―32年に中央アジアの学術調査(主としてウズベク共和国、現在のウズベキスタン、一部は山岳キルギスの辺境の村落と夏季放牧場)で集められたものであり、文化的＝歴史的理論を実験的に立証するために、ヴィゴツキー自身の発意で同調査が行なわれたことをルリヤは明らかにしている。ルリヤが調査を行なった時点では、全住民のほぼ半数が非識字者であった(森岡、1974)が、非識字者と識字者の認識過程における史的発達の対比的実験心理学調査を行なう(ルリヤは識字レベル別に5グループ間で調査を実施)には、まさに絶好のときと場所をルリヤとヴィゴツキーは得たことになる。なぜ、学術調査から40年以上も経て上記論稿が公表されることになったのか、という興味深い疑問に対す

ルリヤ等の書籍が展示されているタシケントのモスクワ大学分校図書室

る分析は別稿に譲り、ここでは調査の論点のみを以下に示しておこう。

　ルリヤとヴィゴツキーは、「直観−行為的で実践的な現実反映が主導的な役割を果たしているような人々は、抽象的で言語−論理的な現実反映の形式がまさっている人々とは、心理過程の体系の違いということで区別すべきである。そのコード化の性格におけるどのような進展も、それらの種類の活動を遂行する体系的構成の中に必ず反映されるはずだ」という仮説を立てるとともに、その際、きわめて重要な役割を果たすのが「文字」言語の習得と学校教育の役割であるとして「リテラシー」を不可欠の要素と位置づけ、その仮説の検証に努めたのである。背景としては、「遺伝的民族優劣」論に基づく人種的能力差別理論が伏在しており、ルリヤらはそれを論破しようとした。もっとも、その集大成が公刊されるはるか以前にヴィゴツキーが夭折したために、ルリヤはヴィゴツキー抜きでその課題に立ち向かわざるを得なかったのだが。

■ ルリヤの著作をめぐるテクストクリティック

　同書(『認識の史的発達』)の各章は、いずれも「リテラシー」「学校教育」の強い相関のもとに分析・考察され興味深い内容となっているが、ここでは同書のテクスト解釈をめぐる妥当性について分析を加えてみたい。

　テクストα(上野直樹、1992、1994)において上野氏は、テクストβ(ルリヤ、1976)第4章中の「三段論法」を取り上げ、学校文化を＜言語ゲーム＞としてとらえることを提唱し、教室談話の特異性に言及してルリヤ批判を展開(川床靖子、2001も同様)している。

　紙幅の都合で、テクストαの論点を筆者なりに整理すれば以下のようになる。＜ルリヤは、中央アジアの学校教育を受けていない人々に三段論法の課題をやらせてみたが、彼らはうまく答えることができなかった。これは彼らに、その課題がゲームであることの認識が欠けていたことが原因なので、その課題が一種の言語ゲームであるということを実験者が被験者に理解させてさえいれば、その課題は簡単に解くことができた(はずだ)＞。

　次に、この点を検討するために、テクストβを引証する。

　テクストβ〔(実験者；森岡註)が、直接的実践からかけ離れた、日常的でない質問を被験者に呈示するのであるから、これは当然ためらい〕や〔猜疑心を惹起したこともあった〕〔そこで、心理学的実験が自然に行なえるような、そして調査を妨げる猜疑心を惹起したりしないような親交を、彼らと取り結ぶことになったのである。〕〔それは、性格としては住民の間に広まっている「クイズ」を思わせるもので、したがってちょうど自然な話しのつづきとなるようなものであった。〕

　ルリヤは、まさにそのことを問題にしたからこそ「莫大な労力」をかけて、細心の注意を払って調査を行なったのである。さらに重要なことは、調査言語もロシア語ではなく、被験者の母語であるウズベク語で行なったのはもちろんのこと、自由な雑談の雰囲気を壊さないようにするために実験者は自分ではメモを取らず、助手がメモを取るが、それも談話者のグループと並んで座り、自分の方へ注意を向けないよう気を配っている。このように莫大な労力をかけたものだけが「野外」調査の名に値するとルリヤはいう。

ルリヤはまた〔彼らにとって無意味だと思われるような質問をするのはきわめて愚かなことであろう。〕〔他の文化条件下でつくりあげられ是認されたそのような『テスト』を使用することは、何度も失敗の憂き目にあっており、比較実験心理学研究の考え方の評判を落とすことにしかならなかった。〕と指摘している。つまりそれまでの欧米の学者は、「野外」調査と称して自分の文化の条件下、しかも「研究室」でつくりあげられた画一的な「知能テスト」なるものを用いて「未開民族の劣性」を証明しようと躍起になっているが、それらのテストは異なった文化条件に対してはまったく不適当であり、学校の準備教育を受けておらず、理論的な課題を組織的に習得するいかなる形態にもはいっていないような被験者に対しては、特にそうである、とルリヤはいう。

　こうしたそれまでの「調査」の通弊である一種の権力関係、いわば調査の「暴力」（ブルデュー）を少しでも軽減するために、ルリヤのとった方法がクイズ形式の雑談による調査であった。これは、上野氏のいう文化的な言語ゲーム以外の何ものでもない。氏の言う「こういう研究」が、まさにルリヤのとった方法だったのである。なによりも、言語ゲームそのものは、当該文化の中で長い期間をかけて「学習されるもの」であり、その場で「こういうルールでやりましょうよ」といったからといって、即座に学習できるものではないということだ（森岡、2010a）。というのも声の文化は、幾何学的な図形、抽象的なカテゴリーによる分類、形式論理的な推論、定義、包括的記述、ことばによる自己分析などとは関わりを持たないからである[5]。

　これらの項目はすべて純粋な思考そのものではなく、テクストによって形作られた思考に由来する。つまり、ルリヤの質問は、いくら彼自身が工夫をしても、やはりテクストの使用と関連する教室用の質問たらざるを得なかった。質問そのものは「言語ゲーム」にふさわしい妥当なものであったにせよ、それはやはり「声の文化」に暮らす人びとにとっては、「書く文化」からやって来た「わけのわからない質問」と受け取られた可能性は否定できない。コールの批判も、まさにこの点に関わっている。

■ ヴィゴツキー理論と言語教育の課題

　日本においても、最近では、留学生に対する日本語教育や異文化間教育、さらには早期英語教育論争などにおいてヴィゴツキーの理論が援用される機会も増えてきており、その点からもヴィゴツキーの理論に対する正しい理解が求められている(森岡、2010b、2011)。科学的概念の萌芽期を迎えた児童・生徒の知的関心や、文字に対する興味(ヴィゴツキー、1976)を国語教育、英語教育などの言語教育において育てていくためには、とりわけ、「聞く・話す」の音声言語から「読む・書く」の文字言語への＜リテラシー＞の接合が、子どもの知的・メタ認知能力の発達の観点(ヴィゴツキー、2004)からも焦眉の課題といえるだろう。

　かつてのリテラシーが主として実体的な学力を指していたとすれば、機能的リテラシーは理解力・思考力・判断力・認識力などの学力を主たる内包としている点に大きな違いがある[6]。たとえば、PISAなどの学力観において最近注目されている「批判的リテラシー」「メディア・リテラシー」といった位相は、ディスコース(談話)に注目して社会における権力関係などを対象化してとらえる視点(メタ認知能力)を重視しており、リテラシー本来の知識・技能的学力観を超えた次元の批判的判断力を志向しているという点で「機能的」であるといえよう。その点でも、ヴィゴツキーやルリヤの心理学理論の果たすべき役割は重要である。

　今回の調査でヴィゴツキーやルリヤの名前を耳にする機会が多く、ウズベキスタン教育心理カウンセリングセンターでは「モスクワ大学分校図書館(P.152写真参照)でも、ルリヤやヴィゴツキーの著作が必読文献として多く所蔵されていたが、ウズベキスタンにおいて、現在では彼らに対する評価はどのようになっているのか？」という筆者の質問に対して、「彼らの残した労作は、研究上あるいは実践的にも現在に至るまで、きわめて重要かつ大きな意義を保持している。」との回答であった。筆者は今後も、ロシア、旧ソ連領諸国でのヴィゴツキーやルリヤの評価を確認しつつ、彼らの心理学・教育学理論が教育現場でどのように具体化・実践化されようとしているのか、という現状を分析・検討していきたいと考えている。

注

1 「子どもがあれこれの外国語を習得するのがどんなに容易であるかを想い起こしてみるだけで十分である」「外国語習得の効率は、われわれが学習を幼年期に近づけるに従って高まる。われわれは、幼年期に習得する言語だけをよく習得するのである。」とヴィゴツキー(1962, 2001)はいう。ここには、外国語の早期教育を是とする彼の立場が鮮明であるが、その主張は、ヴィゴツキー(1975)において、より体系的に示されている。

2 「非母語の早期学習が知力の発達を阻害するか否か」という論争については、当時は1910－20年代だけを取り上げてみても、エプシュテイン, J、グラハム, V、レンツ, E などは早期教育に否定的な見解、ザーエル, D、ヘンス, W. などが賛成の立場から論を展開しており、ソ連邦でもリュバルスカヤ A.A. は否定論、グルジンスカヤ I.A. は肯定論の立場から論陣を張っている。

3 ヴィゴツキー学派のガリペリンは、非母語学習での基礎として<言語意識>(文法的意味において定着した、当該言語で話す民族による現実反映の特徴的な言語様式)を重視し、子どもは「母語」の言語意識の範の下にあって、その「言語意識」を考慮しない場合には効率のよい「非母語」教授はあり得ない、と主張している。

4 多言語併用者に絵カードを提示して、命名に要した時間から複数言語の語彙素と概念との結びつきに関する実験を行い、「語彙素の選択的現働化」原理を構想した近年のヴェレシャギンなどの「干渉」研究、さらには民族学校における複数の非母語教科書に関する対比的研究といった動向は、その系列に連なるものとして興味深い論点を提示している。

5 イリイチ, I(1991)は、読み書きの能力と推論能力との間に一定の関連性があることを示唆しており、彼が問題提起にとどめた部分を、さらに詳細に検討したのがオング, W・J(1991)である。ルリヤがいくらクイズやなぞかけのような「言語ゲーム」に「声の文化」に属する人びとを誘い込もうとしても、彼らはこの類の質問に「慣れていなかった」ためにうまく行かなかった。しかし、まさにこの「不慣れ」ということこそが重要な点である、とオングは強調している。

6 主として学校教育を通じて形成される文字の読み書き能力をリテラシー(literacy)といい、伝統的な概念としては識字教育として狭義にとらえられており、数字を含めたいわゆる3'Rs(読み・書き・計算)がリテラシーの原義となっている。その点でリテラシーの概念は、生活に必要な初等教育的基盤、基礎学力を内包するものといえる。これに対して機能的リテラシーは、成人あるいは職業人などが社会において職能的責任を果たすことのできる知識や技能を指しており、たんなる文字の読み書きを超えた、総合的知識や判断能力までを含めた概念として用いられる(森岡修一、2006)。

参考文献

イリイチ，I、1991『生きる思想』(桜井直文　監訳、藤原書店)
川床靖子、2001「"教室"の言語ゲーム　タンザニアの小学校をフィールドワークする」(茂呂雄二　編著『実践のエスノグラフィー』金子書房)
ルリヤ、1976『認識の史的発達』(森岡修一　訳、明治図書)
森岡修一、1974『多民族国家における言語政策―ソ連邦における二語併用への道―』教育調査研究所
　　2001「ソビエトにおける民族と教育の問題に寄せて」(小林哲也・江淵一公編『多文化教育の比較研究―教育における文化的同化と多様化―』九州大学出版会)
　　2005「教育方法学の研究動向―ヴィゴツキー研究の現在―」(『教育方法　34』日本教育方法学会)
　　2006「機能的リテラシーとは何か」(柴田義松編『教育課程』学文社)
　　2007「言語学名著再読　ヴィゴツキー『思考と言語』」(『雑誌　言語　36』大修館書店)
　　2009「リテラシーとコミュニケーション理論に関する一考察―ヴィゴツキーとルリヤの文化的・歴史的理論を中心に　前編」(『人間学研究所年誌2008』人間学研究所)
　　2010a「リテラシーとコミュニケーション理論に関する一考察―ヴィゴツキーとルリヤの文化的・歴史的理論を中心に　後編」(『人間学研究所年誌2009』人間学研究所)
　　2010b「教育指導に関する言説"教育は教え込みではない"」(今津孝次郎・樋田大二郎編『教育言説をどう読むか―教育を語ることばから教育を問い直す―』新曜社)
　　2011「日本の言語教育改革とリテラシーをめぐる諸問題」(『国際教育　第17号』日本国際教育学会)
オング，W・J、1991『声の文化と文字の文化』(桜井直文　他訳、藤原書店)
上野直樹、1992「『言語ゲーム』としての学校文化」(佐伯胖・汐見稔幸・佐藤学　編『学校の再生を目指して』東京大学出版会)、1994「学校文化の言語ゲーム上・下」(『児童心理』金子書房)
ヴィゴツキー、1962『思考と言語』(柴田義松　訳、明治図書)、2001(同　新訳、新読書社)
　　1975『子どもの知的発達と教授』(柴田義松・森岡修一　訳、明治図書)
　　1976『児童心理学講義』(柴田義松・森岡修一　訳、明治図書)
　　1987『心理学の危機　歴史的意味と方法論の研究』(柴田義松・森岡修一・藤本卓　訳、明治図書)

2004『思春期の心理学』(柴田義松・森岡修一・中村和夫　訳、明治図書)

コラム：日本語教育の 20 年

　タシケント国立東洋学大学の日本語講座を開設した人は金文郁先生である。日本の占領下にあった朝鮮の日本学校で学んだ人で日本語が堪能である。朝鮮半島が南北に分裂した時、目の前で両親や親戚の方が射殺された後、身の危険を感じ、冬凍った黒竜江をわたり、旧ソ連領に亡命。その際、日本語ができると言ってしまったばかりに当局から監視されるようになり、ソビエト時代は、身を隠すようにひっそりと生きてこられた方である。この金文郁先生が 1990 年に韓国語と日本語のコースを開始されたのが、日本語講座の始まりである。この金文郁先生なくして日本語講座は生まれなかったであろう。

　日本語講座開設の前半期には、特にウズベキスタン人の教師が不足し、日本からのボランティア教師と、それに日本政府派遣の日本語教師が中心であった。定員が定められているわけでなく、応募者の数に応じて、日本語科の学生もクラス数も増加し、教員確保が問題であった。当初は日本人を見たら日本語教師をやらないかと声をかけたものだった。20 年を三つの段階に分けると、初期段階は存続させることがまず優先課題であった。

　筆者が着任した 91 年の開始時には、ウズベキスタン人の教員は、1 名のみ。現在ウズキスタン国内で日本語教育を行うウズベキスタン人教師は、46 名（2010 年調査）このうちほぼ 90 パーセントはタシケント国立東洋学大学の卒業生であり、国内の大学・リセを含み 14 機関 16 講座で日本語教育に携わっている。東洋学大学においては、スタッフは日本人教師を含めて現在は 7 名である。20 年間、日本人教師の述べ数 65 名が日本語教育に携わってきている。

　第二の段階としては、教科書教材の整備、視聴覚機材の確保、図書整備、対外協力関係の樹立など、日本語教育、研究をするための人的物的条件の基盤整備確立をする時期である。

　第三の段階として、日本語教育の質的向上を目指す段階である。東洋学大学の目指すところは、日本の文学、言語、哲学、歴史、文化、政治、経済などの分野での専門家を輩出することであり、このためには日本語教師の人材養成はもちろんのこと日本語教育の質を高めアカデミックな方向をめざすこ

とが日本語講座の優先課題である。現地教師の人材育成、資質向上にむけ相互研修をするため日本語教育セミナー・トレーニングを毎週1回実施。情報、問題意識を共有し、相互研修を深めている。

現地教師と協力し、到達目標の設定（1996）、カリキュラム、プログラムの作成（2004）に基づいて試験シラバスの設定、日本語の四技能、話す・聴く・読む・書く技能を統合した能力の向上のために教材開発作成をする、効果的な教授法について相互研修を行うなどしている。日本語講座の現地スタッフ2名と協力しウズベキスタンでの日本語中級用の教科書を作成した（2010年）。

学生のレベルについていえば、ウズベク国内の弁論大会は2011年で19回目をむかえるが、初めてのこの弁論大会を立ち上げ、実施したのは1992年の10月であった。それ以来、回を重ねるごとに弁論内容、日本語力も向上し、そして他の日本語を学習している機関からも多く参加するようになり、ウズベキスタンは中央アジア大会やCIS大会においても常にタシケント国立東洋学大学は上位を占め高いレベルを発揮している。

1995年以来、「文部科学省・日本語・日本文化研修プログラム」「文部科学省研究留学プログラム」「大学間協定による交換プログラム」等により100名以上の留学生を日本に派遣。20年間に多数の卒業生を輩出し、在ウズベキスタン日本大使館、JICA、ウズベク・日本人材開発センター、タシケント国立東洋学大学、法科大学、世界経済外交大学、また、ウズベク外務省、ウズベク内務省、ウズベク経済対外関係省、在日ウズベキスタン大使館、観光会社、アエロフロート、ウズベキスタン航空、日本企業などでも活躍している。

現在は、日本人教師とウズベキスタン教師との割合は逆転し、ウズベキスタン教師が主となっている。しかし、経済的事情によるものかはわからないが、ウズベキスタン教師が定着しないのが問題である。当大学日本語講座が抱えている深刻な問題は、教員の養成・質的向上と定着化である。

この20年間の三段階にある今日、今後の課題は山ほどもある。

（菅野　怜子）

大学・職業教育1

第8章　グローバル化時代の高等教育の発展——キルギス

イサーエフ　クセイン
ショクシェワ　グリナーラ

第1節　独立後の高等教育システム構築

　キルギス共和国の独立とともに、国の教育システムは多くの変化を経験してきた。市場経済への移行は、高等職業教育への社会と国家のアプローチと関係に客観的変化をもたらした。これにより、数多くの大学が新設された。ソビエト時代は9校であった大学は、現在では国立と私立を含めて50校に上っている。そのうち34校が国立で、16校が私立である（表2-8-1）。私立大学は近年著しくその役割を増し、2008年度には全学生の10.5％が私立大学で学んでいる。

表2-8-1　キルギス共和国の高等教育機関

機関数　　　年	2002	2003	2004	2005	2006	2007	2008
合　計	46	47	49	51	47	49	50
うち私立	15	16	16	18	15	16	16

出典：「キルギス共和国の教育」キルギス共和国教育科学省、2008年、www.stat.kg

　高等教育のシステムは4つのタイプの高等教育機関からなる。総合大学（ウニベルシテート）、アカデミー、専門大学校（ウチーリシチェ、たとえばキルギス公立音楽院、ビシュケク高等軍事学校など）ならびに単科大学（インスティチュート）である。また、教育プログラムには、バカラブリアート、マギストラトゥーラ、専門家養成課程、アスピラントゥーラならびにドクトラントゥーラがある。教育科学省は国の教育政策の開発とその実現、フォーマル教育の各段階用のスタンダードの設定、教科課程の作成および革新的実践の普及、教師教育、高等教育機関のアクレディテーション及び国際協力についての責務を担っている。（43頁、図1-3-1参照、訳者）

過去20年間、地方の高等教育機関を発展させることに重点が置かれてきた。1991年にはほとんどの大学生(80％)が首都で学んでいたが、現在ではその数は53％にまで減少し、残りの47％は地方で学んでいる。現在、高等教育機関は(国家教育スタンダードの枠内での)教育プログラムの決定、教授の形態と方法及び国際協力に関して、高度な自治権をもっている。高等教育機関への自治権の付与は、高等教育制度の改革と変化する社会・経済的条件へ高等教育を適用させるための主要な手段となった。

　高等教育の領域で活動する様々な社会的・非国家的組織も存在する。私立高等教育機関連盟、教育団体ネットワーク(EdNet)、高等教育機関学長連盟、学生連盟などのアソシエーションや、学生のテストに関する独立会社、高等教育機関の学生組合などである。学生会議は、高等教育機関の学生組織の形態であり、これを通して学生は高等教育の管理運営と発展に参加することができる。

　教育科学省は教育の質と教育セクターの監督について責任を担う主要な国家機関であるが、いくつかの高等教育機関は教育科学省とその他の省の二つの省により所管されている。例えば、医科アカデミーは保健省、キルギスアカデミーは内務省、外交アカデミーは外務省、行政アカデミーは大統領府が教育科学省とともに管轄している。そのほか、次の8大学が国際大学であり、様々な国の教育省とともに管轄されている(国立大学：キルギス・ロシアスラブ大学、キルギス・ウズベク大学、キルギス・トルコ「マナス」大学、私立大学：中央アジア・アメリカ大学、キルギス・ロシア教育アカデミー、キルギス・クウェート(東部)大学、国際「アラ・トー」大学、アーガ・ハン大学)。共和国内には、上記のほかにCIS諸国の大学の分校が10校ある。

　教育サービスが多様になったことで、憲法が定める市民の高等教育を受ける権利の実現と職業教育コース選択の可能性が著しく広がった。国家はすべての民族に対し高等教育を受ける平等の権利を保障している。表2－8－2に示したように、現在、大学生は24万3000人である。私立大学の学生数は2002年と比べるとほぼ2倍となり、2万5600人である。この間私立大学の数は実質的に変わっておらず、私立大学における教育の魅力が増していると

いえる。

表2-8-2 大学生数(人)

年	2002	2003	2004	2005	2006	2007	2008
合　計	199124	203002	218273	231095	236929	250460	243000
うち私立大学	14245	15082	15086	17476	20803	24883	25600

出典:前掲　キルギス共和国教育科学省

第2節　高等教育機関の国際化

　多くの高等教育機関では学年度は9月1日からはじまり、6月に修了する。年間行事予定(試験期間、休暇等)は学部長が作成し、それぞれの専攻が教育の過程を管理する。2004年からいくつかの高等教育機関ではECTS(欧州単位認定システム)の定着へ向けたパイロットプロジェクトを実施していた。教育科学省には全国ECTS調整局が創設された。高等教育機関は、ECTSにもとづく教授の組織についての情報をすべての受験者と学生に提供することが義務づけられた。同様の情報は高等教育機関の広報誌などの印刷物で刊行するか、あるいはウェブサイトに公表しなければならない。

　ECTSの1単位は30授業時間(各授業時間は50分)である。教育主任の支援のもとで、学生の個別教育計画にもとづく個別記録が作成され、これによって、学年度もしくは学期の間の教育コースの量と継続性が予め定められる。学生の個別教育計画のECTS単位数は、年間60単位(1学期30単位)としなければならない。国家予算によって学び、奨学金を得ている学生については、年間の単位数は60単位以上とし、自ら授業料を支払っている学生については、ECTS単位の下限は1学期15単位、年間30単位とする。

　この高等教育システムによってCIS諸国やさらに遠くの諸外国にも国際関係を拡げることが可能となった。CIS諸国とは約20の国際協定に調印し、それ以外の諸外国とは約50の機関間の協定を結んでいる。現在3,000人以上のキルギスタンの青年が、正規の交換留学プログラムによって、ロシア、中国、ドイツ、フランス、トルコ、マレーシアなどの高等教育機関で学んでおり、ボローニャ・プロセスの実現によって、国内の高等教育機関とヨーロ

ッパの高等教育機関の距離が近づき、協力関係と教育の分野における改革の実施を促進することが期待される。

　キルギスは、ERASMUS MUNDUS、TEMPUS、UNESCO、UNDP、DAAD、ソロス基金、IREX（International Research and Exchange Board）、ACCELS（American Councils for International Education）のような留学と教員交流の国際的支援プログラムから大変大きな恩恵を受けている。さらに、「21世紀の要員」という名称の国のイニシアチブも、こうしたモビリティを推進している。これらのおかげで、研究分野におけるモビリティが著しく向上した。

　基本的には、キルギスの高等教育機関ではCIS（カザフスタン、タジキスタン、トルクメニスタン）とともに、トルコ、インド、シリア、アフガニスタン、パキスタン、中国、モンゴル、ネパール等からの学生が学んでいる。高等教育機関の国際的活動の基本的方向は、国際的高等教育機関、国際的教育基金および国際機関との国際関係の締結と発展、留学生との活動、外国の学術研究プログラムとの協力・連携ならびに教育の分野におけるプログラムの開発、高等教育機関の専門家の国際会議への派遣と外国からの専門家招聘である。

第3節　新しい財政システムの導入と教育予算

　高等教育費は国の社会・文化予算の一要素であり、その推移は**表2-8-3**のとおりである。教育の質を保証し、教育の過程の管理を改善するための方策をさらに発展させることを目的とし、2002年から国立高等教育機関に新しい財政システムが導入された。

　それは、共和国共通テストの結果によって、共和国予算から学生に国の教育助成金が給付されるというものだ。テストは、給付奨学金を授与する際に用いられる唯一の基準であるため、大きな意義を付与されている。国の給付奨学金を受けて高等教育機関で学んでいる学生は、2007/08年度初めには2万9,300人であり、うち第1学年入学者は約7000人である（表2-8-4参照）。国立高等教育機関の学生21万7,000人うち、国の奨学金を給付されているのは13.5％に過ぎないが、この割合は増加傾向にある。2008/09年度には、

表2-8-3　キルギス共和国国家予算からの支出（100万ソム）

	2002	2003	2004	2005	2006	2007	2008
社会・文化領域の支出合計：						20924,9	25057,8
うち教育費	3350,4	3753,6	4361,3	4917,7	6315,7	9176,5	11122
うち高等教育費	657,3	747,3	864,3	943,3	1135,2		
うち高等教育への消費的支出	598,1	673,1	775,1	878,4	1052,3		

出典：「キルギス共和国の教育と科学」キルギス共和国教育科学省、2008年、「数字で見るキルギス　共和国」2009年, www.stat.kg

　入学者の17.8％に相当する5,705人が奨学金を給付された。うち5,040人（88％）が教育科学省から給付されており、半数は教員養成にあてられている（2011－2020年教育発展戦略）。このように、現在、国立機関の収入の大半は自ら教育費を支払う学生に依存している。OECDの『図表で見る教育　2008年』等のデータによれば、キルギス共和国は高等教育の分野では世界で最も私的財源からの支出が大きい国の一つである。

　国立高等教育機関は国の予算配分を受けているが、高等教育費は教育分野に配分される国家予算全体の5.9％に過ぎない。国家統計委員会のデータで過去5年間の変化を見ると、国家予算における教育セクターの支出の割合はきわめて大きく、20〜23％を占めている。財務省のデータによれば、2001年にはGDPの3.9％、2005年には5％、2007年には6.5％となっている。高等教育機関への支出は、2003年度に比べて2006年には0.1％増加してGDPの0.99％となり、11億3,500万キルギスソムであった。

表2-8-4　国家予算により学んでいる学生の人数（年度初め）

	2002/2003	2003/2004	2004/2005	2005/2006	2006/2007	2007/2008
入学者	5399	6354	6691	6570	6926	6915
在学者	30065	29072	28575	27911	28589	29370
「専門家」取得卒業者	6675	6455	6217	5799	4591	4103
給付奨学金を得た「専門家」(％)	31	24	22	20	16	17

出典：「キルギス共和国の教育と科学」キルギス共和国教育科学省、2008年、「数字で見るキルギス　共和国」2009年, www.stat.kg

ここで指摘しておかなければならないことは、給付奨学金受給による入学を許可された学生は28％増えて2007/08年度初めには6,900人いたにもかかわらず、ディプロマを取得した卒業者のうち国家予算により就学した者の割合は31％から17％に減少していることである。表2－8－4は、国家予算により学んでいる学生数を示したものである。

　共和国内における授業料は多様である。これは、以前にいくつかの高等教育機関が、補充的収入源として学生を集めるために授業料を低く設定したためである。教育科学省は、国立大学の基本的な年間授業料として、全日制課程の学生には15,000ソム、遠隔教育課程の学生には13,000ソムとした。しかしながら、一部の高等教育機関は自らの授業料システムを選択する自由を認められているため、ある地方大学では授業料の上限を15,000ソムとしているのに対し、ビシュケクにある大規模高等教育機関で経済学を学ぶには約29,000ソムの授業料が必要とされるという。通信制・遠隔地教育は有償であり、平均授業料は全日制課程よりも安く設定されている。私立大学の授業料は国立大学よりも約25％高くなっている（国立が11,500ソムであるのに対し私立は14,300ソムである）。一部の有名大学の授業料はさらに高く、たとえばアメリカ大学では年間2000米ドル（約8万ソム）、イライム職業インスティチュートは約900米ドルである。だがこれらの2つの私立大学には複雑な奨学金制度があり、給付奨学金による支援も受けられる。すべての高等教育機関で留学生の授業料は割高に設定されている。

第4節　教育の質保証システムの改善

　高等教育機関の質保証システムは、急激に発展する高等教育システムに追いついていない。学生の急激な増加、新しい水準の構造の必要性とプログラム提供の改善、新しい機関の出現などすべてが、職業教育と高等教育機関を包括する教育科学省による中央集権化されたライセンスと審査という既存のシステムの潜在能力を低下させている

　既存の質保証システムでは、ライセンスは質保証の単純なメカニズムとな

っており、教員の資格、建物、施設設備ならびに教育資源のすべてがその要件に対応しているものとみなされる。審査は、高等教育機関のプログラムが、インプットに関するデータ・指標を利用しながら国のスタンダードに照らして評価されるプロセスである。このプロセスは教育科学省を通して実施される。教育科学省は同省の代表1～2名と他大学の研究者数名からなる審査委員会を設ける。審査のための評価は、通常3～5日間行われる。理想的には、各高等教育機関が審査委員会の訪問に先立ち自己評価を行っていなければならないことになっている。実施されているプログラムもしくは新しい教育課程が審査の要求水準に見合ったものであれば、それらは継続することができる。そうでない場合、プログラムは廃止しなければならない。各高等教育機関は5年ごとに審査を受けなければならない。

　教育科学省のライセンス供与および審査を実施する部局の機能を、個別の課程ではなく機関の課程に焦点をあてながら、完全に独立して審査業務を遂行できるように改善する必要があるという事が合意されている。この新しいアクレディテーション・システムは、アメリカ合衆国とヨーロッパの質の標準に関する先進的実践に匹敵するものとするために、現行の審査業務よりもかなり厳しいものとなる予定である。教育科学省の職員は、現時点でそのような審査のプロセスへの準備が整っている大学は20％ほどにすぎないだろうと予想している。ライセンス・審査院には職員が10人おり、うち5人ほどが大学院レベルの資格をもっている。このような職員数では、多数の機関とプログラムからの要請を満たすことはできない。教育科学省は、新しいシステムの提案を実現することを目的として著しい強化を求めている。これは、ドナーからの援助があればきわめて有効となる分野の一つである。

　国立教育機関ライセンス・審査院は1994年に創設され、現在、質保証の外部システムには、ライセンスと国のアクレディテーション（審査）が含まれる。高等教育機関は、専門家委員会の決定にもとづき、キルギス共和国国立ライセンス・審査院よりライセンスが付与された時点から教育活動を開始する権利を有する。評価の目的と課題は、高等教育用国家教育スタンダードに即して設定される。評価に関連する出費は大学が負担する。国のアクレディ

テーション（審査）を受けた教育機関は、国家教育スタンダードに対応するディプロマと学位の授与を認められる。このようなアクレディテーションの手順は、5年ごとに繰り返し実施される。アクレディテーションについての決定は、教育科学省の代表、高等教育機関の代表等が含まれる教育科学省付設の評議会においてなされる。

なお、審査に合格した高等教育機関は、5年間、ディプロマと学位を授与することができる。不十分な面があったり、中断せざるをえなかったりなどの理由により、審査合格期間が1〜3年と短期間になる場合もある。

国際機関を含むその他の専門組織による自主的アクレディテーションは法律によって認められているが、国内にそのような機関が不足しており、その手続きが高額であるため、そのようなアプローチが実施されることはきわめて稀である。2005年には、キルギス共和国大統領府付設の行政アカデミーとビシュケク財政・経済アカデミーの2校のみが中央アジア行政発展基金（CAMAN）の実施した国際的アクレディテーションであるCAMEQを受けた。現在、TEMPUSの「中央アジア質保証ネットワーク」プロジェクトの枠内で、独立のアクレディテーション機関の創設が予定されている。

第5節　高等教育セクターの抱える諸問題

キルギスの高等教育セクターの抱える問題をまとめれば、以下の諸点があげられる。

①非体系的・非連続的な政策

　高等教育の分野には高等教育の構造や内容を体系的に現代化したり、矛盾するシステムをなくすことを目指すための複合的政策が存在しない。バカラブル学位およびマギストル学位は労働市場では知られておらず、これらの学位が専門家学位に相当するものであるのかどうかについて疑念も生じている。バカラブリアートとマギストラトゥーラのプログラムを定着させて、専門家養成プログラムをしだいに縮小していくことに関しては障害がある。現状では、市場の需要と教育現場からの供給の間に不均衡（不足

もしくは過剰)が生じている。

②効果的でない質保証システム

　ライセンスと審査という2つの現存する質保証のメカニズムは、とくに効果を上げていない。それは、ライセンス付与と審査が質向上のためのモニタリングの手段として使われていないからである。高等教育機関の評価のための適切な基準やスタンダードがなく、そのようなスタンダードに照らして対象を体系的にコントロールするための独立した認証機関も存在しない。

③教師陣の質の低さ

　現行の基準は古くなっており、現代の高等教育システムのニーズに見合っていない。高等教育機関の教員採用の際には、公式には、講師の職位へはマギストルの学位をもっていなければならないが、実際にはバカラブル学位もしくは専門家ディプロマ取得者が学生の教育のために採用されている(講師のうち60%は学位をもっていない)。

④国家予算からの学生の教育費配分における非効率性

　2008/09年度、教育科学省は、5,705人分の奨学金の中から5,040人分の奨学金を配分した。これは国の奨学金の88%である。奨学金の約2分の1は、人気のない専門を選んだ学生に配分された。そのうちの多くは義務を遂行せず、最終学年でよりニーズの高い専門に移ってしまった。さらに、教育を修了することができたのは、76%にすぎない。このため、奨学金の総額は、実際の費用よりかなり低くなり、高等教育機関は有償教育プログラムで学んでいる学生の授業料によってその差額を補完せねばならなくなった。

⑤高等教育機関における研究活動の不十分性

　研究活動と高等教育との間に適切な関連がない。研究機関と教育機関を統合するという対策はとられたが、このような対策はフォーマルな側面にのみ向けられ、科学的実験の発展や学生の研究活動への参画といった多くの問題を含めることはできなかった。

第6節　教育システムの構造的再編のための基本的課題——まとめにかえて

　現段階での一連の課題のなかで優先的な位置にあるのは、高等職業教育システムの構造的再編である。リストラクチャリングの主な方向は、教育の商品とサービスの市場における需要と供給のバランスを保証し、世界的教育空間に参入することである。教育システムの構造的再編のためには、次の基本的課題を解決しなければならないだろう。

①教育プログラムおよび教育機関の多様化。
②国家の側だけでなく、個人や様々な社会的・専門的集団、市場経済、地方等の側からのニーズに対応した高等教育のシステムの構築。幅広く、文明化された教育サービス市場の形成およびそれらの輸出と輸入。
③教育システムの各段階に対応したひずみの解消、要員養成の構造(量)と労働市場における要員のニーズの構造(量)との間の不均衡の是正。
④生きた要請にもとづく教育機関ネットワークの最適化、そのような要請にもとづく新しい種類の教育ならびに新しいタイプの教育機関の創設と発展。とくに大きな構造的変革が必要なのは、経済学および法学の専門教育である。これらは多くの点で労働市場のニーズからかけ離れている。

これらの問題を解決するために必要なことは、以下のとおりである。

①職業教育機関をそれぞれの教育、研究、要員の潜在能力、最も重要な国および地方の社会・経済的、科学・技術的プログラム実現のためのプログラムへの参加の度合い、教育システムの発展における優先度にもとづき多様化すること。
②教育資源の流動性と生涯教育、教育、研究と産業の相互関係のための現実的形態として、多機能教育、研究・教育、研究・教育・産業の複合体形成の実践を強化すること。
③職業教育機関を、教育、研究、文化のセンターとしての大学コンプレク

スの構築と結びつけ、潜在力の統合を実現すること。
④高等職業教育機関を、研究・教育力と経済および社会的側面の発展における意義を考慮してカテゴリーに区分すること。それらにもとづき、教育プログラム実施のための水準と期間、財政基準と財源を多様化すること。
⑤国からの注文にもとづき、職業教育システムの先進的教育機関において地方のための要員養成を組織すること。学習者の競争選抜と責任の効率的メカニズムを含む目的養成システムを開発し実現すること。
⑥高等職業教育ネットワークを基盤とする、国の経済における革新的プロセスの発展を保証する科学・技術構造の構築を幅広く展開すること。

(注)本章は、キルギスタンTEMPUS国内委員会が欧州委員会TEMPUS事務局に提出したカントリーレポート「キルギスタンの高等教育(ВЫСШЕЕ ОБРАЗОВАНИЕ В КЫРГЫЗСТАНЕ)」(2010年)をキルギスタンTEMPUS国内委員会の許可を得て一部転載・再編したものである。

大学・職業教育2

第9章　高等教育における公正性確保と質保証
―不正行為対策に焦点を絞って：キルギス

松永　裕二

はじめに

　中央アジア諸国の高等教育は、ソ連邦崩壊・独立以降の市場経済化、民主化、情報化、グローバル化等に対応する過程において、大きな変化を蒙った。高等教育人口の急増、大学入試改革、高等教育の大幅な有償化、私立大学の認可(ウズベキスタンを除く)、ボローニャ・プロセスへの対応、高等教育の国際化、大卒労働市場の新規開拓など。と同時に、高等教育における公正性の確保と質の保証という問題も横たわることになった。この課題は、中央アジア諸国の高等教育において横行している賄賂などの不正行為の一掃と密接に関連している。旧ソ連邦時代においても高等教育における不正行為は珍しくはなかった。しかし、ソ連邦崩壊・独立後、中央アジア諸国では、それはなおいっそう深刻になりつつあるという指摘もある[1]。

　本章では、高等教育における公正性の確保と質の保証という課題を、高等教育における不正行為対策という側面に絞ってキルギス共和国を中心に考察する。まず高等教育における不正行為とは何かについて、その類型を示すことによって明らかにする。次いで、キルギス共和国の高等教育における不正行為の状況を、学生・教員・職員を対象に実施された調査結果を踏まえて検討する。最後に、高等教育における不正行為横行の原因を明らかにした上で、その対策について大学入試方法の改善などを取り上げて検討し、高等教育における公正性の確保と質の保証の可能性を探ることにしたい。

第1節　高等教育における不正行為とは

　高等教育における不正行為がもたらす結果は、多方面にわたりその影響力は深刻である。学生・若者の間に賄賂を使えば何でも解決できるという間違った価値観・倫理観の蔓延、高等教育の質の低下、専門的能力・準備が不十分な大学卒業生の輩出、国民や経済界からの高等教育への信頼の喪失、国際高等教育市場における競争力の低下など。このように、高等教育における不正行為は、社会、国家に極めてネガティブな衝撃を与える。高等教育は、どの国においてもそうであるが社会・経済・政治諸面のエリート、リーダーの養成に深く関わっている。よって、高等教育の質は、その国の将来を左右するといっても過言ではない。この意味では、高等教育における不正行為は、一般的な公的部門の不正行為に勝るとも劣らぬ深刻な影響を社会、国家に与えるのである。

　では、高等教育における不正行為とは、どのようなものであろうか。バンダービルト大学のルミャンツェワ, N. によれば[2]、高等教育における不正行為はまず大きく二つのタイプに分けられる。一つ目は、学生を行為主体として直接巻き込み、彼らの価値観、信念、ライフチャンスに直接の影響を与えるところの不正行為であり、二つ目は、学生を行為主体としては巻き込まず学生には限られた影響しか与えない不正行為である。後者の具体例としては、例えば大学管理職による公金の使い込みとか不正使用があげられるが、本章ではこれについては詳しく検討しない。

　第一のタイプの不正行為は、さらに次の3つに分類可能である。学生・教員間交換、学生・職員間交換、そして学生・管理職間交換である。それぞれについて、具体例を示そう。まず学生・教員間交換は、大学入試、中間試験、最終試験などにおいて生じる。物的な贈物や現金が、成績や他のアカデミックな成果と交換される。この交換への参加者は、学生と大学教員（教授）である。この交換は、学生の方から教員に申し出たり、教員の方から要求したりして成立する。学生・職員間交換は、図書館（冊数が限られている図書、教科書などの貸し出しに便宜を図るなど）、学生寮（入寮許可数に限りがあるのでその入寮

に際して便宜を図るなど)、学業成績証明書などの取得、奨学金の手続き、レクリエーション活動のディスカウント・チケットなどの取得のような学生サービスの領域で生じる。ここでも、物的な贈物や現金が各種学生サービスへのアクセスを有利にするために提供される。この種の不正行為への参加者は、学生と職員で、この場合も学生が求める場合もあれば、職員が申し出る場合もありうる。学生・管理職間交換とは、アカデミックな領域とサービス領域の双方で生じうる。その参加者は、学生と管理職(学部長など)である。その事例として例えば、管理職が、金銭・物品との交換で大学入学を請け負うということなどがあげられる。以上を踏まえて、キルギス共和国の高等教育における不正行為の実態をみていくことにしよう。

第2節　高等教育における不正行為の実態

　2006年の初めに、キルギス共和国のエバート基金が国内の高等教育機関で実施した調査は、私立大学である中央アジア・アメリカ大学の学生を除いて、国立大学の学生の多くが教員に日常的に賄賂を渡していることを明らかにした[3]。

　Dialectikon が2006年11月に実施したキルギス共和国の首都ビシュケク市内の5つの国立大学を対象にした社会学調査は、不正行為の実態をより詳細に浮き彫りにしている[4]。調査の対象になったのは、キルギス国立民族大学、ビシュケク人文大学、キルギス国立技術大学、キルギス国立医学アカデミー、キルギス国立建設・運輸・建築大学である。被調査者数は579名で、その内訳は、学生92%、教員6%、管理職(学部長など)2%であった。調査結果の概要は次の通りである。

　「試験期間中にお金や贈物などを渡した(受取った)か」の問に対して、被調査者全体の55%は肯定し45%が否定した。ただし、教員の72%は受取っていないと回答し、学生の43%は渡していないと回答した。大学別にみると、賄賂を渡した(受取った)と回答した比率が最も高かったのは、キルギス国立技術大学(61%)で、最下位はビシュケク人文大学(47%)であった。

賄賂の内訳は、現金が79％、贈物が23％、サービスが13％（複数回答可）であった。被調査者全体の54％は、試験期間に現金や贈物を渡したりサービスを提供したりすることは「賄賂」であると思うと回答したが、46％はそうとは思わないと回答した。興味深いことに、学生の61％はその行為を賄賂と認識していたのに対して、教員の方は33％としか賄賂と認識していなかった。また、学生の11％が分からないと回答したのに対して教員は33％が分からないと回答した。このように、賄賂に関する認識度は学生、教員で大きく異なる。教員にしてみれば、「賄賂」というより「手数料」的な感覚が強いのかもしれない。

賄賂のイニシアティブに関しては、被調査者の59％は学生がイニシアティブをとると回答したのに対して、教員の方から要求すると回答したのは30％に過ぎなかった。次に賄賂の渡し方についてであるが、現金に関しては、「世話役を通して」が一番多く44％、次で「教員へ直接に」が34％、「他の友だちを通して」が13％、「大学の管理職を通して」が8％という状況である。贈物に関しては、「教員へ直接に」が58％と一番多く、次いで「世話役を通して」が22％、「他の学生を通して」が12％の順であった。「世話役」とはロシア語でстароста（スターロスタ）のことであるが、このような役割の学生が存在することによって、学生・教員間の「交換」が組織的、効率的に実施されているのである。ある大学に10年間も在学して、スターロスタとしてうまい汁を吸っている学生の告白話もある。彼は、世話役の見返りとして20〜30％の報酬をとっているとのことである[5]。

次に、賄賂の頻度であるが、賄賂を1回だけ渡した（受取った）と回答したのは31％で、「時々」は44％、「試験期間度に」は21％、「試験科目ごとに」は4％という状況であった。賄賂の体験をもつ者は、かなりの頻度でそれを実行していることがわかる。

賄賂としてはどの程度の額の現金が支払われているのであろうか。「中間試験」－220ソム（6米ドル、2008年現在）、「最終試験」－380ソム（10米ドル）、「除籍からの復学」－2700ソム（73米ドル）、「無償枠（国費による授業料免除枠）への入学」－10500ソム（282米ドル）というのが回答結果である。このように、

賄賂の額は当然ながら「交換」のレベルが上がれば上がる程高くなるが、同国の国民一人当たりGDP（2007年）は27000ソム（730米ドル）に過ぎないので、「中間試験」といえども学生にとってその負担は軽くない。学生の両親や親戚が肩代わりをしなければ賄賂を渡すことはできないであろう。

以上、主として「学生・教員間交換」を中心にキルギス共和国の高等教育における不正行為の実態をみてきた。このような不正行為が生じる原因は何なのか、そしてその対策としては何が必要なのであろうか。

第3節　不正行為横行の原因

その原因としては、第一に、高等教育において不正行為が発生する根底には、高等教育への国家予算が大幅に削減されたことによって、各大学は自分自身で財源を探さざるを得なくなったという事情がある。このような条件下において、多くの大学では人気のある専攻分野を開設し授業料を徴収することによって自己資金を確保することが一般化した。所謂、国家教育システムの商業化、市場化である。このような状況が高等教育における様々な不正行為、例えば無償枠への入学のために賄賂を利用するなど、のための豊かな土壌を作り出しているのである[6]。なお、キルギス共和国では国立大学の無償枠は総定員数の13％に過ぎず、残りの87％の学生は授業料を支払わなければならない。加えて、同国では高等教育の授業料は国民の平均所得に比べて大変高い。国立大学の全日制課程では平均13139ソム（353米ドル）、私立大学の全日制課程では平均17705ソム（476米ドル）で、前者は一人当たり国民総所得の42.8％、後者は57.6％を占めている。OECD・世界銀行の調査によれば、世界で一番高い高等教育の授業料は一人当たり国民総所得の28％相当であったが、キルギス共和国の場合は、これを遥かに凌駕している[7]。

第二は、大学教員の給料の低さである。大学教員の平均的な給料は、月額1800～3800ソム（51～102米ドル）といわれている[8]。勿論全ての者がというわけではないが、大学教員の給料はこのように低すぎるので、生活や家族を養うために学生たちから現金や贈物を受け取ることを余儀なくされているよ

うである。先の Dialectikon による調査結果でも、回答者の18％が大学における賄賂の原因は大学教員の給料の低さにあると答えている。

第三には学生自身の問題がある。同じく上記の調査結果によれば、賄賂が横行する原因として第一にあげられたのは「学生自身が勉強をしない(勉強に関心がない)」(46％)ということであった。先に「賄賂のイニシアティブをとるのは学生である」と約6割の者が回答していることを示したが、賄賂を使いさえすれば単位が容易に取得できるシステムができあがっているのであれば、学生が本気になって勉強をする気にならないのは当然であろう。以上、不正行為横行の原因を3点にわたって論じたが、これを踏まえて最後にその対策について検討しよう。

第4節　対策

高等教育への国家予算配分の増加は、残念ながら期待薄である。それどころか、高等教育への国家予算を削減してそれを初中等教育の改善に回すという予定もあるようだ[9]。大学は、ますます自己財源の獲得のために奮闘しなければならなくなるであろう。

不正行為防止のための大学教員対策としては、まずは給料を引き上げる措置を早急にとることであろう。国際アタチュルク・アラトー大学はトルコ系の私立大学だが、この大学では教員に普通に生活できる給料が支給されていることもあってか、学生による賄賂問題は顕在化していないようだ[10]。既述の中央アジア・アメリカ大学も同じような事情と思われる。このように、大学教員の生活の保障は賄賂防止の要といえるが、国立大学の教員の給料引き上げは、しかしながら、財政難の折なかなか覚束無いというのが実情のようである。

大学管理職による公金の使い込みのような不正行為を防止するためには、大学の予算や会計の公開といった措置がとられなければならないだろう。キルギス共和国の大学にとって大学予算や会計の透明性を確保することは急務の課題である。

国家機関や教育科学省による監督の強化も不可欠だ。例えば、キルギス共和国汚職防止局と教育科学省委員会は、最近、大学入試を巡る不正行為を理由に指導的な二つの大学の学長を解雇したし、2008/2009年度には合計で21320名（学生総数の約10%）の学生を除籍処分にしている[11]。キルギス共和国の全ての大学では、現在、大学教員、学生、保護者、外部者からなる「不正行為防止委員会」が設置されている。

学生に対する対策としては、大学で「反不正行為講座」とかいった講義を開講したり、不正行為防止のための各種キャンペーンを学内で組織し参加させたりするといったことが不可欠であろう[12]。学生たちは、単位や卒業証書を「買う」ことによって、自ら大学教育の価値を引き下げていることに早く気付かなければならない。学生による教員評価を実施したり、学生組合が不正行為防止のために活動したりすることも重要である。ちなみに、教育団体ネットワーク（EdNet）が2007年11月にキルギス共和国の13の国私立大学で行った学生組合の機能に関する調査によれば、その機能として42.5%の学生が「学生の権利の擁護」、25%の学生が「学生活動の組織」、16%が「不正行為のための闘い」をあげていた[13]。

社会や経済界は、高等教育（大学卒業生）の質の問題に対してもっと厳しい目をもつことが必要であろう。中央アジア・アメリカ大学の社会研究センター研究員のマンベタリエワ, E. によれば、キルギス共和国では高等教育修了者の5〜10%しか能力のある専門家としては評価されないということだ[14]。このように、学生の多くは卒業の時に、卒業証書を取得したとしても専門に関する十分な知識と準備をもっておらず、労働市場においてその要求に応えることができず仕事を見つけることができない。他方、キルギス共和国では雇用者は従業員の採用に際して専門的な資格（能力）には殆ど関心を示さないともいわれている[15]。専門的能力がなくても、コネ、推薦、同郷関係などで就職が決まるというのは珍しいことではないようだ。大卒労働市場は、購入された卒業証書ではなくて、大卒者が本当に身につけた知識や専門性、実力を重視する姿勢をもっと厳しく持つべきであろう。

このように高等教育における不正行為の一掃は一筋縄ではいかないが、こ

のような状況下において、唯一成功しているといわれている対策は、大学入試方法の改善であろう。2001年に教育・文化省大臣に就任したシャルシェケエワ, C. は、それまで個別大学ごとに実施されていた大学入試での賄賂の横行を一掃するために、大学入試の改善に乗り出した。2002年から、アメリカのUSAID（アメリカ合衆国国際開発庁）の財源的な支援のもとに、独立の機関である「教育評価・授業方法センター」によって「共和国共通テスト」が管理・実施されることになった[16]。2009年10月22日に、我々はキルギス共和国教育・科学省職業教育局を訪問し、職業教育局長（当時）のサドゥイコフ, K. 氏に同国の高等教育についてインタビューをしたが、その際、同氏も、このテストの導入目的の一つは、大学入試を巡って横行している賄賂の防止であると明言した。

共和国共通テストは、アメリカのSATのような多肢選択型の適性テスト

共和国共通テストの受験の様子

カドゥイロワ, M.「共和国共通テストの組織と実施」（中央アジアフォーラム：高等教育機関への入学とテストの発展 2009年11月5～6日におけるプレゼンテーション、原文は露語）より

(必修)と選択の科目試験から成る。採点は全てコンピュータによって行われるので評価結果の「客観性」が保たれている。この試験によって、キルギス共和国のすべての若者に高等教育への公正で透明で平等な機会が保障されるというわけである。この試験は、しかしながら、高卒の大学受験生全員が受験するのではない。その受験生は、国立大学の無償枠(教育、医学、エネルギー、軍事などの分野)への入学を希望する者だけである。2002年の受験者は14000名弱であったが、これ以降は毎年約35000名(高校卒業生総数の約50％)が全国で約5700名の無償枠を目指して競争している[17]。共和国共通テストは、2011年度からは大学受験生全員に課されるようになった。この措置によって大学入試での賄賂が根絶されることを教育・科学省大臣のサドゥイコフ, K. は期待している[18]。

結びにかえて

オトゥンバエワ, R. 前大統領は、2010年10月5日の「青年会議」において、「我が国の大学では依然として不正行為が蔓延しているが、若者は、これと闘う力を持っている。若者は、不正行為を一掃できる。学生は誰が何のために賄賂を受取るのかを知り、そのことを包み隠さずに話さなければならない。」[19]と述べ、青年・学生たちを鼓舞した。

高等教育における不正行為問題は、しかしながら、これまでみてきたように、学生たちを鼓舞しさえすれば解決できるような単純なものではない。高等教育における不正行為を一掃して高等教育の公正性を確保し質を保証するためには、抜本的な対策としてキルギス社会の民主化促進、市場経済の適正な発展、法による支配の確立こそが、真に求められているのである[20]。このことは、また、キルギス共和国以外の中央アジア諸国にも共通して指摘されることである。

注

1 Corruption in former Soviet bloc universities increases,threatens value of higher education.（http://peabody.vanderbilt.edu/corruption_in_former_soviet_bloc_universities.xml, 2011/05/31）, Kyrgyzstan:Officials Strive to Curb Corruption in Education System.（http://www.eurasianet.org/print/59247,2011/01/29）を参照のこと。なお、高等教育における賄賂などの不正行為横行の背景には、キルギス社会全体に汚職（不正行為）が蔓延しているという事実がある。ちなみに、2010年11月に実施された世論調査によれば、キルギス国民の80％が「汚職水準は高い」と回答している（IRI.Baltic Surveys/The Gallup Organization,Kyrgyzstan National Opinion Poll,November 2010）。

2 Nataliya L. Rumyantseva.Taxonomy of Corruption in Higher Education. *Peabody Journal of Education*,80（1）,2005, pp.81-92.

3 Osipian,Ararat. " Feed from the Services": Corruption and Coercion in the State-University Relations in Central Eurasia. MPRA, 01.October 2007, pp.12-14.

4 ディアレクティコン「報告　独立社会学調査『キルギス共和国の大規模大学における不正行為の諸要素』」（原文は露語）、ビシュケク、2006年11月。

5 Aibek Karabaev. Corruption threatens Kyrgyz educational system.（http://centralasiaonline.com/cocoon/caii/xhtml/en_GB/features/caii/features/main/2010/03/03/feature-02,2011/08/11）

6 マンベタリエワ、E.「高等教育システムにおける不正行為、源泉、規模、解決手段」（原文は露語）、中央アジア・アメリカ大学、社会研究センター、1-2頁。

7 OECD. *Reviews of National Policies for Education Kyrgyz Republic* 2010 *Lessons from PISA*. OECD, 2010, pp.327-328.

8 Kyrgyzstan:Officials Strive to Curb Corruption in Education System.（http://www.eurasianet.org/print/59247,2011/01/29）

9 Kyrgyzstan: A Corrupted Future.（http://chalkboard.tol.org/Kyrgyzstan-a-corrupted-future, 2011/06/12）

10 Lutfu Sagbansua,Ibrahim Keles. Managerial and Educational Features of a Turkish University in Central Asia. *Bulgaria Journal of Science and Education Policy*（*BJSEP*）,Volume1,Number1,2007, p.194.

11 The Istanbul Anti-Corruption Action Plan Second Round of Monitoring Kyrgyz Republic（Report on key anti-corruption measures and investigation, prosecution and adjudication of corruption cases, presented by the Kyrgyz Republic at the 8th Monitoring Meeting of Anti-Corruption Network For Eastern Europe and Central Asia on 29-31 March 2010）. pp.3-4.

12 マンベタリエワ、E.、前掲論文、3-4頁。

13 Natalia Nikitenko. Fighting Corruption in HEI:Kyrgyzstan Experience（Presentation from the anti-corruption Forum "Toward Greater Integrity in Higher Education"）.

14　マンベタリエワ, E.、前掲論文、3頁。
15　Aibek Karabaev. op.cit.
16　共和国共通テストについて詳細は、http://www.testing.kg/ru/testing を参照のこと。
17　I.P.Valkova (Director of the Center for Educational Assessment and Teaching Methods). Identifying Talent for Higher Education:The Kyrgyzstan's Experience. 2009、イ・ペ・バリコワ（教育評価・授業方法センター長）「キルギスタンの大学への進学にとっての共和国共通テストの特徴」(原文は露語)、2009年。
18　サドゥイコフ, K.「2011年度に共和国共通テストの受験証明書は、キルギス共和国の全ての大学における契約形態の学習への志願者の入学にとって基本文書となる」(原文は露語)、(http://www.24g.org/community/89510-kanat-sadykov-v-2011-godu-sertifikat.html,2011/06/13)
19　Youth is able to eliminate corruption in universities of Kyrgyzstan.(http://eng.24kg.org/community/2010/10/05/13932.html,2011/08/08)
20　この点に関しては、鈴木拓・岩崎一郎、「移行諸国の汚職水準とその決定要因」、『比較経済研究』、第46巻第1号(2009年1月)、97–114頁を参照のこと。

コラム：大学受験特訓塾

　タシケント国立東洋学大学の日本学科に昨年2010年9月に入学した学生には、ジザク、カシカダリア、ナボイ、フェルガナ、ナマンガンなどの地方都市出身者が多く、多数を占め、タシケント出身は、12名のうち3名だけである。以前は、ほとんどタシケント市内の学生で、地方出身者は1割にも満たない少数であったが、これは、独立後20年を経た変化の一つとも思える。これは、教育水準が地方でも高くなってきて、合格者が増えたと考えられる。ちなみに2011年のタシケント国立東洋学大学の合格者は50パーセント以上が地方出身者である。

　東洋学大学受験も競争率が高く、難関の大学のひとつである。浪人して入学する学生も多くある。現在わたしが担当する一年生のクラスにも浪人し、受験勉強をして合格できた学生が多くいる。12名のクラスのうち7名は浪人。ファルフ君もその一人だ。友人の勧めで、リセ3年の2009年2月から、その後一浪し2010年8月まで大学受験特訓塾で学び、2010年9月にタシケント東洋学大学に入学し、現在日本語を学んでいる。もちろん大学付属リセからの優秀な学生も進学する。

　この受験特訓塾「ムハマド・エリオル」学習センターは、ナマンガン市シャルタク地区にある。ナマンガンは、ウズベキスタン共和国のナマンガン州の州都。首都タシケントから北東のほうに車で4時間ほど行ったところ、天山山脈の西のはずれのウズベキスタン第二の、フェルガナ盆地最大の都市。花の町といわれるように自然が豊かである。キルギス国境に近い町である。

　このセンターの塾長は1985年生まれの塾の名前どおり、ムハマド・エリオル先生で、7ヶ国語が堪能で、この秋にエリオル先生の結婚式があった。この塾では、90パーセントの大学合格率を誇っている名門大学予備校である。このセンターの先生は、歴史の科目担当二人、英語の担当一人、言語学担当二人でエリオル先生を含めて5名が教えている。このセンターの先生はみなエリオル先生の教え子でエリオル先生がセンターで教えるように呼んだそうである。

　ファルフ君とクラスメイトのゴイブジョン君、ジュラベク君、ウミドジョン君の4人は、さらにナマンガン市内からタクシーで1時間ぐらいかかるところに住んでいるため、センターに宿泊する。宿泊と言ってもセンターに宿泊設備が別にあるわけでなく、昼間は教室で使う机を四つ合わせて、そこに布団をしいて寝る。起きたら、布団をかたづけ、すぐ勉強に取り掛かる。寝室すなわち教室だ。アパートを借りたり、下宿したりして、そこから通っていた塾生も多くいたそうだ。フェルガナ、アンディジャンなどナマンガン市

の近辺の都市からも来るほどのこのセンターは実績がある名門塾だ。
　朝4時の起床とともに予習復習の勉強が始まる。先生も4時からその日にチェックするテストを作成する。センターでの日課は、6時から先生と共に授業が始まる。6時から8時までは英語、朝食は8時。朝食後すぐに歴史の授業が開始。朝6時から、夜8時まで昼食休憩の12時から1時までを除いて、連続授業である。センターは二階建てで、食堂もあり、そこでご飯を食べる。寝るのは、夜1時と言うから、睡眠時間は3時間である。かつては日本でも「四当五落」と言われた時代があったが・・・。
　ファルフ君が受験勉強していた当時は、塾生は150名くらいであったが、今は、200名くらいに増えている。そして、数学、自然科学系の科目も教えるようになったそうだ。クラスは10クラス、一クラス10〜12名くらいの少人数制。毎日小テストをする。毎月3科目の大学受験科目、つまり英語、ウズベク語、ウズベクと世界の歴史の模擬試験を行い実力を調べるのである。本番の入学試験問題は「国家テストセンター」で作成される。ライバル意識をもたせるために常にテストをする。塾生達は、みんなで時計を見て、1時1分、2時2分、3時3分のように同じ数字の時間になる度に、「かならず合格します」と誓い合ったそうである。
　ここの塾生の進学先は、首都タシュケントの大学で経済経営大学、金融大学、タシュケント国立東洋学大学、世界言語大学などである。2010年には、私の勤務している大学には、8人受験し、7人が合格できたそうである。
　塾では1ヶ月か2ヶ月に一回程度帰宅する生活だったそうで、ファルフ君の大学入学後の猛勉強ぶりもすごい。そして、やる気満々だから、進歩も速い。
　このセンターへの希望者は、みんな入れるが、1ヶ月後にテストを行い80パーセントの点が取れる知識があると認められれば、その後も継続してセンターで勉強することが出来る。1ヶ月の授業料は、1科目15000スムで、3科目で45000スムである。受験勉強するためにタシュケントなどでやっている個人レッスン料は、1科目1時間20000スムが相場だそうであるから、この塾の授業料は大変安いものである。（1円＝ 22,99スム 2011.11.16現在）
　そういえば、この「ムハマド・エリオル」学習センターは、歴史的に演劇家のハムザ・ニヤジ、ウズベクの文学者アリシェル・ナボイなどの多くの学者や啓蒙家が後進の教育のため無料で私塾やイスラム神学校で教えていた伝統を受け継いでいるかのように私には思える。塾長のエリオル先生は1年に1回タシケントに出てきて同窓会を開く。塾卒業生も必ずその後の報告に塾に立ち寄るとのこと。

（菅野　怜子）

大学・職業教育 1

第10章　高校生の9割が学ぶ職業カレッジ——ウズベキスタン

水谷　邦子

第1節　独立後の政治・社会事情と教育改革

■ 新興独立国の産業化の推進

　1991年8月にウズベキスタンは独立したが、それまでには政治的にも経済的にも、また意識や心理の面でも独立の準備はなかった。今日では、政治面ではウズベキスタンは、ロシアからの独立傾向が独立国家共同体(CIS)諸国の中では比較的強い国の一つとなっており、中央アジアの盟主を任じている。経済的にも、ロシアに依存する道を拒否し、ロシア、ベラルーシ、カザフスタンなどが結成した関税同盟などにも入らず、自力で産業建設を進める路線を歩もうとした。

　ウズベキスタンはソ連時代には、産業としては、綿花栽培のモノカルチャーに特化させられていた。高度な近代的産業部門は、大部分をロシアやウクライナなどに頼っており、重要な近代産業はほとんど存在しなかった。独立後は、ウズベキスタンの各分野で重要なポストを占めていたロシア人の多くが去り、基本的な産業の全分野を自力によって振興することが国家にとっての緊要の課題となった。しかし、そのための産業インフラは不十分で、その整備拡充が重大な課題となった。それ以上に深刻だったのは、近代的な産業を担うための人材の不足であった。新興独立国として、産業の全分野にわたって、市場経済時代の企業家や経営者、技術者、労働者などを新たに育成しなければならなかった。

　1998年8月29日の人民代議員大会でカリモフ大統領が述べているように、ソ連時代には普通教育学校の義務教育を終えた9学年の卒業者45万人の内、55％にあたる約25万人は完全中等教育学校の10学年に、そして約10万人

は職業技術学校か中等専門学校に進学するものの、残りの 10 万人の若者には進学の機会がまったくなかった。10 学年の完全中等学校は進学コースだが、この進学コースに進んだ約 25 万人の場合も、高等教育機関に進むことが出来たのはその内わずか 10％前後、つまり 2 万から 2 万 5 千人で、それ以外の 90％は具体的な職業も将来に必要な技術を身につけることもできなかった。それに、職業学校もその物質的、技術的基盤の脆弱さ、要求される知識水準の低さ、あまりに狭い専門教育、教師の質の貧弱さが指摘されていた。結果的に、16 － 18 歳の若者の多くが、その人生において彼らの能力、意欲、希望に沿った居場所を見つけることが出来なかったのである[1]。

　ウズベキスタンは、人口 2780 万人のうち、18 歳未満の人口が 48％（2009 年）という年齢構成の国である。しかも近代的産業の振興を図っているとはいえ、基本的には農業国、しかも相当後れた農業国で、近代的な工業や金融業、第 3 次産業はまだまだ未発達だ。このことは、膨大な数の若年労働者を吸収する産業が存在しないということを意味しており、潜在的な若年失業者は公式統計よりもはるかに多いと考えられる。しかも、独立当時は若年失業者が増加しており、失業者の 7 割が 16 － 24 歳だった。これら社会的に恵まれない青年層が不満分子として反体制的な政治運動や、原理主義的な宗教活動に走ることを政権は強く懸念していた。2000 年代には「ウズベク・イスラム運動」などウズベキスタンのイスラム原理主義グループが大統領暗殺未遂事件を起こしたこともある。このような過激派はタジキスタンやキルギス、アフガニスタン等を股にかけて、活発な活動を展開している。また失業、半失業状態にある若者は、非行に走り、社会的な不安を引き起こしたりもする。このような青年層に対しては、単に取締りを強化するだけでは対応しきれない。そこでこれらの若者にしっかりと職業教育を施して、経済活動や国家建設に有用な人材に育てたいという切実な意図が教育改革にはある。

■ 9 割の生徒が学ぶ職業教育

　ウズベキスタンでは、1992 年 7 月に教育法が発布されたが、1997 年 8 月には改正が行われ、中等専門職業教育が謳われた[2]。また、1997 年 10 月

には「人材養成国家プログラム」[3]が公表され、1997－2001年を第1段階、2001－2005年を第2段階、2005年以降を第3段階として新制学校の新築、改築、設備機材設置の計画を進めながら、徐々に旧制度から新制度に変えていき[4]、最終的には185のアカデミック・リセと1611の職業カレッジとなる予定だった。この教育改革の最大の特色は、9年制の普通義務教育終了後に、日本の高校にあたる3年制の中等専門職業教育制度を創設し、生徒全員に12年間の無償義務教育を受けさせることにしたことだ。1割の生徒は、アカデミック・リセにおいて大学進学を目指す中等専門教育を、9割の生徒は職業カレッジにおいて普通教育の継続と職業資格取得を目指す中等職業教育を学ばせることとした。つまり、ウズベキスタンの若者は18－19歳になるまでは、全員が学校に在籍することになった。

　1998年にパイロットスクールとして開校された15のアカデミック・リセと20の職業カレッジが5,662人の生徒を迎えて開始されたこの新制度は、2011年8月、生徒の進学先が決まった8月現在では、1396の職業カレッジに547,674人、141のアカデミック・リセに36,826人が入学するまでになった。卒業者全体の約93％が職業カレッジに、約6％がアカデミック・リセに入学した[5]。

■ **職業教育の意義とステータスの変化**

　この教育改革の柱は、新しい理念に基づく中等専門職業教育であった。中でも、国民教育の9割を占めるのが職業カレッジであり、この職業カレッジに対しては国の将来をかけて取り組んだ。新しい職業カレッジはそれまでの職業教育とは根本的に異なるものでなければならなかった。設備の面でも、ソ連時代の職業技術学校では、工場で使い古し廃棄処分にされるような旧式のものが払い下げられるのが普通であったが、新しい職業カレッジでは最新式の設備や機器で職業教育を行なわなくてはならないという方針が出された。また、技術指導員もかつては年配の企業退職者が多かったが、職業カレッジには再教育を受けた若く有能な人材を充てるようになり、全教員の資格向上の研修も以前の5年毎から3年毎になった。旧制の職業技術学校や中等

専門学校が徐々に職業カレッジに移行すると、そのステータスもはっきりと変化し、大学進学の道も開かれた職業カレッジとしてイメージを一新したのである。職業カレッジの卒業者全員が、現在では277の専門の1000以上の職種の中から2～3の職業資格を取得し、企業に就職することも、自営業を営むことも、さらにまた大学に進学することもできるようにした。たとえ就職できなくとも、正式に自営業を営むことが出来るようにしたことがポイントである。

　ウズベキスタン共和国高等中等専門教育省第一次官で中等専門職業教育センター長のジャブロノフ氏との2010年10月の面談によれば、1998－2009年に建設されたアカデミック・リセと職業カレッジに向けられた国家予算は、40億ドルであった。この分野への外国からの資金は4億8400万ドルで、日本からの資金は5600万ドルの貸付と700万ドルの無償貸与だった。前者を利用して50校の農業カレッジの機材や設備を購入、整備し、後者を利用して9ヶ所に教員の資格向上・再教育センターを設立することができたとして、日本に対する謝意が述べられた。

職業カレッジの授業風景

2009年のデータでは、職業カレッジ卒業者の88％が企業に就職している。また職業カレッジからの大学進学者は、初期には8－10％が大学に進学すると想定していたが、職業カレッジの数が増えた近年では平均2％の1万5千～2万人が大学に進学しているという。2％とはいえ職業カレッジ数は多いので、アカデミック・リセからの大学進学者の30％にあたる。ただし、首都タシケントの場合は職業カレッジからの大学進学者も多く、2009年には職業カレッジ卒業者の30％が大学に進学した。初期の職業カレッジでは、新設カレッジ数も少なかったので入学志願者の競争率が高く、多くの職業カレッジでは定員をはるかにオーバーしていた。しかし職業カレッジの増加や出生率の低下により、競争率は低くなり、2014年には全入となる予定だ。初期の職業カレッジと異なり、ほとんどの受験生が入学できるようになった職業カレッジの中には、卒業者が大学にはまったく進学できないところもある。また、本来、大学進学を目的としているアカデミック・リセにおいても同様で、中には40～45％しか大学に進学できないリセもあるが、平均では80％が大学に進学している。このような状況を受けて、2004年からは、アカデミック・リセを卒業後、大学進学できない者に対しては特別措置として一定の範囲の職業資格証明を与えて就職できるようにした[6]。共和国発行の職業資格証明書なしでは、就職もできなければ自営業を営むこともできない。一般的には、職業資格証明書を出すことのできるのは職業カレッジだけである。

第2節　教育改革の実際的運用について

■ 生徒の進学先はどのようにして決められるのか

　ウズベキスタンの子どもと親にとっては、どのアカデミック・リセあるいは職業カレッジに入るかは重大な関心事となっている。というのは、今日では、アカデミック・リセにも職業カレッジにも、レベルの差や人気の高低があるからだ。
　新制度導入にあたって、1998年2月に共和国高等中等専門職業教育省の下に中等専門職業教育センター、国民教育省の下に職業指導心理・教育診断

センターの二つのセンターが同時に設立された。中等専門職業教育センターは規範文書の作成、専門職業教育のスタンダードや教授法の開発、教科課程や規定の承認、アカデミック・リセと職業カレッジの校長の任命などを行う。つまり、中等専門職業教育と教育政策を決定するのだ。さらに、職業カレッジとアカデミックリセ用の教科書の発行、教育国家予算と投資予算の決定をする。また、教員の資格向上・再教育大学を有し、校長、教員、技術指導員の資格向上のための研修や再教育を行う。国内12のすべての州には、センターの支部がある。

　生徒の進路決定をスムーズに行うためには入念な制度が設けられている。生徒は、7歳からの普通教育学校入学時点から9学年を卒業するまで職業指導心理・教育診断センターの管理下におかれている。ここには、医者、矯正士、職業指導専門家、心理士からなる4部門があり、早期(6歳)入学の資質診断も行われる。また9学年を卒業する際には、すべての生徒に彼らの適性に関する推薦状を出す。一方、各学校にも、教師、心理士、医者、職業指導専門家からなる委員会があり、9年間にわたって様々な角度から生徒を観察し、特に卒業学年の9年生にはどのような学校に進学すればよいかをアドバイスする。9年間の基礎教育卒業証書と共に進学先の推薦状を渡す。ほとんどの生徒はその推薦に従うという。

　普通教育学校の校長は、毎年、6月15日までに卒業試験を行い、6月20日までに卒業証書を作成する。また、6月20日までに、卒業者と親が選択した学校の申請書に基づいて国民教育省と中等専門職業教育センターは協力して卒業者一人ひとりのポートフォリオ(ファイル)を作成する。一方、各アカデミック・リセと職業カレッジには相談センターが設置される。普通教育学校の校長または副校長は、6月30日までに卒業者と親の前でそのポートフォリオを志望学校の相談センターに提出する。もし、志願者が定員を上回った場合は、中等専門職業教育地方行政機関で調整を行い、例外的な場合としては国家テストセンターによる選抜試験となる場合もある[7]。

　職業指導は、「労働」とその他の科目全般の中で行われる。生徒の心理的特徴や可能性、健康状態、社会の需要を考慮した指導が行われる。2年前からは、

父親の懇談会を行う学校もあるという。ウズベキスタンでは伝統的に、子どもの教育や躾は最終的には父親の責任とされているからだ。職業指導心理・教育診断センターの専門家も、生徒と親にどのようなアカデミック・リセあるいは職業カレッジが適当かを様々なデータをもとに話し合う。事前に、生徒のアンケート調査を行い、「私の将来の職業」というテーマの作文コンクールを開催する。また、在学中に、生徒は企業訪問、就職見本市、職業フェスティバルに参加する。そのようなプロセスを経て、生徒は一人ひとりが職業カレッジに入学した3年後には、必ず学ぼうとしている専門の職業に就けることを確信できるようになる[8]。

■ 市場経済への移行と職業カレッジ

独立後の大きな変化は、経済面の市場化である。ウズベキスタンはロシアやカザフスタンとは異なり急激な市場化には慎重であるが、着実に市場化の波は押し寄せている。当然のことながら、職業教育もこれに対応するものでなくてはならない。計画経済の時代には、経理や法律の専門家は、企業運営で決定的な意味はもっていなかった。しかし、企業が民営化され、独立採算に移行すると、企業運営のノウハウが重要な意味を有するようになる。税制や経済関連の諸法令はめまぐるしく変わっており、これらに通じているか否かは、企業経営にとって死活の重要性を帯びるようになった。職業カレッジの初期には特にこれらの専門に人気があって高い競争率だった。

表2-10-1は、中等職業教育機関の専門家としての資格を得た卒業者数である。ここから読み取れることは、もっとも急激な増加が見られるのは通信分野で、2000年を基準にすると卒業者の絶対数は約100倍の伸びである。ウズベキスタンにも急速にIT化の波が押し寄せてきていることがわかる。また、サービス分野においても2002年に初めて1900人の卒業者を出して以来、わずか5年で10倍に増加している。レストランやホテルビジネス、ファッション関係が盛んになっている。工業では、自動車、建設、灌漑に関係した職種の需要が多い。一方、農業分野は2000年から2005年までは卒業者数の増加に比例して増えているが、2006年には急激に減少に転じている。

2006年の卒業者では、最も多数を占めるのが保健で、次いで通信、工業、教育、経済と続く。

表2-10-1　中等職業教育機関による専門分野別専門家卒業者数[9]

(単位　千人)

	2000	2001	2002	2003	2004	2005	2006
卒業した専門家総数	79.3	91.5	119.0	103.5	194.7	217.6	237.1
内　訳							
工　業	13.8	17.0	21.5	19.4	32.7	34.6	35.5
建　設	4.9	6.0	8.1	6.8	13.2	14.6	14.9
農　業	11.3	13.8	21.5	18.2	35.1	37.0	11.4
交　通	2.3	2.7	3.5	3.7	8.5	9.1	7.6
通　信	0.4	0.9	1.4	0.9	6.1	6.7	39.8
経　済	9.7	11.1	12.1	12.0	22.6	25.3	27.0
法　律	1.0	1.6	2.1	0.3	1.8	1.9	2.2
保　健	22.9	22.1	26.2	21.2	30.1	36.8	41.7
体育・スポーツ	0.2	0.2	0.3	0.4	0.9	1.1	1.5
教　育	11.7	14.8	18.5	16.2	21.7	26.8	31.3
サービス	―	―	1.9	2.0	15.4	17.8	18.3
藝術・映画	1.1	1.3	1.9	2.4	6.6	5.9	5.9

■ 労働市場を反映する職業カレッジ

　前述の、ジャブロノフ氏によると、民族的要因に配慮したウズベク教育の目的は調和的に発達した個性を育てることであり、そのために若者が肉体的、道徳的、精神的に向上することのできる条件を整え、独自の思考、広い視野、人生における自分の位置を定めさせることを目指している。なぜならば、それなくしては近年のめざましい社会変化や市場の発達に敏感に反応し、時代の要請に応えることはできないからである。2010年には1370の職業カレッジと138のアカデミック・リセで合計1508の学校に約1500万人が在籍した。同年、43万人の卒業者が271分野に就職した。これは、学校、生徒、企業の3者の雇用協定によるもので、今後もこの方法でやっていきたいと述べている。

　つまり、労働市場で求められている専門や職種をいちはやく職業カレッジ

で養成するというものだ。労働市場の動向やその傾向の変化に応じて、入学時にはすでに生徒の卒業後の就職を安定的なものにするためである。2011年7月には、職業カレッジ卒業者の専門分野に対する産業界からの批判的分析を受けて、国内59の職業カレッジの教育分野の再検討をすることになった。労働市場の動向を受けて、養成する専門職種は拡大、または縮小される。中でも、生産部門とサービス部門には毎年多くの新しい職種がでてきているので、それに応じて養成する職種も拡大することになった。また、20の職業カレッジでは、労働市場の需要の変化に応じて養成する教育する専門分野を変更することになった。

　実際すでに労働市場の需要の変化に応じて各地の職業カレッジは教える専門を変化させている。地域によって、その地域の産業に応じた様々な変化が生まれており、例えば教員養成カレッジが軽工業カレッジに、生活サービスカレッジが石油ガス工業カレッジに、コンピュータテクノロジーカレッジが貿易サービスカレッジ等に変貌した。また、職業カレッジがアカデミック・リセに変わるケースもある。例えば、ナマンガン州では建設デザインカレッジが、ナマンガン工業工科大学附属アカデミック・リセNo.2となった。また、保健分野も重要視されており、国内6つの医科大学に78の附属医療カレッジがある。また、2010－2011年度には、教育、技術、物質面において優秀な地方の14の職業カレッジを選び、実験的に32の分野を新設することになっている[10]。

■ 若者の人材養成は国の存亡を決める

　ウズベキスタンの職業教育は、深刻な政治問題を内包している青少年問題への対策という側面も有している。あるいは、政治・社会事情との関係で、職業カレッジが担っている特別の役割がある。それは、職業カレッジはたんなる教育や経済の問題ではなく、失業状態あるいは潜在的な失業状態にある青少年が、反政府活動や宗教的に過激な方向に、また非行に走らないための対策という側面もあるということである。2011年にチュニジアやエジプトで始まった「アラブの春」は、若い失業者の不満が背景にあった。若い世代の

不満が政治的な不安定を生むことはウズベキスタン当局も早くから自覚しており、その対策を真剣に考えていた。教育改革もこの問題と密接に結びついている。失業した若者は、非行に走り、社会的な不安を引き起こしたりもする。このような青年層に対しては、単に取締りを強化するだけでは対応しきれない。

　政府には職場分配プログラムがあり、それにしたがって毎年卒業者の職場分配を行っているが、全員に職場を与えることはできない。そこで、35歳未満の若者が65％を占めるウズベキスタンでは、政府の決定によって、小額貸付銀行から自営用機材購入資金を借り入れることが出来るようにした。就職できなくとも、資金の借り入れをして大工や美容院等の自営業をすることができる。若者にビジネス経営のやり方を教えて自営できるようにも指導している。

　現代の国際問題との関連で注目されることは、社会からはみ出て不満を抱く青年層が社会・政治不安の要因になること、いわゆる「アラブの春」的な状況を生む青少年問題への対策として、ウズベキスタンでは職業教育を特別に重視してきた。政府も1990年代に教育改革を始めたときから、すでにこのことを視野に入れていたということは注目に値する。

注
1　カリモフ, A. I.「調和的に発達した世代はウズベキスタンの進歩の基礎である」タシケント、Shark、1998年、10頁。英文。
2　ウズベキスタン共和国法「教育について」1992年。同改正、1997年8月29日。
3　ウズベキスタン共和国法「人材養成国家プログラム」1997年8月29日採択。
4　ウズベキスタン共和国内閣府政令「1999 − 2005年のアカデミック・リセならびに職業カレッジの発展と財政的・物質的・技術的基盤のプログラムについて」1998年9月23日。英文。
5　「カレッジとリセ、受入れ終わる」2011年8月8日。OLAM．uz（http://news.olam.uz/nauka/3984.html）学術・教育欄。露語。
　　ウズベキスタン共和国内閣府政令「1999 − 2005年のアカデミック・リセならびに職業カレッジの発展と財政的・物質的・技術的基盤のプログラムについて」1998年9月23日。英文。

6 アカデミック・リセの一部では大学進学だけでなく、専門資格を習得し、卒業後は職業カレッジの卒業者同様に働くことを勧めているところもある。例えば、製造業者、学術秘書、実験助手、オペレーター、コンピュータグラフィック専門家等である。自動車・道路大学附属アカデミック・リセでは自動車教習コースをオープンしている。
 http://news.olfm.uz/nauka/3984.html 2011年8月8日。露文。
7 「普通教育学校9学年卒業者の中等専門職業学校への受け付けならびに受理方法についての規則」2010年6月7日付ウズベキスタン共和国内閣府政令N 109附則No.2、2010年6月7日。露文。
8 「民族教育モデルの主要な目的は調和的に発達する個性を育むことである」
 http://www.uzbekistan.be/press-releases/independence/06.html 2010年7月28日。露文。
9 http://hghltd.yandex.net/wandbtm?fmode=envelope&url=http://www.statisticx.uz/userfiles/publicant... 露文。
10 hppt://www.podrobno.uz/ 通信社「詳細」露文。

コラム：ベシュバルマクとプロフ

　食文化を言葉で伝えるのは難しい。ソ連に留学していた1960－70年代のことだが、ロシア人に日本の刺身、寿司の話をすると、びっくりして「日本人は野蛮人か！」と言われたものだ。彼らにとって、生魚を食べるのはシベリアの未開民族の蛮習なのである。それが今では、モスクワには寿司レストランや寿司バーが数百も出現し、高級寿司店への出入りは、成功したロシア人のステータスシンボルとさえなっている。

　一方、日本では羊肉は臭いとかクセがあると敬遠する者が少なくない。馬肉も「桜肉」と称されて、特殊な扱いをされてきた。しかしカザフスタンやウズベキスタンでは、羊肉・馬肉料理は最高の料理であり、その味を覚えると病みつきになる。「一番肉が好きなのは？オオカミで次はカザフ人」。これは遊牧民族カザフ人のジョークだが、ここで言う肉とは羊肉のことだ。イスラム圏では最高の肉とされているのは羊肉であり、実際、現地で食べる羊肉料理には嵌ってしまう。私が初めて羊肉を味わったのは留学先のモスクワ大学の寮だった。家族ぐるみで懇意にしていたカザフ人が「ベシュバルマク（5本指の意）」という手料理をよくご馳走してくれた。長時間煮込んだ羊肉とパスタの料理だ。名前の通り、熱々を手で食べる。「カジィ」という馬肉ソーセージの輪切りが上に乗っていると一段と豪華だ。これもトロっとしていて病みつきになる。

　ベシュバルマクがカザフ料理の代表だとすれば、ウズベク人のそれはプロフである。やはり留学時代のことだが、プロフを出すモスクワのレストラン「ウズベキスタン」はロシア人の間でも評判で、零下20度の真冬でもいつも長い行列があった。プロフは羊肉と米の炊き込みご飯だが、今もウズベキスタンのバザールではプロフ用の肉と香辛料が威張っている。婚礼の宴でもプロフが主役だ。千五百人分ものプロフを用意し、村中どころか、通りがかりの旅行者まで招く。私も葡萄の木の下での宴に招かれたことがある。トッピングとして、羊肉と一緒に長時間煮込まれたニンニクがまるのままで乗って

いる。クリームのように柔らかく、わが家で作ると家族で奪い合いになる。ウズベキスタンでは、プロフの名人はつねに男性でとても尊敬されている。家庭では主婦が料理を作るが、婚礼や来客時など、ここぞという時は男性の出番だ。カザンという鋳物のプロフ用鍋も重要だ。私もタシケントで博物館ものと言われた年代物のカザンを入手し、特別に海外持ち出し許可を得て日本に持ち帰った。今では、結婚した娘たちもそれぞれカザンをもち来客にプロフをご馳走している。わが家で客にプロフを振る舞うときには、最初は羊肉料理ということを伏せて出す。満足したとき、羊肉だと言うと、皆が驚く。

　食文化という肉感的な文化でさえ言葉で伝えることが難しいとすれば、また偏見をなくすことが出来ないとすれば、他国の宗教、芸術、その他のより高度で複雑な文化を私たちはどれだけ理解できるだろうか。

(水谷　邦子)

写真：プロフなどの民族料理に不可欠なタシケントのバザールの香辛料売り場

第Ⅲ部

教育戦略とグローバル・ガバナンス

第1章　世界の「多極化」と中央アジアの教育協力

澤野　由紀子

第1節　「多極化」する世界のなかの中央アジアの位置

　1990年代の後半から世界の「多極化」という概念が広まっている。ロシアと中国は冷戦構造崩壊後のアメリカによる世界の一極支配を避けるため、概念の定義が不十分なままに国際舞台でこの言葉を積極的に用い、自らが中心となって多様な「極」をつくろうとしている。だがいずれも国内問題を抱えており未だ世界の「極」となるには至っておらず、世界は「無極化」しているとも言われている(Haas)。ロシアと中国に隣接する中央アジア諸国は、このような国際情勢のなかでどのような立ち位置を確立しようとしているのだろうか。本章では、アメリカやEUに対する対抗軸として旧ソ連を構成していた国々とその周辺諸国が構築しようとしている新しい教育協力のネットワークに着目してみたい。

　中央アジアは、ユーラシア大陸の中央に位置することから「中央アジア」と名付けられているが、地政学的な中心となったことは未だかつてない。ソ連邦時代は「東側諸国」のなかの「周縁」に位置づいていたが、ソ連邦崩壊とともにグローバル化が進む中で、東西の戦略の要所であり、石油と天然ガスの産地でもあることから、周辺諸国との権益をかけた競争の中心として表舞台に上ることとなった。教育の分野では、旧ソ連・東欧地域の旧社会主義諸国に対する「西側」諸国や国際機関・NGOからの「民主化」支援にもとづき、市場経済への移行を目指す人材養成のために、生徒中心の学びへの転換、ナショナル・カリキュラムスタンダードの導入、教育行財政の分権化、高等教育の民営化、成績評価の標準化、教科書出版の自由化などを含む「旅する政策(travelling policy)」とも呼ばれる「パッケージ化されたポスト社会主義教育改革」

の手法が導入された。そして、2001年の米国における9・11事件以後、中央アジアはイスラム原理主義の蔓延に歯止めをかける上でもまさに戦略的な要所となり、欧米からの支援が増していった。

しかしながら、バルト3国や東欧の「民主化」がEU加盟によって「完成」したのに対し、中央アジア各国の政治・経済の状況は、国際機関や西側諸国の思惑どおりにはなかなか改善されず、ドナーとして中央アジア諸国に関わる人々の間には理想どおりの改革が進まないことに対する徒労感や苛立ちが表れている。国際機関やNGOに関わる教育専門家の欧米中心主義的な思考ともあいまって、最近の中央アジア諸国の教育に関する英文の研究論文や報告書には、「危機」「悪化」「失敗」「腐敗」「不安定」といったキーワードが散見される。こうした論考は、いずれも様々なデータや国際指標、フィールドにおける質的調査の結果にもとづき、中央アジア諸国ではソ連時代と比べて教育格差が増大し、成績評価や入試をめぐる腐敗が進んでいることを指摘している。中央アジア諸国の教育は、このままでは制度が崩壊、専門的人材も流出し再生不可能となる、と警鐘を鳴らす専門家も多い。中央アジアはこうして、貧困と社会不安の蔓延する世界の周縁国というイメージを付与された。（Silova 2011, International Crisis Group 2011）

だが、前章までに紹介してきたとおり、中央アジア諸国の教育現場の実態は、こうしたステレオタイプな負のイメージからはかけ離れている。多くの問題を抱えながらも、意欲的に教え学ぶ教員や子ども・青少年の姿がそこにはあった。中央アジア諸国の学校には、ソビエト教育科学の名残ともいえる類似の学びの文化が今も残っている。社会主義時代の共通の教育の伝統とインフラをもつ国々が今、教育協力のネットワークで再び連帯を強めつつある。

第2節 「共通の教育空間」を標榜する国際ネットワーク

1990年代から中央アジア諸国は、環境問題の改善、農村開発、民間企業の振興、貧困削減、持続可能な開発など、様々な分野における多国間および二国間の国際援助・協力を受けてきた。教育の分野の代表的な多国間協力と

しては、世界銀行、アジア開発銀行(ADB)、欧州復興開発銀行(EBRD)、国連(UN)、欧州安全保障協力機構(OSCE)、欧州連合(EU)等を通じた教育協力がある。二国間協力では、アメリカ合衆国国際開発庁(USAID)と日本の国際協力機構(JICA)のプレゼンスが高い。また、オープン・ソサエティー・インスティテュート(ソロス財団)、アーガ・ハン財団といった民間の財団や、子どもの権利擁護を標榜するSave the Children、CARE等のNGOも中央アジアに活動の基盤を広げていった。

■ EU－中央アジア教育イニシアチブ

こうしたなかで、2000年代に入り、中央アジアの教育に対する影響力を強めているのが、EUである。EUは、2007年以降「EU－中央アジア戦略」にもとづく教育協力に重点を置き、学生や研究者の交流を進める「中央アジア欧州教育イニシアチブ」、高速地上ブロードバンド「Eシルクハイウェー」を用いた研究・教育eネットワークCARENの構築ならびに欧州訓練基金(ETF)による職業訓練振興などの事業を推進している。このうち「欧州教育イニシアチブ」は「ボローニャ・プロセス」とも連動している。「ボローニャ・プロセス」は、1999年に当時のEU加盟15カ国とバルト三国、東欧諸国などを含む計29カ国が、①各国の学位の比較が容易にできるシステムの適用、②博士課程の前段階に2つのサイクル(学士課程と修士課程)を基礎とする高等教育制度の導入、③第1サイクル修了時に授与される学位(学士号)により卒業者が欧州の労働市場に就職できるようにすること、④「欧州単位認定制度(ECTS)」にもとづく単位制度の構築、ならびに⑤高等教育の質を確保するための欧州レベルでの協力の推進を目指す「ボローニャ宣言」を採択し、2010年を目標年として一つの欧州高等教育圏(EHEA)の構築が進められた。「ボローニャ・プロセス」に正式に参加するには所定の手続きによる協定への調印が必要であり、バルト3国のほかに旧ソ連では2003年にロシア、2005年にウクライナ、モルドワ、アルメニア、アゼルバイジャンおよびグルジアが調印した。中央アジア諸国はヨーロッパの国ではないため調印する資格がなく、TEMPUS(EU隣国の高等教育現代化事業)を通して欧州型の高等教育システム

導入の準備を進めた。この準備に最も熱心に取り組んでいたのはキルギスであったが、「ボローニャ・プロセス」が2010年3月の「ブダペスト・ウイーン宣言」によって完了する直前にカザフスタンが欧州文化協定に調印し欧州諸国の一員となったため、突如としてEHEAへの47カ国目の正式参加国となった。EHEA加盟諸国は、09年4月にレーベン・コミュニケにより定められた2020年までの新たな目標にしたがって、今後は欧州の高等教育において生涯学習を重視し人々のアクセスを拡大するとともに、一層のモビリティーを促進し、大学卒業者の20％を留学経験者とすることを目指していく。EHEAへのカザフスタンの正式加盟により、中央アジアからEU諸国への留学生を増やすと同時に、他のアジアの国々から中央アジアへの留学生を増やし、中央アジア諸国をユーラシア大陸の高等教育の中心とすることにも期待が寄せられている。

「中央アジア欧州教育イニシアチブ」では、中央アジア諸国における欧州に関する研究の拠点づくりにも力が入れられ、とくにビシュケクに設立された大学院大学であるOSCEアカデミーへの支援が行われている。OSCE（欧州安全保障協力機構）は、紛争の抑止と紛争後の復興を目的とする国際機関であるが、教育の分野では特に紛争予防と紛争後の復興、人権教育、環境教育、女子教育、少数民族教育等の振興に重点を置き、中央アジアを含む全CIS諸国への支援を行っている。

表3-1-1　EU-中央アジア教育イニシアチブ（2007～2010）の構造

EU-中央アジア教育プラットフォーム	特定の活動	広報・交流活動
ハイレベル会合	TEMPUS（大学教育欧州横断モビリティー計画）	共同イベント
テクニカル・ワーキンググループ	エラスムス・ムンドゥス計画（1） ボローニャ・プロセス（2）	刊行物の共同出版
国レベルの対話	欧州職業訓練基金（ETF） 中央アジア研究・教育ネットワーク（CAREN）	

(出典) Jones (2010: 6)
注　(1) EUとEU域外諸国との留学生・研究者交流への補助事業。
　　(2) 欧州高等教育圏(EHEA)構築へ向けた準備期間をボローニャ・プロセスと呼んでいた。2010年に完了。

204　第1章　世界の「多極化」と中央アジアの教育協力

　EU は、欧州という多様な諸国からなる「地域」における教育・研究面のネットワークづくりのノウハウを中央アジア地域にも応用できると考え、表3－1－1のように、対話のためのプラットフォームづくりと、国境を越えた教育・研究の交流を促進するための具体的補助事業ならびに広報・交流活動における協力の3本柱で EU 諸国と中央アジア諸国を結ぶネットワークづくりに取り組んでいる。その際、例えば、トルクメニスタンにはポーランド大使館、ウズベキスタンにはラトビア大使館を通じた教育支援を行うなど、2004年以降に EU に加盟した旧社会主義国の教育の国際化の経験を活かすことが重視されている。

　中央アジア諸国はまた、図3－1－1のように、EU と類似の手法により独自の教育協力体制づくりを目指す新しいネットワークの構築にも積極的にかかわっている。

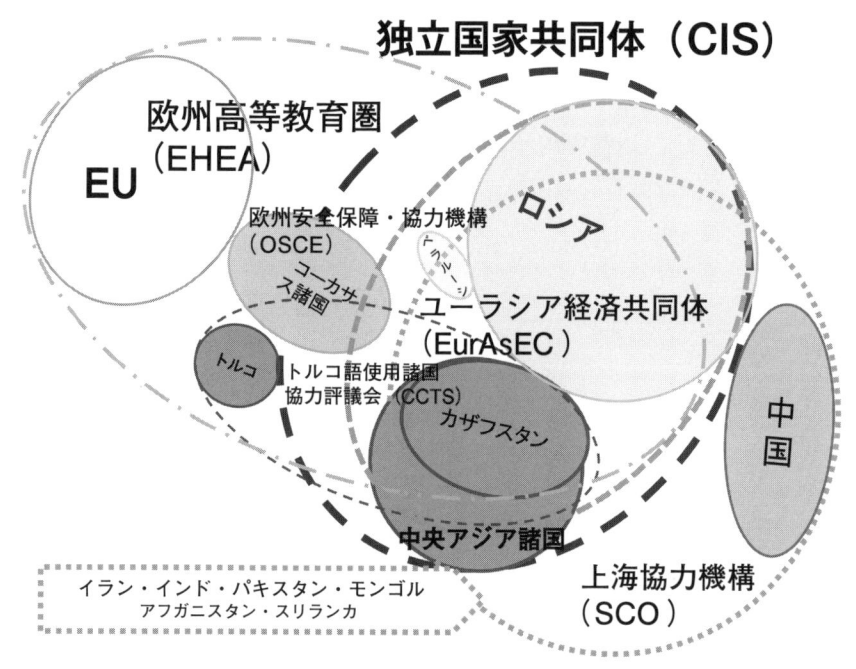

図3－1－1　中央アジア諸国が参加する主な国際教育協力ネットワーク　（筆者作成）

表3-1-2　バルト3国を除く旧ソ連邦構成国の教育ネットワーク参加状況（2011年11月現在）

	CIS	MFGS	EurAsEC	SCO	CCTS	EHEA	OSCE
カザフスタン	○	○	○	○	○	—	○
<中央アジア諸国> ウズベキスタン	○	○	○*	○	—	—	○
キルギス	○	○	○	○	—	—	○
タジキスタン	○	○	○	○	—	—	○
トルクメニスタン	○	—	—	—	○	—	○
<コーカサス諸国> アゼルバイジャン	○	○	—	—	—	○	○
アルメニア	○	○	オブザーバ	—	—	○	○
グルジア	2009年脱退	—	—	—	—	○	○
モルドバ	○	—	オブザーバ	—	—	○	○
ウクライナ	○	—	オブザーバ	—	—	○	○
ベラルーシ	○	○	○	パートナー	—	—	○
ロシア	○	○	○	○	—	—	○

（筆者作成）

＊　ウズベキスタンは２００８年から運営組織には不参加。

■ 独立国家共同体

　EUと同様の共通の教育空間を、バルト三国やグルジアを除く旧ソ連の国々の間で構築しようとしているのが、独立国家共同体（CIS）である。最近のCISは首脳会談でも全員がそろうことは少なく、形骸化が進んでいるが、教育の分野では2000年代後半からむしろ結束力を強めている。

　CIS諸国の教育分野における協力関係は、当初の加盟10カ国の首脳により1992年5月に調印がなされたことによって開始された。CISにおける教育の分野の組織には、CIS教育大臣会議とCIS教育評議会があり、各国持ち回りで年2回以上の会合を開催している。2011年9月現在CIS教育大臣会議に参加しているのは、アルメニア、ベラルーシ、カザフスタン、キルギス、モルドワ、ロシア、トルクメニスタン、タジキスタンとウクライナの9カ国である。そのほか、一部の国のみが参加する専門会合や二国間の会合が頻繁に開催されている。また、大学レベルの交流として、CIS学長会議が定期的に開催されている。

　CISは1997年に「CISにおける共通教育空間構築に関する協定」を締結す

るなど共通教育空間維持のための様々な合意文書を採択し、多様な教育協力を進めてきた。だが、国際情勢の変化と様々な政治的思惑が絡み、2000年代の協力体制は、旧ソ連地域の統一的教育空間の維持と教育修了証書の相互認定に主眼を置いていた初期の協力体制とは異なるものとなっている。

先述のように、欧州高等教育圏構築を目指すボローニャ・プロセスにロシアが2003年から、ウクライナ、モルドワ、グルジア、アルメニアおよびアゼルバイジャンの5カ国が2005年から参加し、欧州諸国に倣って高等教育学位制度の見直しを行っている。その際、従来のソビエトの高等教育システムには存在しなかった学士課程と修士課程を導入することが最大の課題となった。これに伴い、ボローニャ・プロセスに参加していないベラルーシや中央アジア諸国を含めて、CIS域内でも留学生交流推進のために同様の学位制度の見直しと共通化が必要となった。

そこで最近のCIS教育大臣会議とCIS教育評議会では、①大学の単位互換制度、②学位制度の共通化、③言語教育（主としてロシア語）に関する協力関係の強化を図っている。国家間では、①パートナーシップ、②共同プログラム、③専門分野別のアソシエーションやコンソーシアムの設置による協力が行われている。各国政府の首脳は、CIS首脳レベルで承認された計画にそってこれらの協力協定を結んでいる。その他、コンピテンスを基盤とする高等教育のカリキュラムやスタンダードの作成方法、初等中等教育における理数系の教科教育法、教育の質と教育経営の評価について共通のシステムを作ることも検討されている。2008年からは、新たにCIS学力オリンピックの開催と、「CIS成績優秀者賞」制度の導入も検討されている。

また、2005年5月には「CIS加盟国人道的協力に関する宣言」、同8月には「CIS加盟国の人道的協力に関する合意」が採択され、翌06年5月にドゥシャンベで開催されたCIS首脳会議において、アルメニア、ベラルーシ、カザフスタン、キルギス、ロシア、タジキスタン、ウズベキスタンの7カ国により「CIS加盟国人道的協力国際基金（MFGS）」の創設に関する協定に調印がなされた。08年7月にはアゼルバイジャンも同協定に調印し、本格的活動が始まった。基金は各国の拠出金から成るが、大部分はロシア政府が拠出して

いる。MFGS は政治に関わるのではなく、人々の生活に直接関わり、CIS 諸国の人々の交流を拡大し、創造的計画を拡充することを使命としている。具体的には、教育、科学、文化、スポーツ、青少年交流、マスメディア、ツーリズムの分野における CIS 諸国の交流促進のためのプロジェクトを実施しているほか、交流活動を行う既存の組織に対する財政面の支援を行っている。

2010 年 4 月には、「大祖国戦争勝利 65 周年祝典」の一環として、カザフスタンの首都アスタナ市において第 1 回 CIS 教職員大会が開催され、上記の CIS の教育協力の方針を支持し、互いの経験を学び合いながら、CIS の「統合」と共通教育空間づくりに協力することが決議された。そのために CIS 教職員大会を 2 年に 1 回のペースで定期的に開催することとなり、2012 年の第 2 回大会の開催地はアルメニアのエレバンに決まった。

CIS はまた CIS 全体の分野別の基盤研究拠点づくりに乗り出しており、基礎科学の分野ではモスクワ国立大学、人文・社会科学・経済学ではサンクトペテルブルク国立大学、技術・テクノロジー教育ではベラルーシ国立技術大学、教員の資質向上に関してはアルメニア国立教員研修所など、2011 年までに 14 の大学や研究所が拠点としての指定を受けている。うち 9 つがロシアにあり、中央アジアには拠点は設けられていない。

■ ユーラシア経済共同体

ユーラシア経済共同体（EurAsEC）は、2000 年にロシア、ベラルーシ、カザフスタン、キルギス、タジキスタンの 5 カ国によって多国間の経済協力を促進するため新しい関税同盟と共通の経済空間をつくることを目的として結成された。06 年にはウズベキスタンも加盟したが、08 年以降は運営組織における活動を停止している。09 年 2 月に EurAsEC の統合委員会は、1998 年に現在の加盟国間で締結した「教育、学位および称号に関する文書の相互認定と同等性に関する協定」を実現するために、「教育、学位および称号に関する文書の相互認定と同等性に関する評議会」を設立していたが、09 年にこの評議会を「教育評議会」として再編した。教育評議会の課題の第 1 は、ユーラシア経済共同体に共通の教育空間を形成するための協力について共同提案を行

うことにある。第2の課題は、職業教育の質の向上と学生と教員・研究者のアカデミックな交流の促進である。そして第3は、教育の分野における国際的プロジェクトとプログラムの開発と実現である。CIS の教育評議会の任務と重複する部分が多いが、経済共同体を標榜していることもあり、EU の共通教育空間構築のための活動の手法を参考にしている部分が多い。中央アジア諸国にとっては、ヨーロッパ部とコーカサスの国々が加盟していない EurAsEC は、CIS に比べて、地域内の教育の分野における国際交流という観点からより実効性のあるネットワークとなっているように見受けられる。

■ 上海協力機構

　中央アジア諸国がユーラシア大陸の中心としての存在意義を活かすことのできるもう一つのネットワークとして、上海協力機構(SCO)が注目される。SCO はユーラシアにおける安全保障の確保を主な目的として 2001 年に中国とロシア、カザフスタン、ウズベキスタン、キルギスおよびタジキスタンの 6 カ国により創設された。中国以外の加盟国は CIS にも加盟していることから、SCO は CIS とともに高等教育レベルの単位互換制度や留学生交流などの教育協力関係を強化する方針を定め、その具体化へ向けた方策について検討している。

　2010 年の SCO 教育大臣会議において 07 年から構想されていた「SCO 大学」の創設が正式に定められ、2011 年から大学院修士課程のみで試行されている。SCO 大学は SCO 加盟各国の大学ネットワークで、2 国間協定による留学生交流を行う。2011 年 6 月現在、各国の主要大学 60 校以上が SCO 大学ネットワークに参加している。SCO の公用語はロシア語と中国語であるため、SCO 大学もこの 2 言語が教授言語となっている。このため学生には最低限の言語能力を習得していることが要件となる。

　また、2009 年 5 月にロシアのエカチェリンブルグで加盟各国の青年団体の代表により「SCO 青年会議」を設立するための会議が開催され、「上海協力機構青年会議創設宣言」および「上海協力機構青年会議規程」が採択された。SCO 青年会議は、SCO の基本的政策の継続性とその歴史的使命の実現を促

進するために、SCO加盟諸国の青年の様々な分野における交流を進めることを目的としている。

　中国とロシアという大国が主導するSCOであるが、中央アジア諸国を含め、試験と評価で学習者が競争する教育文化を共有する国々がひとまとまりとなって、EUや北米とは一線を画す教育空間をユーラシア大陸に構築しようとする動きに、SCOにオブザーバーやパートナーとして参加するモンゴル、イラン、インド、パキスタン、アフガニスタン等が将来加わっていくことも予想される。

■ **トルコ語使用諸国協力協議会**

　CIS諸国を含む上記の新しい教育協力ネットワークでは中央アジア諸国の人々もロシア語使用者として参加しなければならない。これに対してチュルク語系統の言語、歴史、文化、宗教ならびに民族的アイデンティティの面で共通するところの多いカザフスタン、キルギス、アゼルバイジャンとトルコが2009年に設置したのがトルコ語使用諸国協力協議会（CCTS）である。これは1992年から定期的に会合が設けられている「トルコ語使用諸国首脳会議」の決定による。CCTSが掲げる課題の一つに「科学、技能、教育、文化における相互関係の促進」がある。トルコ語学習のために留学生交流を促進することにより共通の教育空間を広げていこうとしている。CCTSの中心は経済力に優るトルコであるが、中央アジア諸国からの留学生の受入に関してはカザフスタンが積極的な動きを見せている。

おわりに：ユーラシア経済同盟の胎動

　図3-1-1や表3-1-2に示したとおり、カザフスタンは上記すべてのネットワークに入っている。現在のところCCTS以外のネットワークでは、経済的にも教育制度的にもインフラが整っているロシアが中央アジア諸国よりも強い影響力をもっているが、今後は、先述のとおり2010年の欧州文化協定調印によりヨーロッパの一員となったカザフスタンが、他の中央アジア諸国

や南アジアの国々の教育に対する影響力を強めていく可能性がある。11年11月18日、カザフスタンのナザルバエフ大統領は、ロシアのメドベージェフ大統領およびベラルーシのルカシェンコ大統領とともに、モスクワのクレムリンにおいて、15年までに「ユーラシア経済同盟」を創設することに関する共同宣言にも署名した。ユーラシア経済同盟は、次期大統領選への出馬を表明したロシアのプーチン首相が、11年10月にヨーロッパとアジア太平洋を効果的につなぐ役割を果たす世界の「極」とすることを期待して創設するという構想を発表した。12年1月からは常設の「ユーラシア経済委員会」が稼働することになり、キルギス、タジキスタンをはじめ他の旧ソ連地域の国々にも参加を呼びかけ、経済危機に直面しているEUを反面教師としながら、経済、雇用と安全保障の共通空間構築を目指していく。こうした動きに伴う地政学的な中心の形成状況とともに、中央アジアの教育協力ネットワークにどのような変化が生じていくのか、今後の展開を注視していきたい。

参考文献

Hass, R.N. 2008, The Age of Nonpolarity – What Will Follow U.S. Dominance, *Foreign Affairs*, May/June 2008, Vol.87, Number 3, pp.44-56.

International Crisis Group 2011, Central Asia –Decay and Decline, *Asia Report* N°201 – 3 February 2011, Bishkek/Brussels

Jones, P. 2010, The EU-Central Asia Education Initiative, *EUCAM Working Paper* No.9, EUCAM(EU – Central Asia Monitoring)

Silova, I. (Edit.), 2011, *Globalizaion on the Margins –Education and Postsocialist Transformation in Central Asia*, Charlotte, North Carolina (Information Age Publishing, Inc.)

澤野由紀子，2009「CIS諸国の教育協力ネットワーク再構築」(特集Ⅱユーラシア諸国の教育問題)、『ユーラシア研究』No.41、November 2009, pp.22-27.

第Ⅲ部　教育戦略とグローバル・ガバナンス　211

撤去されたレーニン像の台座のまわりで遊ぶ子どもたち
カザフスタン・セメイ市役所前の広場　後方の看板はカザフスタン共和国憲法制定15周年の広報(2010年9月)

コラム 「CIS加盟国人道的協力国際基金」による教育協力

　モスクワに本部を置く"NGO"CIS加盟国人道的協力国際基金（MFGS）の究極の目的は、ソビエト時代からの蓄積のある芸術文化や学術研究、教育などの分野で才能ある若者を発掘し、国境を超えた人的ネットワークを築き発展させることにより、分裂しつつあったCIS諸国を統合の方向に向かわせることのようだ。

　たとえば、2008年にキルギスのビシュケクで「私たちはCISに生きる」をテーマとする絵画コンクールが実施され、CIS諸国から選ばれた10校の子どもたちの絵が出展された。その後モスクワで展覧会を開催し、マスメディアにも大きくとりあげられた。また、CIS青少年シンフォニー・オーケストラ・プロジェクトでは、CIS各国の音楽学校の才能ある子どもたちをモスクワに集め、著名な指揮者による演奏指導を行い、CIS各地を巡りコンサートを開催した。

　教育協力活動としては、CIS諸言語の中等学校用教科書や言語学専攻の大学用現代ロシア語シンタックス教科書などの出版を行っている。MFGSはCIS加盟国の政府が財政難で教科書を作成できないような場合にこうした支援を行っている。言語教科書作成の際は、言語教育の基盤研究拠点として指定されているモスクワ人文言語大学やレニングラード言語大学などからCIS諸国の教育省がそれぞれ執筆者を選定する。MFGSはまたCIS諸国の民族作家の本や民話・童話などを他の共和国に紹介する活動も行っている。

　2009年には若手教員コンクールが開催され、CIS諸国の30歳以下の教員が参加。「歴史」「民族言語・文学」「ロシア語」の3部門についてそれぞれ3名の最優秀若手教員を選出した。入賞者の授賞式は、09年9月24日にモルドワのキシニョフで開催された第4回CIS芸術・科学インテリゲンツィヤフォーラムにおいて実施された。このフォーラムにはロシア連邦のメドベージェフ大統領も参加し、MFGS基金への最大出資国としてのロシアの存在感がアピールされた。

（澤野　由紀子）

（写真）CIS加盟国人道的協力国際基金の刊行物『フォールム・プリュス』2011年第3号。表紙絵はCISのロゴを用いたモチーフ。

コラム 「アーガ・ハン開発ネットワーク」と中央アジア大学

　90年代から旧ソ連地域の教育の民主化を推進する活動に取り組んでいるNGOといえば、ハンガリー出身のユダヤ系アメリカ人投資家ジョージ・ソロスの財団によるオープン・ソサエティ・インスティテュートがよく知られているが、中央アジアの貧困地域ではスイスを拠点とするイスラム教イスマイール派のイマーム、アーガ・ハンが代表を務めるアーガ・ハン開発ネットワーク（AKDN）による教育支援が注目される。AKDNの活動は、経済開発、社会開発ならびに文化の3本柱で行われており、それぞれに下部機構がある。教育支援は社会開発の一環として行われている。AKDNはイスラムの理念にもとづいてこれらの活動に取り組んでいるが、各事業は信仰、出自やジェンダーに関わりなく実施されている。

　アーガ・ハンは、中央アジアの山岳地帯における新しい知のハブと雇用の創出を目的として、2000年に、カザフスタン、キルギスおよびタジキスタンの政府と共同で、パミール高原、テンシャン山脈とヒンドゥークシ山脈が交差する3カ国の山岳部に世俗の私立大学として中央アジア大学（UCA）を創設した。本部はキルギスのビシュケクにあるが、キャンパスは、タジキスタンのホログ、キルギスのナリン、カザフスタンのテケリの3カ所に置かれ、日本人建築家の磯崎新が設計を担当している。3つのキャンパスには学寮も完備され、計画通りに建築が完成した際には4000人の学生を収容できるようになる。授業料は有料で、教育機関所在地の経済状況を勘案して毎年定めることとなっている。

　UCAは専門・継続教育学校、文理学部ならびに開発大学院からなる。専門・継続教育学校では、ビジネス英語、コンピュータ操作法など地域のニーズに即応した学びのほか建築、エコ・ツーリズムなどの分野の職業訓練や起業家教育を行っている。文理学部では、1）人文（歴史、語学、文学、哲学）、2）社会科学（人類学、経済学、政治科学、社会学）、および3）科学・技術（生物、化学、工学、数学・コンピュータ、物理）のコースがある。開発大学院は、専門職大学院であり、ビジネス・経済開発、教育政策、人材開発、自然資源管理・環境、公共行政・政策、地方・地域開発ならびにツーリズム・レジャーの分野において高度な技能を有する専門家、意思決定者と政策研究者の養成を目標としている。また、中央アジアにおける大学教員および研究者の資質能力向上を目的として、中央アジア・ファカルティ・ディベロップメント事業、アーガ・ハン人文科学事業ならびに研究事業を実施している。教授言語は英語だが、母語とロシア語も流暢に使えるようになることが求められる。

　このように国際的に通用するレベルの教育・研究を行うことによって、中央アジア諸国だけでなく、トルコやパキスタン、アフガニスタン、インド、ネパール、中国などからの留学生を誘致することもねらっている。

（澤野　由紀子）

http://www.ucentralasia.org/programmes.asp

第2章　教育戦略のグローバリズム

福田　誠治

　中央アジアの人々はどのような暮らしをしていて、これからどうしていくのだろうか。遠い国々に見えても、そこの若者たちもグローバリズムの波に洗われ、豊かな暮らしと自由を夢見て、民族の伝統を生かしながら生きている。

　中央アジア諸国にとっては、ソ連時代の社会主義教育が平等で無償の教育を原則としてきた。これに対し、教育民営化の流れは、これまでとは大きく異なる。福祉政策の研究者エスピン－アンデルセンが指摘することばを使えば、社会主義は権利の視点から教育の「脱商品化」を目指したが、新自由主義というグローバリズムは経済の観点から教育の「商品化[1]」を推し進めようという動きと解釈できる。アメリカが旧ソ連邦諸国内で改革のモデルにしようとしたのはグルジアとキルギスであった。グローバル・ガバナンスが突如到来した中央アジアの今を描きながら、今後の世界の教育あり方を考えてみたい。

第1節　冷戦終結後の激動の世界

　1981年に、世界銀行総裁を引き継いだクローセンは、レーガン－サッチャー路線、いわゆる新自由主義の政治路線に合わせて、国際通貨基金(IMF)と協調し、米国政府と合意しながら、1980年代を通じて構造調整策を作り出していった。1989年のベルリンの壁崩壊直後に、ワシントンにあるシンクタンク国際経済研究所の研究員ジョン・ウィリアムソンがこれまでの動きを10項目に定式化し、「ワシントン・コンセンサス」と命名した。それは、「小さな政府」「規制緩和」「市場原理」「民営化」を特徴とした米国主導の新古典派

対外経済戦略であり、アメリカはこの戦略を冷戦崩壊後の世界に広く輸出し、米資本主義の世界制覇をねらった。教育政策でいえば、教育費の削減、規制緩和、教育の民営化という長期方針が国際経済の中で具体的に確定されたのである。

第2節　グローバリズムの教育版「貸与・借用理論」の起源と適用

　教育の原理、教育制度、教育行政、評価方法などをパッケージで国外から輸入する、ないし国外に輸出する例は古くからあった。大がかりな例は、発展途上国による西欧型近代教育の輸入、衛星国へのソ連型社会主義教育の輸出、第二次世界大戦直後の戦勝国から敗戦国へのアメリカ教育の輸出などである。

　それが、金融用語を使って「貸与・借用（Borrowing and Lending）理論」と呼ばれるようになったのは、国際金融機関が1990年以降に教育をサービス商品とみなして、その利益を測定・評価するようになったからである。グローバリズムによって、国家規制も緩和され、国境の垣根が低くなり、国内の諸教育施設も「有効な学校教育改革」「優れた教育」という「国際教育モデル」と同じ形に統合されることになった。

　グローバリズムは、過去との切断、伝統的なさまざまな文化的コンテクストの否定を意味し、現場を変えようとする圧力が強烈にはたらく。とりわけ、社会主義から資本主義へと経済の論理、権利から消費へという教育・福祉の論理をまさしく転換させようという時には、アメリカ化を内実とするグローバル化が採用されるのもそれなりに筋が通っている。

　教育におけるグローバル化は、教育内容の標準化と教育行政の管理手法に現れてきた。その一つは、「成果主義教育（OBE）」と呼ばれている。公的に定義されたわけではないが、国が教育標準を確立し、テストにより教育成果を客観的に評価する制度を作り、教育システムを管理する成績データの使用を促進し、学校教育を監視する地域関係を編成し、説明責任を使って赤字財政から追加投資なく教育の崩壊を防止し教育の質を改善させるという一連の手

段である。いわば、教育版「新公共管理(NPM)」である。

　成果主義教育モデルとなったのは1980年代末の英国とニュージーランドの経験で、それが1990年代に英語圏諸国に広がった。

　旧社会主義国のモンゴル、カザフ、キルギスには、ソビエト崩壊後、「成果主義後発国」として政策の「借用と貸与」が起きてきた。だが、英国では批判にさらされ、ニュージーランドでは修正されたような「カビの生えたような成果主義教育[2]」がなぜその後20年間も中央アジアでは追求されることになったのか。

第3節　混乱の中で脱ロシア、入欧米へ

■ 経済混乱と教育崩壊

　キルギスは、ソ連、ロシアから脱した後、東欧やカフカス諸国のように伝統回帰せず、改革を先に進めた。民主主義と市場経済の原則を推し進めたので、1991年から国際援助団体のたくさんの活動家が入り込んできた。

　同時に起きてきたことは、教育崩壊であった。まず、教育の分権化は学校を維持する社会的仕組みを破壊してしまうことになった。いくつかの教育費が有料になり、経済混乱の中で経済的余裕がなくなり、生徒数は激減した。さらに多くの教師、とりわけロシア人教師が地域から流出し、また教職からより収入の多い職に転職した。キルギスのある普通教育学校では、次のような状況であった。

　「1991年になると、教師の大規模な流出が起きた。16人の教師はロシアに帰った。これで、語学と数学の教師ほとんどいなくなった。4人はドイツに、2人はカザフに帰った。9人は転職し、たいていがビシュケクに移住した。インターネットで結婚相手を見つけてアメリカに去った者も一人いた。欠員を埋めるため、1990年代から42人の教師を採用した。そのほとんどが、英語とキルギス語の教師であった。2005年には、85人の教師がいたが、そのうち9人は職歴30年以上、16人は年金適用者だが働いていた。30歳以下の者は、7人だけだった。[3]」

学歴を手にしてビジネスの職に就けば、収入が農民の6倍、労働者平均の3倍になり、そのような人たちが収入上位の10%以上を占めている。問題は、人口70％が平均以下の生活をしていて、社会の安定性を欠く状況になっていることである。

■ 成果主義教育の流入

そこに、アメリカが「成果主義教育」を持ち込んできた。2001年には、「アメリカ大学中央アジア校」の創設者で改革派のカミラ・シャルシェケエワが教育相に就任した。彼女は、とりわけ高等教育改革に乗り出した。「大学の学部長が生徒の支払った授業料を着服している」「成績優秀者の無償席を取引したりしている」「単位の不正売買は卒業の質を低めている」として、彼女は大学の教職員の不正を指摘し、改革に着手した。この切り札が、「透明性」の高い客観的な数値の出てくるテストだったのである。シャルシェケーエワの目ざした教育とは、個人の公平な能力競争であった。そして、これで国力は伸びるはずであった。

キルギス教育省の要請に基づいて、「アメリカ合衆国国際開発庁（USAID）」を中心とするグループは2001年春に会議を持ち、キルギスの教育制度に関して74項目にわたる問題点を指摘するリストを作成した。4つの作業チームが編成されて、2001年6月にはアメリカ合衆国国際開発庁は改革に向けた資金を確保し、アクション・プランが作成された。

このアクション・プランはその後の資金不足と政界不安定のため潰えたが、このうち国家奨学金テストだけは残った。アメリカの「教育テストサービス（ETS）」社が乗り込み、キルギス国内に「国際教育アメリカ会議（ACTR/ACCELS）」という私立テスト組織を編成して、アメリカ合衆国国際開発庁の主導の下に、アメリカの「大学進学適性試験（SAT）」に似た国家奨学金テストを作成した。この国家奨学金テストは、キルギス語、ロシア語、ウズベク語で提供され、2002年からの3年間で10万人以上の生徒が受験した。アメリカ合衆国国際開発庁は、「教育評価の比較的優れたツール、成果重視の国家標準、成果重視の教室の授業計画を導入しようとする努力」だと、このテス

ト体制を高く評価している。

　同様のことは、他の中央アジア諸国でも起こった。一連の教育政策をまとめると、表3−2−1のようになる。この教育政策を推進するために、国際金融機関から表3−2−2のような融資がなされる。その結果は、表3−2−3のようになり、至る所で学力評価制度が整ってきたことがわかる。

第4節　低成長の中でロシア回帰が始まる

　「経済開発協力機構(OECD)」は、2000年から「生徒の学習到達度調査(PISA)」を実施して、世界の教育政策に大きな影響力を及ぼす最大の国際的活動主体となった。中央アジア諸国で、現在、この学力調査に参加しているのはキルギスとカザフスタンだけである。キルギスは、2006年と2009年に参加したがどちらも得点順位は全テスト領域で最下位であった。OECDの調査分析によると、学力状況は、表3−2−4のようになり、ロシア語ないしソ連邦の文化遺産が大きいことがわかる。

　ソ連時代の国家主義的な社会主義教育を個人の公平な能力競争に転換する教育改革のはずだったが、その実体は、個人の能力と言うよりも、都市と農村の、またそれぞれの家庭の経済格差と子どもが使用する言語力に大きく依存するようになってきているということがわかる。

　OECDはじめ経済主導の改革派は、「クリーン」で公平な新しい評価方式を採れば、学校は「コンピテンシー」という活用能力を育成し、学力が向上し、社会が豊かになるという図式を描いている。だから、OECDは次のような口調で、社会主義の遺物であるドリル学習が新しい学びを阻害していると指摘しているが、問題はそこだけにあるのではないだろう。少なくとも、OECDは、教育政策が教育原理の根源で変化していないことを指摘している。

　　「教育の視点から見てさらに深刻なことは、答えのわかっている問題に関する丸暗記的な『ドリル』は、教育と学習を強く束縛している。何か月も前に、時には何年も前に、試験問題を予め出版するという行為は、すぐに廃止されるべきである。そうすれば、教師や学習者が、答えのわ

かっている、暗記中心の狭い範囲の問題に関する、際限ない解答「蓄積」の繰り返しではなく、国家教育標準や教科カリキュラムが要請するものに集中することが可能となる。疑いもなく、このような動きは議論の余地はあるが、『教育発展計画 2011-2020（案）』にて教育科学省が支持する『コンピテンス基盤』学習という点で重要である。[4]」

だが、同じ PISA に参加した東アジアの国々とは、あまりに得点と順位の格差が大きい。それはなぜか。OECD の勧告で解決つくような問題なのだろうか。

民営化路線は、それまでソ連時代には教師も学校も行政も中央政府に責任を負っていた。ところが、新自由主義的政策によって、「親と利害関係者」に責任を負うことになった。地域で親や住民が学校教育の中身を作ることに慣れていなかったので、すなわち「親の呼び込みと親の参加」がないままに地方の学校は活動することになり、中央からの支援が途絶え、中央が後ろ盾にする権威も失うことにもなり、結果的に学校は力を失ってしまうことになった。

「ワシントン・コンセンサスが、地方、国、世界レベルで政府と公共部門の文化や制度を弱体化させた結果、各国政府は切実に必要とされている公共財を提供できなくなった。[5]」

地域や歴史のコンテクストを断ち切って世界標準に合わせて教育をグローバル化しようとしたけれども、教育は社会的なコンテクストの中で起きるものだから、70 年間のソ連が作り出したコンテクスト、200 年ほどのロシアが作り出したコンテクスト、1000 年を超えて民族が作り出したコンテクストの影響力が予想外に大きいものであることがわかった。そこで、中央アジアの国々は今では欧米直輸入のグローバリズムよりはロシアを介したグローバル化へと変質している。ロシア語が使えれば国境を越えて広域に働くことができるのだ。

国際機関もロシアを介して政策実現を図ろうとしている。World Bank は、ロシア連邦政府と共同で「教育開発国際協同センター（CICED）」を設立した。ロシアを 3200 万ドルの資金提供国として、2009～2012 年の期間に「万人のための教育」ファースト・トラック・イニシアチブ対象国のうち中央アジア

のキルギスとタジクを含み、アジアのベトナム、アフリカのエチオピア、アンゴラ、ザンビア、モザンビークに対して「ロシア教育発展援助プログラム(READ)」という教育援助を行い始めた。これらの国々は、ザンビアを除き、かつてのソ連邦の影響力を受けた国々である。それだけに、歴史的なコンテクストを重視した、現実的な援助になると考えられる。

今では、20年前の独立時の熱気は冷め、その時に描いたアメリカ流のバラ色の未来に失望しているが、かえって民族と歴史の重みの上に自立への確実な一歩を踏み出している。

表3-2-1 社会主義後教育改革パッケージの特徴

特 徴	改 革	具 体 的 内 容
構造調整プログラム	教育への公費支出削減	公共支出の総額に占める教育費、またGDPに占める教育費の点で、教育への公的支出を削減する。
	教育への私費支出増加	私立学校、大学、非義務的教育の正規授業料(formal fees)を定めて、学校諸設備の財源に地域の貢献を促し、教科書、給食、課外活動の有料化を図る。
	教育行政の分権化	(一人当たり財政)を導入して、学校ごとの自律財政をとるなど)教育財政の分権化によって、また社会責任や参加を強化することによって、コストの有効性・効率性を増加させる。
	教育職員の合理化と学校再編成	教育部門に対する支出の効率性を増加させて、学校の教職員および学校建築の合理化(あるいは最適化)をはかる。対生徒教員比の改善、教職員比率の改善(「余剰」補助教員や技術的支援職員の解雇など)、学校再編(小規模辺地学校の閉鎖、小規模校の都市・町の大規模な複合校への合併など)の点で改善がたいてい行われて、合理化が実行される。
	浪費・漏洩の削減による効率化	公的支出を詳細に分析し、またさまざまなレベルでの支出を追跡して、資金が非効率に使用されたり、誤って配分されたり、消失(漏洩)しているか所を特定する。
教育における社会主義的遺物への対応	教育期間の延長	全体的にみて、普通教育課程を10年から11年ないし12年に延長し、これまでの社会主義教育制度を西欧の教育標準に再編成する。12年制教育は世界的に最も広く採用されており、外国の大学で中等教育修了資格として国際的に認知されていると述べた、1992年の欧州評議会宣言をほとんどの国が典拠にしている。
	カリキュラムの標準化(成果主義)	標準カリキュラムを導入し、新しいアプローチのカリキュラム改革と全般的に連動させること。ソビエト期に普及していたような知識獲得に対する外的規制ではなく、新しい標準カリキュラムはコンピテンシーと学習領域に教科内容を再配分すること。はっきり言えば、この改革には、事実を記憶することから、学習した事柄を理解し適用することへと転換することも含まれる。標準カリキュラムの導入は、教育の質の強化手段としてたいてい考えられている。
	評価制度の標準化(全国大学入学試験)	中等学校卒業あるいは大学入学の時点における標準テストの導入は、教育の腐敗を制限するための対策として主に用いられてきた。個々の教育施設に管理される口頭試問という伝統的な実践から、生徒の知識と技能に関するより透明度の高い測定へと転換することである。

	教科書供給の市場化	教科書改革に関する問題は、これまでの中央集中的な教科書供給システムから、より開かれて、公正で、競争的な出版市場へと転換することで解決される。目標は、著者の独占を崩し、出版社間の競争を促し、生徒・教師・学校による教科書と教材の選択制をとることで、教科書の質を上げることである。
	教育選択の増加(私立学校)	国家の教育独占からの撤退の合図となるのは、社会主義後の政府が教育供給における選択の増大を広く訴えることである。これには、かつての社会主義地域の至る所に私立学校を建築することである。
	生徒中心の学習	生徒中心の学習を導入することは、教室のレベルで教育と学習を民主化する合図として実施されてきた改革の模範例である。協同学習、グループ活動、個別学習といったこのような「新テクノロジー」を導入することは、ソビエト教育の実践に共通した教師主導の伝統的なアプローチから緩和する目的がある。
	コミュニティ・スクール	コミュニティ・スクールの概念は、教育へのコミュニティの参加を増大させる対策として導入されてきた。コミュニティ参画計画を有償活動として位置づけ、コミュニティに対して学校が提供するサービスもこれに含めること。
国または地域固有のニーズ	女子教育	ソビエト崩壊後に女性生徒の就学率が減少したイスラム国家が、中央アジア(ウズベキスタンとタジキスタン)とカフカス(アゼルバイジャン)にはある。教育への女性のアクセスを改善する目的で、さまざまな新構想が導入されてきた。
	対立解消・平和教育	市民暴動あるいは内線を経験した国(たとえばアルメニア、アゼルバイジャン、タジキスタン)では、1990年代初頭には、対立解消と平和教育がもっとも典型的な教育パッケージの内容だった。1990年代末には、この改革内容は緊急性を失い、いくつかの国ではすっかり変わっている。
	チュルク語学校(民族語学校)	新しい地政学的な同盟の重要性を指摘するとすれば、中央アジアのチュルク語圏(カザフスタン、キルギススタン、トルクメニスタン、ウズベキスタン)とカフカス(アゼルバイジャン)にチュルク語学校ネットワークが出現していることだ。これらは、たいてい、トルコ共和国政府かゲーレン・コミュニティが設立した私立学校である。

Iveta Silova and Gita Steiner-Khamsi(eds) How NGOs React: Globalization and Education Reform in the Caucasus, Central Asia and Mongolia. Kumarian Press, 2008, 19-21.

表3-2-2 世界銀行とアジア開発銀行からカフカス諸国・中央アジア諸国教育部門への貸出ローン

国名	国際機関	教育部門ローン	期間	ローン金額
アゼルバイジャン	世界銀行 世界銀行	教育部門改革プロジェクト 教育部門開発プロジェクト	1999-2004 2003-2012	500万ドル 6300(予定)
グルジア	世界銀行	教育システム再編・強化プロジェクト	2001-2013	6000
アルメニア	世界銀行 世界銀行	教育管理・財政改革プロジェクト 教育の質・適切性プロジェクト	1998-2002 2004-2013	1500 4400(予定)
カザフ	アジア開発銀行 アジア開発銀行	教育回復・管理改善 基礎教育プロジェクト	1995-2001 1998-2002	2000 3500
キルギス	世界銀行 アジア開発銀行 アジア開発銀行	農村教育プロジェクト コミュニティ基盤早期子ども発達 教育部門発展計画	2004-2010 2004-2009 1998-2004	1500 1000 3700

222　第2章　教育戦略のグローバリズム

ウズベク	世界銀行	基礎教育プロジェクト	2006-2010	4000(予定)
	アジア開発銀行	教科書第二発展	2004-2010	2500
	アジア開発銀行	教育部門発展計画	2003-2008	3850
	アジア開発銀行	教育部門発展プロジェクト	2003-2007	7000
	アジア開発銀行	基礎教育情報通信技術	2006-2011	3000
	アジア開発銀行	基礎教育教科書発展	1998-2003	2000
タジク	世界銀行	教育改革プロジェクト	1999-2003	500
	世界銀行	教育現代化プロジェクト	2003-2008	2400
	アジア開発銀行	教育部門改革	2003-2009	750
モンゴル	世界銀行	農村教育・発展プロジェクト	2007-2012	400
	アジア開発銀行	教育部門発展計画	1997-2002	1550
	アジア開発銀行	教育発展第二プロジェクト	2002-2008	1400
	アジア開発銀行	教育発展第三プロジェクト	2007-2012	1300

Iveta Silova and Gita Steiner-Khamsi(eds) How NGOs React: Globalization and Education Reform in the Caucasus, Central Asia and Mongolia. Kumarian Press, 2008, 22-23.

表3-2-3　中・東欧および独立国家共同体諸国における調査・試験制度改革の現状(2009年)

	新調査機構	中等教育修了試験改革	他テスト、たとえば基礎学校に	大学入学試験の標準化	抽出方式の国家試験	国際学力調査 [4]
アルメニア	4	4	3	4	0	4
アゼルバイジャン	4	1	1	4	1	4
ベラルーシ	4	4		4		0
ブルガリア	1	1	0	0	0	4
チェコ	4	3	2	0	0	4
エストニア	4	4	4	4	4	4
グルジア	4	4	4	4	4	4
ハンガリー	4	4	0	4	4	4
カザフ	4	1	1	4	1	4
キルギス	4	1	1	4 [1]	1	4
リトアニア	4	4	4	4	4	4
マケドニア	4	4	1	2	4	4
モルドヴァ	2	2	1	3	4	4
モンテネグロ	4	2	2	1	4	4
ポーランド	4	4	4	3		4
ルーマニア	4	4	4	4	4	4
ロシア	4	4	3	4	2 [2]	4
セルビア	4	0	4	0	4	4
タジク	2	2	0	2	4 [3]	0
ウクライナ	4	4	2	4	2	4
ウズベク	4	0	0	4	4	1

0は「計画がない」または「開始されていない」、1は「計画の初期段階」または「検討中」、2は「(計画が)まとまった」または小規模に「実験中」、3は大規模に「先導的試行」または「実施開始」、4は「実施中」、余白は「情報無し」。
[1]キルギスは、任意参加で言語テストと数学論理テストを実施している。もとは無償席入学枠を決めるテストであるが、有償席の志願者も受験している。」

*2「サマーラ、ボログダなどいくつかの地域では、小学校で、抽出方式の算数とロシア語の国家試験が導入されている。連邦レベルではまだない。」
*3「?」
*4「TIMSS、PISA、PARLS への参加」
　　OECD, Reviews of National Policies for Education: Kyrgyz Republic 2010: Lessons from PISA. OECD, 2010, 190.

表3－2－4　住居別にみた言語使用状況(%)と学力(PISA2006 科学)

	都　市	町	村	科学の得点
家庭でロシア語、学校でロシア語	39%	13	3	424
家庭でキルギス語、学校でロシア語	23	17	2	361
家庭でウズベク語、学校でウズベク語	10	11	9	307
家庭でキルギス語、学校でキルギス語	24	49	82	304
その他	4	10	4	
科学の得点	393	331	301	322

OECD, Reviews of National Policies for Education: Kyrgyz Republic 2010: Lessons from PISA. OECD, 2010, 183-184 より作成した。

注

1　エスピン-アンデルセン『福祉資本主義の三つの世界―比較福祉国家の理論と動態』ミネルヴァ書房、2001年、39ページ。
2　Jenny Ozga, Terri Seddon and Thomas S.Popkewitz (eds) *World Yearbook of Education 2006: Education research and policy; steering the knowledge-based economy.* Routledge, 2006, 221-222.
3　Alan J. DeYoung, Madeleine Reeves, and Galina K.Valyayeva. Surviving *the Transition?: Case Studies of Schools and Schooling in the Kyrgyz Republic Since Independent.* IAP-Information Age Publishing, 2006, 35
4　OECD, *Reviews of National Policies for Education: Kyrgyz Republic* 2010: *Lessons from PISA.* OECD, 2010, 188.
5　デヴィット・ヘルド編『論争グローバリゼーション』岩波書店、2007年、17ページ。

おわりに

　本書ではソ連邦の解体を契機として中央アジアに誕生した4か国の独立以降の教育改革の軌跡や直面する課題を、社会主義時代との対比という縦軸、教育のグローバリズムといった横軸から描き出すことをねらいとした。中央アジアの国々は、社会主義ソ連時代に構築された教育制度の基盤の上で、グローバル化による国外からの影響・協力と援助(ユネスコ、OECD、国際援助機関、ロシア、中国など)、及び国内事情(多民族国家、イスラム的伝統、都市と農村の格差、経済の人材需要など)の葛藤の中で教育政策が選択され推進されていた。かつて「教育は国家主権」と教えられたが、まさに隔世の感がある。

　中央アジア諸国の独立は、かつて同じようにソ連邦を構成していたバルト三国やコーカサス諸国が独立を熱望して達成した事情とは異なり、ソ連邦の解体によっていわば受け身的に独立させられた側面を有している。脱社会主義、民主的法治国家の建設といった基本方針を憲法に掲げたものの、改革ビジョンを描いた上での独立ではなかったことから、新国家建設や国民統合の核となるシンボルや価値をどこに求めるかといった国家理念に関わる問題を抱え今日に至っている。

　ウズベキスタンでは豊かな歴史をさかのぼり伝統回帰に統合の一つの核・シンボルを求めた。チムールなど多くの英雄や偉人を「発見」し、「国史」編纂に取り組み、マハッラ(伝統的な地域共同体)を現代に生かすなど伝統と文化の再興・創造を図った。独立後、内戦が勃発したタジキスタンでは新国家建設が遅れたが、かつて繁栄したシルクロードの王国の王の名前を通貨単位に据えるなど、やはり栄光の歴史に国民統合のシンボルを見出している。キル

ギスでは国際援助コミュニティから多くの資金援助や活動家の流入のもとで大胆な改革が推進され、情勢の変化の中4人目の大統領が就任するなど、模索が続いている。ちなみにキルギス以外ではこの20年間、大統領に交代はみられない。カザフスタンは独立時のカザフ人の割合が53％と他の3か国にくらべて少なく、カザフ人ディアスポラの帰国奨励、カザフ語の強化から国家建設に着手した。

　このような個別の事情によって具体的な姿は異なるが、教育のグローバリズムの影響は明らかであった。2000年代にはいり、90年代に親米路線をとっていた国も、「強いロシア」の復活とともにロシアとの協力を強める動きがみられた。ロシア自体が欧州の教育圏への統合を目指した改革を実施しており、中央アジア諸国にも欧米をにらみ、教育制度の世界標準化がみられた。具体的な教育改革の状況は各章で詳述されているが、以下にいくつか指摘しておきたい。

　まず、教育制度や教育内容の国際標準化がみられる。11年制であった初等中等教育を、国際標準の12年制へ延長しつつある。高等教育では5年制の高等教育を「4年（バカラブル課程）＋2年（マギストル課程）」へ改組した。ソ連時代の高等教育機関は、一般的な教養人の育成ではなく、特定の資格をもった専門家の養成が基本的目的であった。したがって卒業時には専門に応じた職業の資格取得を証明するディプロマが授与されており、学位は一般的ではなかった。現在では学位制度、単位制度が導入されているが、5年制の専門家養成制度との調整が課題として残されている。教育内容の(世界)標準化も進んでいる。個別大学による入学者選抜に代わって全国統一入試が導入され、国全体の学力の評価基準が統一される結果になっている。各種の国際学力テストへの参加は、これらを視野にいれた教育内容の改編へと影響している。勿論、国民としての誇りと自覚を促す教科の配置も忘れられていない。ちなみにロシアも同様である。
　次に指摘したいのは、社会主義ソ連時代に基盤が築かれた「権利としての

教育」の保障という体制(思想および制度)に、「サービスとしての教育」を購入する、また受益者負担という思想・制度が浸食している点である。法律には教育への権利を保障すると明記されているが、具体的な行政文書では「教育サービス」といった文言が混在している。ソ連時代には学校教育および社会教育は基本的に無償であったが、独立以降は有償化が進んでいる。初等中等教育段階では、公立においては授業料の無償制は維持されているものの、無償貸与であった教科書が有償貸与制や購入制になったり、放課後のサークル活動が部分的独立採算制の導入のもとで学校独自の財源確保の方策として有償制になるなどの変化がみられる。とりわけ無償制の後退が顕著であるのは高等教育段階である。

　宗教(権力)との関係でいえば教育の世俗性の原則が堅持されている。ソ連時代は「宗教の影響を排除する教育のソビエト的性格」、つまりいわば反宗教の「ソビエト的性格」が基本であった。現在は政治や教育と宗教の分離の原則を明確に掲げつつ、伝統的に人々の生活に浸透しているイスラムとの調和・共生を模索しつつ、より寛容な「世俗的性格」へと変えられている。周囲のイスラム諸国と比較すると女子の就学率は高いものの、高等教育段階ではソ連時代と比較すると低下がみられる。イスラム化進行の影響や家父長的な伝統への回帰などを抜きに考えることはできないだろう。

　多民族共生と多言語教育という観点からみると、限定的であるが母語教育保障の理念や教授言語選択の自由はソ連時代から基本的に認められ制度化されていたが、この点も継承されている。日本と異なり、民族が混住している地域では日常生活においてバイリンガル、トライリンガルの歴史的な言語環境がある。各国ともこうした多民族国家の現実を考慮した柔軟な制度的対応がみられる。ウズベキスタンでは７つの言語、カザフスタンでは５つの言語で教科書が作成されている。学校では子どもたちは、国家語、ロシア語、外国語(英語が多い)、そして母語を学習することになり、言語の学習時間が多くなっている。

　グローバル化のもとでの教育制度の再編を検証してきたが、本書の関心か

らいうと、教育のグローバル・ガバナンスにみられる近年の変化は看過できない。世界銀行がロシアと連携して教育開発を実施するプロジェクトをスタートさせた事は大いに注目される。かつてソ連邦の教育の影響が強かった地域に対する教育協力をロシアが分担するという、この連携プロジェクトはどのような意味を内包しているのだろうか。

　それは、1990 年のワシントン・コンセンサスに端を発する世界銀行・IMF の社会主義教育に対する改革パッケージ、教育のグローバリズムのひとつの限界の認識の表れなのか、あるいは、ロシアが国際社会におけるプレゼンスをアピールするための戦略なのか。おそらく両者の狙いが相まって成立したプログラムと思われるが、いずれにしても、ワシントン発の教育のグローバリズムから始まり、OECD 発の PISA、ボローニャ・プロセスの大きな影響を受け、そしてロシアの新たな関与がみられる中、教育のグローバル・ガバナンスの新たな展開が予想される。

　2011 年は、「アラブの春」、フクシマ・・・と世界史に特筆されるであろう激震が走った年であった。1991 年のソ連邦解体から 20 年。2001 年アメリカ・貿易センタービル爆破事件から 10 年。そして現在、モスクワでの大規模な抗議行動が報じられ、カザフスタンでの大規模なデモも報道されている。新たな変化の兆しであろうか。世界情勢はまったく予断を許さない。

　本書では 4 か国を " 中央アジア " と一括りにした呼称を使用してきたが、当の中央アジアの国々、4 か国の人々の間に " 我々—中央アジア " といった連帯・協働の意識が確固として存在しているのだろうか。様々なネットワークは立ち上げられているが、それがモスクワ中心ではなく真に横のネットワークとして機能していくかどうかは、グローバル化する世界の中で " 中央アジア " が独自の位置を占めることができるかどうかの試金石であろう。今後の動きをさらに注視したい。独立から 20 年。新しい体制で教育を受けて育った世代が成人を迎える。彼、彼女らが今後の中央アジアを担っていくのである。

おわりに

　本書は科学研究費・基盤研究(B)・海外学術調査『ポストソ連時代における中央アジア諸国の教育戦略に関する総合的比較研究』(課題番号 20402059 平成 20-22 年度、研究代表：嶺井明子)の調査研究に基づいている。現地調査報告を中心として『平成 20 年度中間報告書』(平成 21 年 3 月)、『平成 21 年度中間報告書』(平成 22 年 3 月)を作成している。

　私たちの研究グループは、川野辺敏先生のご指導のもとで 1970 年代中葉からソ連邦時代の教育の共同研究を始め、ソ連邦崩壊以降も今日まで毎月 1 回の研究会を継続してきた。本書のもとになる研究もこの研究会なしには行いえなかった。川野辺先生が傘寿を迎えられた時に企画した本書を刊行できることは大きな喜びであり、これまでのご指導に心から感謝申し上げたい。

　筑波大学・中央アジア事務所(所長：臼山利信)からは現地の調査にあたっての便宜供与、および平成 22 年度中央アジア研究促進経費をいただいた。元・筑波大学大学院博士課程の院生でありカザフスタンのセミパラチンスク教育大学の准教授であったデメジャン アドレット氏をはじめ多くの方々に、現地調査の際に大変お世話になった。感謝申し上げたい。

　最後になったが、本書の出版を快く引き受けてくださった東信堂の下田勝司社長に心からお礼を申し上げる次第である。

2011 年 12 月 30 日　　　　　　　　　　　　　　　　　　　　　嶺井　明子

附・参考資料

1．中央アジア諸国の概況

2．中央アジア諸国の教育統計

（1）人口推移　　　　　　　（4）普通教育学校（全日制）
（2）年齢グループ別人口比率　（5）中等専門教育機関
（3）就学前教育機関　　　　（6）高等教育機関

1. 中央アジア諸国の概況

事項＼国	ウズベキスタン	カザフスタン
面積	44万7,400km² (日本の約1.2倍)	272万4900km² (日本の7倍)
人口	2,780万人(2010年) 中央アジア最大	1,580万人(2010年)
首都	タシケント(約220万人)	アスタナ(1997年アルマトゥイより遷都。約70万人)
民族構成	ウズベク人(78.4%)、ロシア人(4.6%)、タジク人(4.8%)、カザフ人(3.0%)、タタール人(1.2%)、他 (1989年国勢調査)	カザフ人(63.1%)、ロシア人(23.7%)、ウズベク人(2.9%)、ウイグル人(1.4%)、タタール人(1.3%)、ドイツ人(1.1%)他 (2009年国勢調査)
言語	チュルク語系ウズベク語が国家語(但し、タシケント、サマルカンド、ブハラ等主として都市の諸方言はペルシア語の影響を強く受けている)。ロシア語は、義務教育学校において外国語とは別枠で教えられている。	チュルク語系カザフ語が国家語。ロシア語は公用語。
宗教	イスラム(スンニ派)が優勢	イスラム(スンニ派)が優勢
元首	イスラム・カリモフ大統領(2007年12月再選、任期7年) 独立以降、歴任。	ヌルスルタン・ナザルバエフ大統領 (2011年4月前倒し選挙により再選。任期5年) 独立以降、歴任。
議会	二院制(任期5年、上院:「セナート」定数100、下院:「立法院」定数120)	二院制(上院:セナート／定員47、任期6年:3年毎に半数改選)、(下院:マジリス／定員107、任期5年)

※外務省ホームページ(2011年12月)、及び各国統計資料より作成。言語の欄については各国の憲法を参照

キルギス	タジキスタン
19万8,500km² (日本の約2分の1)	約14万3,100km² (日本の約40%)
560万人(2010年)	710万人(2010年)
ビシュケク(約85万人)	ドゥシャンベ(約68万人)
キルギス人(71%)、ウズベク人(14.3%)、ロシア人(7.8%)、他 (2009年国勢調査)	タジク人(79.9%)、ウズベク人(15.3%)、ロシア人(1.1%)、キルギス人(1%)、他 (2000年国勢調査)
チュルク語系キルギス語が国家語。ロシア語は公用語。	イラン語系タジク語が国家語。ロシア語は民族間交流語。
イスラム(スンニ派)が優勢	イスラム(スンニ派)が優勢。パミール地方にはシーア派の一派であるイスマイール派の信者も多い
アルマズベク・アタムバエフ大統領(2011年12月就任、任期6年) 独立以降、4人目。	エマムアリ・ラフモン大統領(2006年11月再選、任期7年)(2007年4月に「ラフモノフ」から「ラフモン」に改姓)。独立以降、歴任。
一院制(定数90)。2003年の憲法改正により二院制から一院制に移行。2007年10月の新憲法採択により定数を75から90に拡大、2010年7月新憲法案では120人に拡大	二院制(任期5年、上院:「国民議会」定数34、下院:「代表者会議」定数63)

事項 \ 国	ウズベキスタン	カザフスタン
主要産業	綿花生産、天然ガス、石油、金など	鉱業、農業、冶金・金属加工
GDP 一人当たり	1,380.2 ドル（2010 年：IMF 推定値）	8,830 ドル（2010 年：IMF）
主要貿易品目	輸出：綿花、エネルギー資源 輸入：機械設備、化学製品・プラスチック、鋼鉄	輸出：石油・天然ガス、石油製品、非鉄金属、化学製品 輸入：機械設備、食料品
主要貿易相手国	輸出：ロシア、中国、カザフスタン、トルコ、アフガニスタン 輸入：ロシア、韓国、中国、カザフスタン、ドイツ	輸出：イタリア、フランス、オランダ、ロシア、中国 輸入：ロシア、中国、イタリア、ドイツ、ウクライナ
通貨	スム（1994 年 6 月 27 日導入）	テンゲ（1993 年 11 月 15 日導入）
経済協力：日本の援助実績	1) 有償資金協力　975.52 億円（2009 年度までの累計） 2) 無償資金協力　206.79 億円（2009 年度までの累計） 3) 技術協力実績　121.11 億円（2009 年度までの累計）	1) 有償資金協力　約 887.88 億円（2009 年度までの累計） 2) 技術協力　約 119.76 億円（2009 年度までの累計） 3) 無償資金協力　約 60.51 億円（2009 年度までの累計）
日本との貿易	輸出：68 億円（自動車、ゴム製品） 輸入：151 億円（金、綿織物等）	輸出：193 億円（自動車、鋼管、建設用・鉱山用機械） 輸入：527 億円（合金鉄）
その他	「ウズベク・モデル」（漸進的改革）を提唱。民営化を急がず海外からの投資は停滞気味。サマルカンド、ブハラなどシルクロードの要衝都市が点在。	新首都アスタナの都市計画は黒川紀章が担当。ソ連時代からの負の遺産、アラル海、セミパラチンスク核実験場跡地の環境汚染が深刻。

キルギス	タジキスタン
農業・畜産業（GDPの約3割）、鉱業（金採掘）	農業（綿花）、アルミニウム生産、水力発電
863.65ドル（2010年：IMF推定値）	733.86ドル（2010年：IMF）
輸出：金、鉱物、繊維 輸入：鉱物、自動車、化学製品、食料	輸出：アルミ、綿花、電力 輸入：電力、石油製品、食料品、機械設備
輸出：スイス、ロシア、カザフスタン、ウズベキスタン、アラブ首長国連邦 輸入：ロシア、中国、カザフスタン、ウズベキスタン、アメリカ	輸出：ロシア、中国、トルコ、イラン、ウズベキスタン、イラン、チェコ、オランダ 輸入：ロシア、カザフスタン、中国、ウズベキスタン、ウクライナ、トルコ、アラブ首長国連邦
ソム（1993年5月10日導入）	ソモニ（2000年10月30日導入）
1) 有償資金協力　256.65億円（2010年度までの累計） 2) 無償資金協力　141.1億円（2010年度までの累計） 3) 技術協力　103.12億円（2009年度までの累計）	1) 有償資金協力　なし 2) 無償資金協力　約137.52億円（2009年度までの累計／文化・草の根無償等を含む） 3) 技術協力　約36.86億円（2009年度まで累計） 4) タジキスタン和平支援パッケージ：1998年8月武見外務政務次官（当時）の同国訪問時に、故秋野豊・国連タジキスタン監視団政務官の遺志を引き継ぎ、同国の和平と民主化に資する研修員受け入れを表明。1998年から5年間で500名招待（1999年からの3次にわたる民主化セミナーを含む）。
輸出：31.5億円（機械類、及び輸送用機器、自動車、建設用・鉱山用機械）、 輸入：0.2億円（アルミニウム、及び同合金）	輸出：1.2億円（自動車、化学製品等） 輸入：22.7億円（非鉄金属等）
初代大統領は科学アカデミー総裁が就任するなど、中央アジアでもっとも民主的な国、「民主主義の島」ともいわれた。	内戦（1992～1997）後の98年に国連監視団・政務官であった秋野豊氏が凶弾に倒れた。

2．中央アジア諸国の教育統計
(1) 人口推移

(年初、百万人)

	1985	1990	1995	2000	2005	2010
ウズベキスタン	18.4	20.7	22.5	24.5	26.0	28.0
カザフスタン	15.9	16.8	16.0	14.9	15.1	16.0
キルギス	4.1	4.4	4.5	4.9	5.1	5.4
タジキスタン	4.6	5.4	5.8	6.1	6.8	7.5

出典：1990年まではСтраны - члены СНГ. Статкомитет СНГ.1993 より、1991～2000年までは、10 лет Содружества НезависимыхГосударсв(1991-2000). М .2001. より、2001～2010年まではСодружество Независимых Государств 2009 году. Статкомитет СНГ.2010 より

(2) 年齢グループ別人口比率　　　　　　　　　　　　　　　　（年初、％）

		0-14歳	15-64歳	65歳以上
ウズベキスタン	1989	41	55	4
	2001	38	58	4
	2010	36	60	4
カザフスタン	1989	32	62	6
	2001	29	64	7
	2010	24	69	7
キルギス	1989	37	58	5
	2001	35	59	6
	2010	30	65	5
タジキスタン	1989	43	53	4
	2001	42	54	4
	2010	35	61	4

（3）就学前教育機関

		1985	1990	1995
ウズベキスタン				
	機関数(園)	8250	9659	8500
	就園幼児数(人)	1096000	1349000	955000
	当該年齢幼児に対する就園率%	36	37	24
	都市部	54	54	
	農村部	27	28	
カザフスタン				
	機関数(園)	7988	8750	5100
	就園幼児数(人)	986000	1069000	407000
	当該年齢幼児に対する就園率%	51	51	23
	都市部	62	61	
	農村部	39	40	
キルギス				
	機関数(園)	1398	1696.0	400.0
	就園幼児数(人)	176000	212000	46000
	当該年齢幼児に対する就園率%	30	30	7
	都市部	52	51	
	農村部	18	21	
タジキスタン				
	機関数(園)	809	958	600
	就園幼児数(人)	131000	151000	78000
	当該年齢幼児に対する就園率%	17	15	7
	都市部	49	45	
	農村部	4	5	

出典)ソ連邦期　Народное Образование и Культура в СССР, М .,1989、
CIS期　Страны-члены СНГ Статистический ежегодник. Статкомитет СНГ. 1992.　10 лет Содружества Независимых Государств(1991-2000)статистический сборник. М .,2001.　Содружество Независимых Государств в 2009 году Статистический ежегодник . М .,2010.

附・参考資料　239

(年末)

2000	2005	2006	2007	2008	2009
6700	6500	6400	6400	—	—
625000	566000	562000	571000	—	—
18	19	19	19	—	—
1100	1200	1300	1500	1700	1900
133000	185000	208000	233000	202000	275000
10	13	12	13	14	14
416	448	465	474	503	594
46000	54000	59000	63000	68000	76000
6	9	10	10	9	10
502	486	485	482	485	487
53000	62000	61000	61000	58000	58000
5.5	6.1	6.1	6.1	4.1	4.6

（4）普通教育学校(全日制)

	学校数(千校)					
	1985/86	1990/91	1995/96	2000/01	2005/06	2009/10
ウズベキスタン	7.7	8.3	9.3	9.7	9.8	9.8
カザフスタン	8.1	8.5	8.7	8.3	8.2	7.8
キルギス	1.7	1.8	1.9	2	2.1	2.2
タジキスタン	2.8	3.1	3.4	3.6	3.8	3.8

（5）中等専門教育機関

		学校数					
		1985/86	1990/91	1995/96	2000/01	2005/06	2009/10
ウズベキスタン		249	247	252	194	955	1507
	うち私立	−	−	−	−	−	−
カザフスタン		246	247	262	293	415	480
	うち私立	−	−	11	117	238	304
キルギス		45	48	55	53	78	111
	うち私立	−	−	−	2	5	20
タジキスタン		39	43	44	53	54	52
	うち私立	−	−	−	−	−	−

＊ウズベキスタンの2001／02年度以降は職業カレッジとアカデミック・リセを含む。

（6）高等教育機関

		学校数					
		1985/86	1990/91	1995/96	2000/01	2005/06	2009/10
ウズベキスタン		42	46	58	61	62	63
	うち私立	−	−	−	−	−	−
カザフスタン		55	55	112	170	181	148
	うち私立	−	−	41	112	130	95
キルギス		10	9	35	45	51	54
	うち私立	−	−	10	15	18	22
タジキスタン		10	10	24	30	36	36
	うち私立	−	−	−	−	8	2

＊タジキスタンは分校を含む。
出典：Содружество Независимых Государств в 2009 году Статистический Ежегодник. Москва.2010.

生徒数(千人)					
1985/86	1990/91	1995/96	2000/01	2005/06	2009/10
4263	4679	5090	6018	5948	4907
3089	3146	3060	3247	2825	2534
898	943	972	1121	1117	1037
1156	1278	1310	1504	1664	1694

生徒数(千人)					
1985/86	1990/91	1995/96	2000/01	2005/06	2009/10
281.7	261.8	194.8	254.8	890.6	1510.8
—	—	—	—	—	—
277.6	247.7	200.4	168.2	397.6	495.2
—	—	1.4	46.8	186.2	257.4
50.9	43.4	29.4	26.4	35.6	59.5
—	—	—	0.5	0.9	5.8
40.2	40.9	26.8	25.3	31.8	36.6
—	—	—	—	—	—

学生数(千人)					
1985/86	1990/91	1995/96	2000/01	2005/06	2009/10
285.5	340.9	192.1	183.6	278.7	286.0
		—	—	—	—
273.4	287.4	272.7	440.7	775.8	610.3
		12.7	126.9	379.0	288.6
58.2	58.8	64.6	188.8	231.1	233.1
		7.4	14.3	17.5	26.3
55.1	68.8	74.0	77.7	132.4	157.8
		—	—	5.8	4.3

執筆者・翻訳者　一覧

序　　　川野辺　敏　（国立教育政策研究所名誉所員、星槎大学・特任教授）
第Ⅰ部
第1章　嶺井　明子　（筑波大学・准教授）
第2章　岩﨑　正吾　（首都大学東京・教授、4月から早稲田大学・特任教授）
第3章　関　啓子　（一橋大学・教授）
第4章　遠藤　忠　（宇都宮大学・教授）

第Ⅱ部
第1章　アフメトワ　グリザダ　（カザフスタン・アルマトゥイ州ボレック村立学校長）
　　　　　　　　　　　　　　　　　　　　　（タスタンベコワ　クアニシ訳）
第2章　マフカモワ　サイーダ　（ウズベキスタン・タシケント国立東洋学大学・准教授）
　　　　　　　　　　　　　　　　　　　　　　　　　　　（水谷　邦子訳）
第3章　大谷　実　（金沢大学・教授）
第4章　木之下　健一　（一橋大学大学院博士課程）
第5章　スレイメノワ　エレオノラ　（カザフスタン・カザフ国立大学・教授）
　　　　　（水谷　邦子　ミソチコ　グリゴリー（筑波大学大学院博士課程）訳）
第6章　タスタンベコワ　クアニシ　（筑波大学大学院博士課程）
第7章　森岡　修一　（大妻女子大学・教授）
第8章　イサーエフ　クセイン　（キルギス、キルギス・トルコ大学、教授）
　　　　ショクシェワ　グリナーラ　（キルギスTEMPUS国内コーディネーター）
　　　　　　　　　　　　　　　　　　　　　（澤野　由紀子抄訳）
第9章　松永　裕二　（西南学院大学・教授）
第10章　水谷　邦子　（芦屋大学・教授）

第Ⅲ部
第1章　澤野　由紀子　（聖心女子大学・教授）
第2章　福田　誠治　（都留文科大学・教授、副学長）

コラム：菅野　怜子　（タシケント国立東洋学大学・准教授）
　　　　石村　育美　（タシケント国立東洋学大学・講師）

List of authors

Introduction   Satoshi Kawanobe (Seisa University, executive professor)

Part I
Chapter 1   Akiko Minei (University of Tsukuba, associate professor)
Chapter 2   Shogo Iwasaki (Tokyo Metropolitan University, professor)
Chapter 3   Keiko Seki (Hitotsubashi University, professor)
Chapter 4   Tadashi Endo (Utsunomiya University, professor)

Part II
Chapter 1   Gulzada Akhmetova
             (Kazakhstan, Secondary school of Bolek village, principal)
Chapter 2   Saida Makhkamova
             (Uzbekistan, Tashkent State University of Oriental Studies, associate professor)
Chapter 3   Minoru Ohtani (Kanazawa University, professor)
Chapter 4   Kenichi Kinoshita (Hitotsubashi University, doctoral student)
Chapter 5   Eleonora Suleimenova
             (Kazakhstan, Al Farabi Kazakh National University, professor)
Chapter 6   Kuanysh Tastanbekova (University of Tsukuba, doctoral student)
Chapter 7   Shuichi Morioka (Otsuma Women's University, professor)
Chapter 8   Kusein Isaev
             (Kyrgyzstan, Kyrgyzstan-Turkey Manas University, professor)
             Gulnara Chokusheva (Kyrgyzstan, national coordinator of TEMPUS)
Chapter 9   Yuji Matsunaga (Seinan Gakuin University, professor)
Chapter 10   Kuniko Mizutani (Ashiya University, professor)

Part III
Chapter 1   Yukiko Sawano (University of Sacred Heart, Tokyo, professor)
Chapter 2   Seiji Fukuta (Tsuru University, professor)

Column   Reiko Sugano
             (Uzbekistan, Tashkent State University of Oriental Studies, associate professor)
Column   Ikumi Ishimura
             (Uzbekistan, Tashkent State University of Oriental Studies, lecturer)

索 引

数字

12年制義務無償教育 ……… 15, 22
12年制教育 ………… 30, 31, 45, 58

欧文

CIS ……… 11, 12, 39, 41, 61, 63, 130,
　　163, 164, 185, 203-206, 208, 212
　　――学長会議………………… 205
　　――加盟国人道的協力国際基金
　　　　……………………… 206, 212
　　――教育大臣会議…………… 205
　　――教育評議会……………… 205
　　――教職員大会……………… 207
DAAD ………………………… 164
ECTS …………………… 163, 202
EHEA ………………………… 204
ERASMUS MUNDUS ………… 164
EU ………………………27, 202, 204
EurAsEC ……………………… 204
Eシルクハイウェー………… 202
IREX ………………………… 164
JICA……………………… 160, 202
NGO ………… 39, 40, 45, 50, 96,
　　　　　　200, 202, 212, 213
OSCE ……………………27, 202, 204
PISA………20, 37, 45, 106, 219, 223
SCO………………………… 204, 209
TEMPUS ………… 164, 168, 202
TIMSS………19, 37, 98, 104, 106, 223
UNDP ……………… 12, 96, 164
UNESCO ……………… 112, 164
USAID……………………… 179, 202
WTO …………………………… 12, 39

あ

アーガ・ハン……………… 202, 213
アカデミック・リセ…… 13, 16, 19,
　　　　21, 22, 91, 111, 187-193
アクレディテーション … 161, 167, 168
アジア開発銀行…………… 12, 119,
　　　　　　　　202, 221, 222
アスピラントゥーラ…………… 161
アメリカ合衆国国際開発庁（USAID）
　　……………………………… 217
イスラム、イスラーム… 10, 12, 13,
　　　　23, 34, 50, 67, 88, 94,
　　　　108, 184, 186, 201
イスラム復興党………………54
イラン系…………………53, 65, 67
イリイチ……………………… 156
インクルーシブ教育………… 18, 79
ヴィゴツキー…… 147, 150, 151, 156
ウシンスキー…………………… 150
欧州安全保障協力機構少数民族高等
　　弁務官……………………… 141
欧州復興開発銀行……………… 202
欧州文化協定………………… 203
オープン・ソサエティー・インスティ
　　チュート（ソロス財団）202, 213
オトゥンバエワ………… 39, 47, 180
親の義務………………………71

オング………………………… 156

か

学位……………… 18, 168, 169, 206
格差………………… 21, 54, 70
　社会的――…………………… 79
学校行事………………………… 34
学校制度図………… 14, 31, 43, 57
ガリペリン……………………… 156
カリモフ…………… 10, 23, 83, 185
関税同盟………………………… 185
帰還カザフ人………… 70, 72-77, 79, 124, 130
義務………………………… 29, 30
　――教育…………… 14, 31, 57
　――教育期間………………… 43
　――制……………………… 42
　――教育開発国際協同センター
　　……………………………… 219
教育権……………… 13, 32, 42, 55
教育サービス………… 13, 162, 170
教育テストサービス…………… 217
教育の世俗性…………………… 7
教育法…… 12, 13, 29, 32, 42, 54, 55, 75, 77, 137, 138, 141, 186
教員養成………………………… 165
教科…………………………46, 212
教科課程………… 8, 16, 17, 34, 35, 44, 61, 63, 85, 190
教科書………… 7, 16, 17, 63, 98, 99, 101, 102, 105, 111, 112, 119, 125, 159, 190
教授言語…………… 17, 43, 46, 61, 85, 125, 139, 213
共和国共通テスト…… 164, 179, 180
クレク…………………………… 151
グローバリズム……… 214, 215, 219
グローバル・ガバナンス……… 214
言語的人権……………………… 144
言語の三位一体………………… 136
言語の三位一体政策…………… 144
言語法……… 32, 54, 137, 138, 141
憲法………… 12, 13, 29, 32, 42, 54, 109, 110, 112-115, 137, 138
憲法アルファベット……… 111, 112
憲法教育………………… 109, 110
校外教育………………………46
コール…………………… 151, 154
国際教育アメリカ会議………… 217
国籍………………………… 72, 74-76
国民教育基本法………………… 7
国民統合…… 16, 26, 34, 45-47, 49, 62, 108, 109, 131, 225
国連……………………………… 202
言語法……………………… 32, 54
国家教育スタンダード… 16, 56, 60, 85, 101, 111, 162, 167, 168
国家テストセンター………19, 184
国家統一試験…… 105, 106, 138, 140
子どもの権利………… 70-74, 114
コミュニケーション能力……… 143
コンピテンシー………………… 106

さ

ジェンダー……23, 50, 92, 96, 97, 213
識字率………………… 6, 28, 29, 91, 96

市場経済················ 11, 12, 161, 172,
　　　　　　　　180, 185, 191, 200
シチェルバ························· 149
質保証············ 166, 167, 169, 172
社会主義·········· 7, 10, 23, 28, 29, 53,
　　　　　　　108, 123, 201, 214, 220
社会ネットワーク·················49
シャルシケエワ, C. ······ 179, 217
上海協力機構（SCO）··· 12, 27, 208
周縁······························ 200, 201
就学前教育········7, 8, 13, 30, 59, 111
就学率················ 28, 29, 60, 91, 96
宗教···················· 13, 34, 42, 55, 108
週6日制······························· 61
授業··································· 7
　──料······ 33, 64, 166, 176, 217
生涯学習···························13
生涯教育··························· 170
障がい児············ 18, 57, 70, 77-79
奨学·································· 7
　──金··· 33, 130, 163-166, 169, 217
商品化······························ 214
ジョージ・ソロス················ 213
職業カレッジ······· 13, 19, 21, 22, 91,
　　　　　　　　　111, 187-193
私立学校···················30, 47, 59
私立大学···················33, 161, 172
新公共管理（NPM）··············· 216
人材養成国家プログラム····· 12, 13,
　　　　　　　　　　82, 187
親族ネットワーク···············51
ジンチェンコ····················· 151
神話································· 46

成果主義教育····················· 215
生徒の学習到達度調査(PISA)··· 218
世界銀行········ 12, 58, 202, 221, 222
世俗性···················· 13, 23, 29, 55
ソモニ······························ 67

た

貸与・借用理論··················· 215
多機能教育························ 170
多極化······························ 200
多言語教育········· 16, 141, 142, 144
多言語併用········ 147, 148, 149, 156
タシケント・イスラム大学········18
単位··························· 163, 217
　──制····················18, 58, 64
男女の性差························90
中央アジア欧州教育イニシアチブ
　································· 203
中央アジア行政発展基金····· 168
ディプロマ············18, 168, 169
出稼ぎ労働························52
　──者········ 12, 41, 42, 55, 77
道徳·················· 16, 21, 34, 61, 86
透明性······························ 217
ドクトラントゥーラ··········· 161
トルコ語使用諸国協力協議会
　······························ 204, 209
トルコ・リセ················ 47, 48

な

ナザルバエフ·········27, 28, 37, 210
農村の教育環境···················70
ノマド（遊牧民）·················97

は

バカラブリアート……………… 161, 168
バカラブル… 13, 57, 64, 91, 168, 169
発達の最近接領域………………… 148
ヒドゥン・カリキュラム…………… 48
プーチン…………………………… 210
複合的テスト……………………… 140
ブルデュー………………………… 154
文化的＝歴史的理論………… 147, 149
母語教育…… 8, 16, 136-139, 142-144
補充教育……………………… 36, 58
ボラシャク………………………… 33
ボローニャ・プロセス… 33, 64, 163, 172, 202, 206

ま

マギストラトゥーラ………… 161, 168
マギストル… 13, 57, 64, 91, 168, 169
マナス………………………… 46, 47
マハッラ………… 20, 21, 23, 86-88
民主化………………… 7, 200, 201
民主主義…………………… 111, 115
民族学校………………… 8, 82, 125
民族間交流語………… 32, 54, 138
民族的領域国家…………………… 6
民族独立の理念と精神の基礎…16, 86
民族独立理念………………… 20, 108
民族別領域国家…………………… 53
無極化……………………………… 200

無償（性）、無償制 ……… 7, 18, 19, 23, 29, 30, 33, 42, 55, 58, 64, 71, 119, 175, 176, 180, 214, 217
メシチェリャコフ………………… 151
メドベージェフ…………… 210, 212
モスク………………………… 49, 50

や

有償、有償（性）…… 18, 33, 55, 58, 64, 119, 169
遊牧民………………………… 46, 47
ユーラシア経済委員会…………… 210
ユーラシア経済共同体………27, 207
ユーラシア経済同盟……………… 210
ユルタ………………………… 46, 47
ヨーロッパ(欧州)高等教育圏(EHEA) …………………… 63, 64, 202

ら

ライセンス………………… 166, 167, 169
リテラシー………… 152, 153, 155, 156
留学………………………… 203, 213
留学生……………………………… 206
ルダキー…………………………… 67
ルリヤ…………… 147, 151, 153, 154

わ

ワインライヒ……………………… 149
ワシントン・コンセンサス…214, 219

編著者紹介

嶺井　明子（みねい　あきこ）
1952年東京都生まれ。筑波大学人間系准教授。筑波大学大学院博士課程単位取得修了。1981年文部省入省。1987年から筑波大学。日本比較教育学会・日本国際理解教育学会・異文化間教育学会の理事など。編著『世界のシティズンシップ教育』（東信堂、2007年）、共著『共生と希望の教育学』（筑波大学出版会、2011年）、共著『グローバル時代の国際理解教育』（明石書店、2010年）など。

川野辺　敏（かわのべ　さとし）
1930年埼玉県生まれ。国立教育政策研究所名誉所員・星槎大学特任教授。1953年東京外国語大学ロシア学科卒後文部省入省、1973年国立教育研究所で比較教育学・生涯学習の研究に従事。1995年定年退職後、常葉学園大学教授、2004年から星槎大学副学長を経て現在に至る。主な業績『ソビエト教育の構造』『資料・ソビエト教育学』『ロシアの教育―過去と未来―』など多数。日本比較教育学会会長（元）・日本教材学会会長（現）。

Globalization and Education Reform in Central Asia

中央アジアの教育とグローバリズム
2012年3月15日　初　版第1刷発行　〔検印省略〕
定価はカバーに表示してあります。

編著者ⓒ嶺井明子・川野辺敏／発行者　下田勝司　　印刷・製本　モリモト印刷
東京都文京区向丘1-20-6　　郵便振替 00110-6-37828　　発行所　株式会社 東信堂
〒113-0023　TEL(03)3818-5521　FAX(03)3818-5514
Published by TOSHINDO PUBLISHING CO., LTD.
1-20-6, Mukougaoka, Bunkyo-ku, Tokyo, 113-0023 Japan
E-mail:tk203444@fsinet.or.jp　http://www.toshindo-pub.com

ISBN978-4-7989-0102-2　C3037　ⓒ Akiko MINEI & Satoshi KAWANOBE

東信堂

比較教育学——越境のレッスン	馬越徹編	三六〇〇円
比較教育学——伝統・挑戦・新しいパラダイムを求めて	M・ブレイ編 馬越徹・大塚豊監訳	三八〇〇円
世界の外国人学校	末藤美津子・大塚豊監訳	三八〇〇円
ヨーロッパの学校における市民的社会性教育の発展——フランス・ドイツ・イギリス	福田誠治編著	三八〇〇円
中央アジアの教育とグローバリズム	新井浅浩・武藤孝典編著	三三〇〇円
世界のシティズンシップ教育——グローバル時代の国民/市民形成	嶺井明子編著	二八〇〇円
市民性教育の研究——日本とタイの比較	平田利文編著	四二〇〇円
多様社会カナダの「国語」教育（カナダの教育3）	関口礼子編著	三八〇〇円
国際教育開発の再検討——途上国の基礎教育普及に向けて	浪田克之介編著	三八〇〇円
中国教育の文化的基盤	小川佳万	二四〇〇円
中国大学入試研究——変貌する国家の人材選抜	西村幹子	二九〇〇円
中国高等教育独学試験制度の展開——世界の経験と中国の選択	大塚豊監訳	三六〇〇円
大学財政——社会ニーズとの対応	南部広孝	三二〇〇円
中国の民営高等教育機関	呂煒編著 成瀬龍夫監訳	三四〇〇円
「改革・開放」下中国教育の動態	鮑威	四六〇〇円
中国の職業教育拡大政策——背景・実現過程・帰結——江蘇省の場合を中心に	阿部洋編著	五四〇〇円
中国の後期中等教育の拡大と経済発展パターン——江蘇省と広東省の比較	劉文君	五〇四八円
中国高等教育の拡大と教育機会の変容	呉琦来	三八二七円
オーストラリアの言語教育政策——多文化主義における「多様性と」「統一性」の揺らぎと共存	王傑	三九〇〇円
オーストラリア学校経営改革の研究——自律的学校経営とアカウンタビリティ	日下部達哉	三六〇〇円
バングラデシュ農村の初等教育制度受容	佐藤博志	三八〇〇円
マレーシア青年期女性の進路形成	青木麻衣子	三八〇〇円
「郷土」としての台湾——郷土教育の展開にみるアイデンティティの変容	鴨川明子	四七〇〇円
戦後台湾教育とナショナル・アイデンティティ	林初梅	四六〇〇円
	山﨑直也	四〇〇〇円

〒113-0023 東京都文京区向丘1-20-6　TEL 03-3818-5521　FAX03-3818-5514　振替 00110-6-37828
Email tk203444@fsinet.or.jp　URL:http://www.toshindo-pub.com/

※定価：表示価格（本体）＋税

― 東信堂 ―

転換期を読み解く――潮木守一時評・書評集	潮木守一	二六〇〇円
大学再生への具体像	潮木守一	二五〇〇円
フンボルト理念の終焉？――現代大学の新次元	潮木守一	二五〇〇円
いくさの響きを聞きながら――横須賀そしてベルリン	潮木守一	二四〇〇円
大学教育の思想――学士課程教育のデザイン	絹川正吉	二八〇〇円
国立大学法人の形成	大﨑仁	二六〇〇円
国立大学・法人化の行方――自立と格差のはざまで	天野郁夫	三六〇〇円
転換期日本の大学改革――アメリカと日本	江原武一	三八〇〇円
大学の責務	丸山文裕	三二〇〇円
大学の財政と経営	立川明・坂本辰朗 D・井上比呂子訳著	四七〇〇円
私立大学マネジメント	(社)私立大学連盟編	四二〇〇円
私立大学の経営と拡大・再編――一九八〇年代後半以降の動態	両角亜希子	四二〇〇円
ドラッカーの警鐘を超えて――経営学と企業改革から学んだこと	坂本和一	二五〇〇円
大学のイノベーション	坂本和一	二六〇〇円
30年後を展望する中規模大学マネジメント・学習支援・連携	市川太一	二五〇〇円
戦後日本産業界の大学教育要求	飯吉弘子	五四〇〇円
大学行政政策論――職員がつくる教育と研究の新たな仕組み	舘昭	一〇〇〇円
経済団体の教育言説と現代の教養論	近森節子編	二三〇〇円
改めて「大学制度とは何か」を問う	舘昭	一〇〇〇円
原点に立ち返っての大学改革	馬越徹	二七〇〇円
韓国大学改革のダイナミズム――ワールドクラス(WCU)への挑戦	北野秋男編	四八〇〇円
現代アメリカの教育アセスメント行政の展開――マサチューセッツ州(MCASテスト)を中心に	石井英真	四二〇〇円
現代アメリカにおける学力形成論の展開――スタンダードに基づくカリキュラムの設計	ホーン川嶋瑤子	二五〇〇円
スタンフォード21世紀を創る大学	ホーン川嶋瑤子	三六〇〇円
大学教育とジェンダー――ジェンダーはアメリカの大学をどう変革したか	高野篤子	三二〇〇円
アメリカ大学管理運営職の養成	犬塚典子	三八〇〇円
アメリカ連邦政府による大学生経済支援政策		

〒113-0023　東京都文京区向丘1-20-6
TEL 03-3818-5521　FAX 03-3818-5514　振替 00110-6-37828
Email: tk203444@fsinet.or.jp　URL: http://www.toshindo-pub.com/

※定価：表示価格（本体）+税

東信堂

子ども・若者の自己形成空間——教育人間学の視線から	髙橋勝編著	二七〇〇円
教育文化人間学論——知の遊遥/論の越境	小西正雄	二四〇〇円
グローバルな学びへ——協同と刷新の教育	田中智志編著	二〇〇〇円
教育の共生体へ——ボディ・エデュケーショナルの思想圏	田中智志編	三五〇〇円
人格形成概念の誕生——近代アメリカの教育概念史	田中智志編	三六〇〇円
社会性概念の構築——アメリカ進歩主義教育概念史	田中智志	三八〇〇円
教育の自治・分権と学校法制	結城忠	四六〇〇円
教育による社会的正義の実現——アメリカの挑戦(1945-1980)	D・ラヴィッチ著 末藤美津子訳	五六〇〇円
学校改革抗争の100年——20世紀アメリカ教育史	末藤・宮本・佐藤訳 D・ラヴィッチ著	六四〇〇円
国際社会への日本教育の新次元——今、知らねばならないこと	関根秀和編	一二〇〇円
ヨーロッパ近代教育の葛藤	関根秀和編	三二〇〇円
地球社会の求める教育システムへ	太田美幸編	三二〇〇円
ミッション・スクールと戦争——立教学院のディレンマ	前田一男編	五八〇〇円
多元的宗教教育の成立過程——アメリカ教育と成瀬仁蔵の「帰一」の教育	老川慶喜編	三六〇〇円
未曾有の国難に教育は応えられるか——「じひょう」と教育研究60年	大森秀子	三三〇〇円
演劇教育の理論と実践の研究——自由ヴァルドルフ学校の演劇教育	新堀通也	三八〇〇円
教育の平等と正義	広瀬綾子	三八〇〇円
オフィシャル・ノレッジ批判	大桃敏行・中村雅子・後藤武俊訳 M・W・アップル著	三三〇〇円
混迷する評価の時代——教育評価を根底から問う	野崎・井口・小暮・池田監訳	三八〇〇円
教育における評価とモラル	西村和雄・大森不二雄編 倉元直樹・木村拓也編	二四〇〇円
拡大する社会格差に挑む教育	西村和雄・大森不二雄編 倉元直樹・木村拓也編	二四〇〇円
《シリーズ日本の教育を問いなおす》保守復権の時代における民主主義教育	西村和雄・大森不二雄編 倉元直樹・木村拓也編	二四〇〇円
地上の迷宮と心の楽園	戸瀬信雄編	二四〇〇円
《コメニウス[セレクション]》	J・コメニウス 藤田輝夫訳	三六〇〇円
《現代日本の教育社会構造》(全4巻) 〈第1巻〉教育社会史——日本とイタリアと	小林甫	七八〇〇円

〒113-0023 東京都文京区向丘1-20-6 TEL 03-3818-5521 FAX 03-3818-5514 振替 00110-6-37828
Email tk203444@fsinet.or.jp URL:http://www.toshindo-pub.com/
※定価：表示価格（本体）＋税

東信堂

大学の自己変革とオートノミー——点検から創造へ	寺﨑昌男	二五〇〇円
大学教育の創造——歴史・システム・カリキュラム	寺﨑昌男	二五〇〇円
大学教育の可能性——教養教育・評価・実践	寺﨑昌男	二五〇〇円
大学は歴史の思想で変わる——FD・評価・私学	寺﨑昌男	二八〇〇円
大学改革 その先を読む	寺﨑昌男	一三〇〇円
大学自らの総合力——理念とFD そしてSD	寺﨑昌男編	二〇〇〇円
高等教育質保証の国際比較	羽田貴史編	三六〇〇円
大学教育の臨床的研究——臨床的人間形成論第I部	田中毎実	二八〇〇円
大学教育のネットワークを創る——FDの明日へ	京都大学高等教育研究開発推進センター編 松下佳代編集代表	三二〇〇円
ポートフォリオが日本の大学を変える——ティーチング/ラーニング/アカデミック・ポートフォリオの活用	土持ゲーリー法一	二五〇〇円
ティーチング・ポートフォリオ——授業改善の秘訣	土持ゲーリー法一	二〇〇〇円
ラーニング・ポートフォリオ——学習改善の秘訣	土持ゲーリー法一	二五〇〇円
学士課程教育の質保証へむけて——学生調査と初年次教育からみえてきたもの	山田礼子	三二〇〇円
大学教育を科学する——学生の教育評価の国際比較	山田礼子編著	二八〇〇円
一年次（導入）教育の日米比較	山田礼子	三六〇〇円
初年次教育でなぜ学生が成長するのか——全国大学調査からみえてきたこと	河合塾編著	二八〇〇円
アクティブラーニングでなぜ学生が成長するのか——経済系・工学系の全国大学調査からみえてきたこと	河合塾編著	二八〇〇円
教育哲学	宇佐美寛	二四〇〇円
大学の授業	宇佐美寛	二五〇〇円
大学授業の病理——FD批判	宇佐美寛	二五〇〇円
授業研究の病理	宇佐美寛	二五〇〇円
大学授業入門	宇佐美寛	一六〇〇円
作文の論理——〈わかる文章〉の仕組み	宇佐美寛	一九〇〇円
作文の教育——〈教養教育〉批判	宇佐美寛編著	二〇〇〇円
問題形式で考えさせる	大田邦郎	二〇〇〇円
視写の教育——〈からだ〉に読み書きさせる	池田久美子	二四〇〇円

〒113-0023 東京都文京区向丘1-20-6　TEL 03-3818-5521　FAX 03-3818-5514　振替 00110-6-37828
Email tk203444@fsinet.or.jp　URL:http://www.toshindo-pub.com/

※定価：表示価格（本体）＋税

東信堂

グローバル化と知的様式 ―社会科学方法論についての七つのエッセー	J・ガルトゥング 大矢 修三郎 重澤 光太郎 訳	二八〇〇円
社会的自我論の現代的展開	船津 衛	二四〇〇円
組織の存立構造論と両義性論 ―社会学理論の重層的探究	舩橋 晴俊	二五〇〇円
社会学の射程 ―ポストコロニアルな地球市民の社会学へ	庄司 興吉	三二〇〇円
地球市民学を創る ―地球社会の危機と変革のなかで	庄司興吉編著	三二〇〇円
市民力による知の創造と発展 ―身近な環境に関する市民研究の持続的展開	萩原なつ子	三二〇〇円
社会階層と集団形成の変容 ―集合行為と「物象化」のメカニズム	丹辺 宣彦	六五〇〇円
階級・ジェンダー・再生産 ―現代資本主義社会の存続メカニズム	橋本 健二	三二〇〇円
現代日本の階級構造 ―理論・方法・計量分析	橋本 健二	四五〇〇円
人間諸科学の形成と制度化 ―社会諸科学との比較研究	長谷川幸一	三八〇〇円
現代社会と権威主義 ―フランクフルト学派権威論の再構成	保坂 稔	三六〇〇円
権威の社会現象学 ―人はなぜ、権威を求めるのか	藤田 哲司	四九〇〇円
現代社会学における歴史と批判(上巻) ―グローバル化の社会学	山田信正行吾編	二八〇〇円
現代社会学における歴史と批判(下巻) ―近代資本制と主体性	片桐新自編 丹辺宣彦	四五〇〇円
インターネットの銀河系 ―ネット時代のビジネスと社会	M・カステル 矢澤・小山 訳	三六〇〇円
自立支援の実践知 ―阪神・淡路大震災と共同・市民社会	似田貝香門編	三八〇〇円
[改訂版]ボランティア活動の論理 ―ボランタリズムとサブシステンス	西山 志保	三六〇〇円
自立と支援の社会学 ―阪神大震災とボランティア	佐藤 恵	三三〇〇円
NPO実践マネジメント入門(第2版)	パブリックリソースセンター編	二三八一円
個人化する社会と行政の変容 ―情報コミュニケーションによるガバナンスの展開	藤谷 忠昭	三八〇〇円

〒113-0023　東京都文京区向丘1-20-6
TEL 03-3818-5521　FAX 03-3818-5514　振替 00110-6-37828
Email tk203444@fsinet.or.jp　URL:http://www.toshindo-pub.com/

※定価：表示価格（本体）＋税